世界を創る
日本企業のみかた

―ビジネスミクロ分析のすすめ― 　　林 隆一

大学教育出版

は じ め に

　本書は、神戸学院大学経済学部の企業経済コース科目「ビジネスミクロ分析」の講義内容をベースとしたものである。「ビジネスミクロ分析」は、日本企業などの事例を踏まえ、企業の定量・定性分析の基礎・フレームワークを身につけることを目的として、2021年より立ち上げられた独創的な講義である。加えて、本書は企業の若手従業員向け研修の内容も反映させ、ビジネスでも実際に「使える」ことを意識している。また、世界を創っている日本を代表する企業の具体的事例50社超、特に兵庫や関西企業を中心に取り上げており、ビジネス・モデル事例集としても活用を想定している。

　スマートフォン、SNS、ゲーム機、遊園地、お菓子、ワクチン、自動車、コンビニ、ファーストフード、ファストファッション、宅配便など現在の「当たり前」は、企業の過去の「イノベーション」が生み出してきた。「イノベーション」は技術革新だけを示すものではなく、むしろ、技術的な発明後の実用化のための「手法・アイディア」による数多くのチャレンジの積み重ねによるところが大きい。これらの企業の試行錯誤の軌跡（奇跡）が、現在の当たり前の世界を創ってきた。「イノベーション」を生み出す企業は個性的で、相反する特徴を持つ場合もあるが、いくつかのパターンがみられる。本書は各章ごとに、「イノベーション」を理解するための理論やフレームワーク（枠組）のパターンを学んでいくことを意図している。

　本書は、大学講義15回もしくは30回を想定し、まとめ・確認テスト（1〜2回分）を除く、14章構成としている。まず第1部（第1章）『企業が世の中を創る』で、企業活動の原動力である「イノベーション」について、USJ、ネスレ、グリコ等（企業名は略称、以下同）の事例を踏まえて概観する。第2部（第2〜5章）『定量・定性分析の基本』では、財務やセグメントなどの定量分析と企業戦略などの定性分析について解説する。事例として、シスメックス、

クボタ、餃子の王将、日高屋、イオン、三菱重工、川崎重工、カシオ、シャープ、カネミツ、フジッコ、ロックフィールド等を取り上げている。第3部（第6〜10章）『競争力・差別化の源泉』では、ポジショニングアプローチとトヨタ生産方式（コアコンピタンス）を両極にして、現実のサプライチェーンやグローバリゼーションについて、日本を代表する企業の競争・協業の現実をみていく。事例として、日本マクドナルド、モスバーガー、神戸物産、ユニクロ、しまむら、ZARA、東レ、ダイフク、ケンタッキーフライドチキン（三菱商事）、アップル、ホンハイ、マキタ、コマツ、CAT、三一重工、トヨタを中心とした自動車業界等を取り上げている。最後の第4部（第11〜14章）『組織と人』では、企業活動を支える組織・エコシステムや起業家の具体的な活動をみていく。事例として、ソニー、日産、村田製作所、京セラ（KDDI、JAL）、ファナック、THK、SMC、工作機械業界、ソフトバンク、日本電産（ニデック）、キーエンス等を取り上げている。海外企業の創業者（イーロン・マスク、ジェフ・ベゾス、ビル・ゲイツ、ウォーレン・バフェット）も取り上げ、日本企業の代表的な創業者と対比している。

　各章は、概ね3段階（①問題提起・背景、②知識・理論・フレームワーク、③各企業の事例）の構成を取り、各フレームワークを現実的な視点から把握できる構成としている。各章で取り上げた企業の取組みも、フレームワークに当てはまる部分と当てはまらない部分が必ずある。多くのテキストでは、各企業の事例を最初に学んだ後に、フレームワークや理論が解説される場合が多いが、本書は逆の構成を取っている。企業の「イノベーション」は正解（目標）を目指して一直線に達成されることは稀であり、むしろ事業環境の「変化」に対応し「適合」していくことが一般的であるため、本書では企業の歴史的な展開・経緯をなるべく記述した。読者はフレームワークを絶対視せず、自ら当てはまる部分とそうでない部分を考えながら事例を読んでいただきたい。

　また、1つのフレームワークで取り上げた企業が、別のフレームワークで説明できる場合も多い。その意味で各章を「マトリックス」として理解し、他社比較や部門別比較などを通して読者自身で繋がりを模索して欲しい。また本書

は、原則として 2022 年 9 月末時点で一般公開されている事実・数値等をベースとして記述しているが、当然ながら時代とともに事業環境も企業戦略も変化していく。ぜひ、読者は本書以降の変化を、本書で学んだフレームワークや手法を駆使して自ら時系列分析を行ってもらいたい。

　今までの多くの方々のご教授なくして本書はなかった。筆者は、もともと経済成長の源泉であるイノベーションに興味を持ち、大阪大学・大学院で経済動学、ゲーム論、実証分析を学んだ。その後、野村総合研究所・野村證券の素材・電機・部品企業などのアナリストとして約 10 年担当し、企業分析を学んだ後、野村アセットマネジメント（機関投資家）の重工業・機械・自動車部品企業などのアナリストとして約 10 年担当し、資産運用を学んだ。その際に経営者や IR 担当者などの約 1 万人の取材と 30 弱の国・地域の約 1,000 の工場・施設等の見学から得たパターンを本書に反映している。約 10 年前に神戸学院大学に転じた後、企業分析やコーポレートファイナンスに関連する講義やゼミを担当しつつ、主に機械・FA 企業の研究を行っている。また、2015 年からはカネミツの社外取締役も兼務し、企業戦略の実務を学び、コーポレートガバナンスを実践しつつ、若手社員研修として「企業研究会」を継続している。

　お世話になった方々のお名前を逐次挙げることは差し控えるが、取材させていただいた企業トップから現場でご活躍の方々、専門家の方々、社内外のアナリストや投資家の方々、大学の先生方々、そして講義を通して気付きを与えてくれた学生の方々、直接間接にお世話になった多くの方々に心より感謝申し上げる。また本書の原稿執筆中に、京セラの実質的創業者であり、アメーバ組織の基礎を築かれた稲盛和夫氏が 2022 年 8 月 24 日に永眠された。20 世紀末に激励いただいた企業研究の中間報告として本書を捧げ、ご冥福を心よりお祈り申し上げる。

　なお、本書は JSPS 科研費 22K01646（基盤研究（C））、JSPS 科研費 17K18575（挑戦的研究（萌芽））、神戸学院大学教育改革助成金「「企業」と「働くこと」の学習〜フィールドワークを踏まえた企業研究〜」の助成を受けた研究内容の一部を含むものである。また大学教育出版の佐藤守氏には、本書

の出版において大変お世話になり感謝申し上げる。

2023 年 1 月

林　隆一

世界を創る日本企業のみかた
―ビジネスミクロ分析のすすめ―

目　次

第3部　競争力・差別化の源泉

第1部

企業が世の中を創る

第 1 章
イノベーション

1.　なぜユニバーサル・スタジオ・ジャパン（USJ）は復活したのか

　「ユニバーサル・スタジオ・ジャパン（以下 USJ）」は、事実上、開業3年後の 2004 年に経営破綻している。同時期には、2003 年に長崎の「ハウステンボス」も破綻（負債総額 2,000 億円超）し、2006 年に遊園地「神戸ポートピアランド」も閉園している。「ハウステンボス」は、債務をゼロとした上で佐世保市から 10 年間の再生支援交付を条件に、HIS が再建を進めたが、2022 年には香港投資会社に売却されている。「神戸ポートピアランド」は、1991 年には入園者 163 万人で日本一効率的なパークといわれたが閉園に追い込まれ、2008 年以降の跡地はスウェーデンの大手家具店「イケア」となっている。直近の 2020 年には、兵庫出身の藤田好三郎氏（1881-1942 年）が 1926 年に開園し、世界で初めて流れるプールを開業した「としまえん」も閉園している。
　USJ は開業の 2001 年度には年間 1,100 万人を集客したが、翌年には初期トラブルもあり、700 万人台に急降下した。その後もアトラクションにも大きな変化がないため、リピーターも限定的で、開業から 10 年間は 800 万人前後と低迷が続いた。大阪市は「関西経済の起爆剤」として USJ を誘致後、運営会社株式の 25％を保有し、天下りの社長が運営してきた。しかし、民間企業と共同出資で設立した第三セクターのため、誰も責任を取りたがらず、新しい取組みはできなかった。USJ 同様に第三セクターで運営する、宮崎のシーガイア（2001 年負債総額 3,000 億円超で経営破綻）も倉敷チボリ公園（2008 年閉

園）も上手くいかなった。

　2009年に大阪市は保有株（約9％）を売却してUSJ運営から完全撤退した。経営を引き継いだ米ゴールドマン・サックス（Goldman Sachs）は、テーマパーク運営のプロとしてグレン・ガンペル氏（Glenn Gumpel、1947年 -）に経営を任せた。さらにガンペル氏は、マーケティングのプロとして、2010年に兵庫出身の森岡毅氏（1972年 -）をP&Gジャパンからヘッドハンティングし、マーケティングを任せた。森岡氏はUSJの現場スタッフに「攻めることで生き残る道」のために「新しいことをする」挑戦を促した。USJは、米国の「ユニバーサル・スタジオ・ハリウッド」から導入したように「映画」のテーマに特化しており、新しいことをやることに抵抗がある現場スタッフが多かったためである。

　森岡氏が初めて本格的に手掛けた「10周年イベント」が2011年3月3日にスタートしたが、1週間後に東日本大震災が起こり、日本全国で自粛ムード一色となり、数十万人の入場者減となった。2ヵ月後、「関西から日本を元気に」というスローガンを打ち立て、赤字覚悟で関西圏の子どもの入場料金を無料とする「キッズ・フリープログラム」を打ち出した。結果的に、新しい顧客層がUSJに再度注目するきっかけともなっている。

　資金不足のUSJには、新しいアトラクションに投資する余力が小さいため、あえて3年間は投資を絞り、2014年に売上規模の2倍以上の450億円を集中投資する計画を打ち出した。そのため、3年間はお金をなるべく使わず、入園者を喜ばせる大小のアイディアを試し続けた。それまでの「映画」への拘りを捨て、アニメ「ワンピース」などのショーにも注力した上で、2012年には、昼間には小さい子供連れ向けの「ユニバーサル・ワンダーランド」のエリアを作った。さらに、夜間には園内でスタッフがゾンビに扮する「ハロウィーン・ホラー・ナイト」を実施した。ここでは女性顧客が叫ぶことでストレスの発散ができ、ハロウィーンイベントは前年比5倍以上の40万人の入園を記録した。当時の日本では「ハロウィン」が今ほど一般的ではなかったが、日本の「ハロウィン」定着のきっかけの一つともなった。同様に、USJで頻繁に行われたフラッシュモブ（Fflash Mob）も日本での流行のきっかけとなっている。

　2013年には、後ろ向きに走るジェットコースター「ハリウッド・ドリーム・ザ・ライド〜バックドロップ〜」が大人気で、アトラクションの待ち時間の日本最長記録（当時9時間40分）を更新した。これも既存のジェットコースターを後ろ向きに走らせ、新規投資せずに実現した。当初、USJの技術スタッフからは過去に経験がないことから反対があったが、森岡氏は安全性検証や許認可の多くの課題を乗り越え実現させている。

　2014年には、450億円を投資した「ウィザーディング・ワールド・オブ・ハリー・ポッター」アトラクションがオープンし、2014年度のUSJ入園者は過去最高の1,270万人となった。人気は一過性で終わらず、2015年10月には月175万人で東京ディズニーランドを超え、2016年度の入園者数は2010年比倍増の1,460万人に達している。2010年以降の新しい挑戦により、USJは全く新しいテーマパークに生まれ変わったといえる。

2.　イノベーション

　新たな価値を生み出して社会的に大きな変化を起こすことを「イノベーション（Innovation）」というが、一般的なイメージとして「イノベーション」を「技術革新」とだけ捉えることが多い。1958年の経済白書で「技術革新」と翻訳紹介され、日本で定着したが、経済産業省（2019）では「イノベーション」の定義を以下のように示している。

> 研究開発活動にとどまらず、
> 1. 社会・顧客の課題解決につながる革新的な手法（技術・アイデア）で新たな価値（製品・サービス）を創造し
> 2. 社会・顧客への普及・浸透を通じて
> 3. ビジネス上の対価（キャッシュ）を獲得する一連の活動を「イノベーション」と呼ぶ

　ヨーゼフ・シュンペーター氏（Joseph Schumpeter、1883-1950年）は、「イノベーション」を「新結合」と定義し、「何か新しいものを取り入れる、

既存のものを変える」という意味を持ち、「経済成果をもたらす革新」と捉えた。シュンペーターは、「イノベーション」がもたらす不均衡の拡大こそが好況の過程であり、経済成長の究極的な唯一の源泉は「質的に非連続」な「イノベーション」であると主張した。イノベーションを、①新製品の生産、②新生産方法の実現、③新市場の開拓、④新しい部材の調達、⑤新しい組織の実現に分類し、イノベーションの実行者を「企業者」「起業者」と呼んでいる。

　このように「イノベーション」は、一般的に「新結合」「新機軸」「新しい切り口」「新しい捉え方」「新しい活用法」を意味し、新たな仕組みや習慣を取り入れて、革新的な価値を創造することを示す。つまり、当たり前、身近なものを、組み合わせて、顧客も気がついていなかった「価値」を生み出すことこそが、イノベーションとなる。

3. イノベーション「新結合」の事例

　既存の製品やモノを再定義した「イノベーション」の実例として、（1）キットカット、（2）ネスカフェアンバサダー、（3）オフィスグリコ、（4）いろどりの4つを以下にみる。

（1）ネスレ「キットカット」
　ネスレ（Nestlé、ドイツ語で「小さな鳥の巣」）は世界最大の食品・飲料企業である。2021年売上は約957億ドル、税引前利益は約118億ドル、時価総額（詳細は第2章参照）は約2,987億ドル（2022年9月末の為替換算で約43.3兆円、世界22位・スイス1位）である。1867年に薬剤師のアンリ・ネスレ氏（1814-1890年）が、栄養不足による乳幼児の高い死亡率に対する懸念から「母乳の代替食品」の乳製品を開発し、ネスレ家紋の「鳥の巣」マークを使い始める。ネスレ氏は迫害から逃れた中立国スイスで改名し、事業を始め、1905年に競合を買収し、現在の原型が誕生した。コーヒー豆の大豊作・価格暴落でブラジル政府からの依頼を受けたことが、1938年にお湯を注ぐだけで飲める「ネスカフェ」の開発に繋がり、戦争をきっかけに世界中に広がった。

　さらに、1998年に「キットカット」の英ロントリーマッキントッシュ、1992年に飲料水の仏ペリエなどの数多くの企業を買収してきた。M&Aにより広がったグループを持株会社（第11章参照）やマトリックス組織（第12章参照）で機動的に運営することで、保有する2,000ブランド以上の商品を、世界79ヵ国354工場で生産し、186ヵ国で販売するグローバル企業となっている。

　ネスレの日本支店は1913年（大正2年）に横浜で開設され、1922年に神戸に移転している。1960年にコーヒー豆も貿易自由化となり、日本のインスタントコーヒーの普及が始まり、ネスレ日本のシェアも急上昇し5割弱に達している。1966年には姫路工場で国内生産を始め、1967年に発売した上級ブランド「ゴールドブレンド」のテレビコマーシャル「違いがわかる男の、ゴールドブレンド」で、インスタントコーヒーがネスレ日本の主力事業として定着した。その後、日本の「ネスカフェ」の売上・利益は世界最大規模となっている。

　21世紀に入り、ネスレ日本は「ジャパン・ミラクル」と賞賛されるが、その最初が「キットカット」の展開であった。もともと「キットカット」はライセンス契約をした不二家が、1973年に日本で発売したが、ネスレによる買収によりネスレ日本で販売となった。世界統一の「Have a break, Have a KitKat.」のキャッチコピーによるテレビコマーシャルなどにより、2000年前後にはグリコのポッキーに続く、チョコレートで第2位の認知度ブランドとなっている。しかし逆に「キットカット」の認知度の高さが災いし、スーパーマーケットの特売の目玉として大袋298円前後（17枚入り）で販売されることが多く、利益率は2～3%の低水準に留まっていた。

　1999年にキットカット担当の高岡浩三氏（1960年-）は、ネスレ本社から利益率を5年以内に10%にするように命じられる。それを受け、1985年からお馴染みのテレビコマーシャル（当時12歳の宮沢りえと後藤久美子の共演などで大きな話題となった）などの年間の広告費30億円を思い切ってとりやめた。一方で、「Have a break」の本来の意味を問い直し、コンセプト（ストレスを解消し、再びアクション（活動）に戻る）の実態調査を始めた。顧客の中

心である中高生にとっては、「キットカット」は母親が特売で買って家にある定番のお菓子だが、最大のストレス（受験、恋愛、友人関係）を癒やすお菓子ではなかった。

そんな中、鹿児島で1〜2月だけ「キットカット」販売が伸びていることに注目した。受験に「きっと勝っとお」（「きっと勝つ」の方言）という語呂あわせでお守りにしていたが、それをスーパーのPOP（Point of Purchase、購買時点）広告に使うことなどは、グローバルブランドである「キットカット」の価値を貶めるため厳禁とされていた。しかし、これは「Have a break」の本来の意味に合致すると考え、日本独自の判断で広めていく決断をしている。ただし、企業側から直接コマーシャルなどで発信することなく、消費者自身から広まる方法を模索した。今でこそ、スマートフォンのSNSで口コミが広がるのは当たり前となっているが、逆に当時にそのような事例はほとんどなく、社内では反対の声が多かった。

それでも「キットカット」を「きっと勝っとお」と公式的にはコメントできず、合格のシンボルである桜を使い「キット、サクラサクよ。」のメッセージの入ったパネルを作成し、全国の店頭においたが反応は薄かった。予備校の売店などで多くのパネル展開も行ったが、全く浸透しなかった。試行錯誤を繰り返す中で、高岡氏自身が大学受験で神戸のホテルに泊まり、ホテルの用意した昼食のお弁当を受け取り損ね不合格となった経験から、ホテルとのタイアップを思いつく。2002年に、ホテルスタッフから応援の一言とともに「キットカット」を渡してもらうことを100件以上のホテルと交渉したが、受け入れてくれた新宿の2つのホテルだけで実施した。実施後、受験生だけでなく、顧客との新しいコミュニケーションを体験したホテルスタッフの反応も良く、300軒以上のホテルに広がっていった。

それ以外にも、わざと受験当日に大学キャンパスのゴミ箱に大量の「キットカット」の空箱を捨て、帰りに目撃した受験生の噂を広げる試みなども地道に行っている。インターネットの投票サイトに、受験の願掛けランキングとして、「お守」や「カツカレー」などとともに「キットカット」を選択肢に入れた企画を持ち込んだりもした。これらは朝日新聞の「青鉛筆」コラムやテレビ

のワイドショーで取上げられ、もちろん無料だったが、露出度をテレビコマーシャルの代金に換算すると月20億円の広告効果を得ることができた。

「キットカット」の受験の口コミが広がるにつれて、他社も語呂合わせのお菓子を投入することが流行ったが、ほとんどが一過性で終わっている。一方で「キットカット」は現在でも受験生の約4人に1人が受験に持ち込んでいるとの調査もある。受験時の1回限りでなく、一生涯において「キットカット」に特別の意味を与え、受験を応援する周りの人たちにも特別な意味づけを行うことに成功している。結果的に、高岡氏はスイス本社からの目標を前倒しで達成し、3年で売上3倍、利益5倍となり、2014年にはグリコのポッキーを上回る売上200億円超の国内トップのチョコレート菓子となったとみられる。これらの一連の「キットカット」の活動は、「新しい捉え方（切り口）」を与えた「経済成果をもたらす革新」、つまり「イノベーション」の事例と考えられる。なお、2010年に高岡氏はネスレ日本社長に就任し、2011年に社内公募で『イノベーションアワード』を創設している。

（2）　ネスカフェアンバサダー

2012年からネスレ日本の「ジャパン・ミラクル」の次の活動である「ネスカフェアンバサダー」が始まっている。当時、日本では年間500億杯のコーヒーが消費されていたが、家庭内6割強、家庭外4割弱であり、家庭外のうち3分の2が缶コーヒーも含めオフィスで飲まれていた。ネスレ日本のシェアは家庭内では37％と高いが、家庭外は3％程度に留まっていた。オフィスでのシェアを高めるために、コーヒーマシン「ネスカフェ　ゴールドブレンド　バリスタ」をオフィスに無料で貸し出すことを社内で模索したが、現状のインスタントコーヒーの売上が減少する可能性があるため、営業部門からは反対の声があった。

2009年にネスレ日本は、家庭用のインスタントコーヒーマシン「ネスカフェ　ゴールドブレンド　バリスタ（以下マシン）」を定価9,000円で発売していた。このマシンに「ゴールドブレンド」などの専用カートリッジを使用することで、一杯分ずつおいしいコーヒーを淹れることができ、2010年には核家族化

を背景に 50 万台超を販売する大ヒット家電となった。逆に言えば、それまでの日本のコーヒーマシン市場は年間 100 万台程度であり、これ以上の拡販は難しい水準であり、次の展開を模索していた。2011 年に東日本大震災が起こり、1995 年の阪神淡路大震災を神戸で経験した社員が、被災地の集会所に無償でマシンを持ち込んだ。知らない人が集まる仮設住宅ではコミュニケーションが生まれにくいが、数カ月後にコーヒーマシンがあると人が集まり交流が始まるという「新しい捉え方」に気がついた。

　2012 年 6 月に、オフィスで貸し出しマシンを運営する『ネスカフェアンバサダー』の募集を試験的に北海道で行った。アンバサダー（Ambassador）とは「大使」や「代理人」を意味し、オフィスを代表してマシンで消費する製品（カートリッジ、ゴールドブレンド 1 杯当たりの原価は 20 円以下）をまとめて購入するボランティアである。アンバサダーを、無報酬で 50 台限定のオフィスモニター（レポート義務等有）として募集したところ、2 週間で 1,200 件応募と大きな反響があった。背景として、以前の日本企業の多くで、オフィスで飲むお茶やコーヒーは会社負担で購入されていたが、コスト削減で自動販売機（自腹）に切り替わっていったことがある。また、オフィスの気軽なコミュニケーションの場でもあった喫煙所も撤廃するケースが増える一方で、E メールといった非対面のツールが当たり前となりつつあった。安価でおいしいコーヒーの提供だけでなく、オフィスのコミュニケーションの再活性化のきっかけとなり、アンバサダー自身も職場の同僚から感謝されることになった。

　2012 年 11 月から本格的に全国展開され、1 年で 10 万人程度の応募があり、ネスレ日本は専門部署を立ち上げ、50 人の担当者がアンバサダー希望者と面接・認定していった。その後、アンバサダー認定は 2017 年に約 30 万人、2022 年に約 50 万人（コンビニ最大手の国内店舗数の約 30 倍）まで広がっている。当初懸念していた家庭用の販売減少は起こらず、むしろオフィスでゴールドブレンドを飲んだ一部の人たちが家庭でも飲むようになり、スーパーでのゴールドブレンドの売上が増加した。また、アンバサダーからの要望で高価格の本格派コーヒーマシン「ネスカフェ ドルチェ グスト」も『ネスカフェアンバサダー』のラインナップに加えている。「ドルチェ グスト」は、本格的な

コーヒーを専用カプセル化し、20種類以上のカフェメニューを取りそろえた
マシンで、以前より一般販売していたが、1杯57円以上するため、当初ネス
レ日本はオフィスで導入できるとは考えていなかった。また、軽食や菓子をあ
わせておく新サービスも始めている。

　ネスレ日本はネスレの日本法人であるため、安易に海外販売で売上を伸ば
すことができなかった。だからこそ、キットカットやコーヒーの製品だけで
なく、それらの製品が持つ本来的な意味である「ストレス解消」や「コミュニ
ケーションの場」に価値を見いだしたと考えられる。また、アンバサダーとの
コミュニケーションの場から新しいビジネス展開も生まれており、典型的な
「イノベーション」の事例といえる。

（3）　オフィスグリコ

　2022年に創業100周年を迎えた江崎グリコ（証券コード：2206、以下グリ
コ）は菓子・食品・乳製品・健康食品などを手掛ける総合食品企業で、菓子で
もグリコ、ポッキー、プリッツ、パピコ、カプリコなどのロングセラーを数多
く保有する。1935年から設置している大阪道頓堀のグリコサイン（現在は6
代目LED）や1988年に神戸市でオープンした工場型テーマパーク「グリコピ
ア神戸」でもおなじみの関西を代表する企業の1社である。

　少子高齢化の中で、グリコは子供向け菓子中心から「大人」を取り込む顧客
層の拡大を模索し、1997年に「消費者との接点を多様化する」プロジェクト
が開始された。お菓子市場は3兆円を超え、約7割が家庭内で食べられるが、
オフィスで2割程度が食べられていた。しかし、オフィスは「あったら食べ
る」需要が大半を占め、消費者に自社製品を届ける手段が課題となっていた。
当初は企業に訪問販売していたが、昼休みなど販売時間が限定されるなど効率
が悪かった。そこで、お菓子を入れた「リフレッシュボックス」とお金を入れ
る箱を設置する「無人販売」で、減ったお菓子を補充する「富山の置き薬方式」
を思いついた。

　1997年に大阪駅第1ビルに入居する40社に「リフレッシュボックス」をテ
スト設置した。商品価格は100円に統一し、利用者は取ったお菓子の数だけ

代金を入れ、1 週間に 1 回程度の頻度で中身を補充する仕組みとした。「リフレッシュボックス」1 台で 20 名程度の利用者を想定し、3 つの棚に各 8 個のお菓子を入れ、毎週入れ替えた。「リフレッシュボックス」は、グリコのコーポレートカラーの赤でなく、オフィスで目立たない落ち着いた青色とするなど細心の配慮をはらっている。また、お金を入れる箱の口は、想定される利用者が子供の時代に馴染みだった「カエルの貯金箱」とした。地元の銀行が預金者へのノベルティとしていた「カエルの貯金箱」の金型を東大阪のプラスチック工場から探し出して取り付け、（お菓子を食べて）「ヨミカエル」と命名した。

　実施したことでいろいろな発見があった。懸念された代金回収率は 95% と高く、挨拶などの行き届いた補充スタッフ（主婦パートタイマーが中心）ほど回収率が高いことも明らかになった。利用者は、想定と異なり男性が 7 割を占め、オフィスが禁煙となり、代わりにお菓子を食べる需要を掘り起こした結果と推測された。グリコは過去にお菓子の自動販売機「ジョイモア」をオフィスでも展開したが、飲料の自動販売機と異なり、物珍しさから最初こそは売上が伸びるものの、直ぐに飽きられる経験があった。しかし、「リフレッシュボックス」では、週替わりで限られた数のお菓子を入れ替えることで、売上は持続的に続いた。

　1999 年に大阪から本格導入を始め、2002 年には関東にも展開し、2003 年に他社製品も導入している。「リフレッシュボックス」設置は、2005 年に 5 万台（年間売上 20 億円）、2008 年に 10 万台（同 37 億円）を突破している。2011 年の東日本大震災では関東の鉄道が止まり、帰宅難民が大量に発生したが、「オフィスグリコがあって助かった」との SNS のコメントが相次いでいる。2013 年には東京都帰宅困難者対策条例が施行され、企業は 3 日分の飲料水と食料の備蓄が努力義務となり、オフィスにおける非常食としての役割も見直されている。最近では利用者がセッティングする「どこでもオフィスグリコ便（セルフ型サービス）」にも展開されている（QR 決裁のみ）。

　2007 年にはオフィスグリコの「商品の管理配置やシステム構成など一連の管理手法」の「ビジネスモデル特許」を取得している。オフィスグリコはすでに電子決済にも対応済みだが、2022 年には顔認証で決済する実証実験が行わ

れている。利用者は手にとったお菓子をそのまま持って帰るだけで、クレジットカード決済され、結果がスマートフォンに送られる。将来的には、AIが新しいお菓子をリコメンデーションしたり、オフィスに行かなくても同僚にお菓子をプレゼントしたりできることが想定され、さらなる「イノベーション」に繋がる可能性がある。

（4） 葉っぱビジネス「いろどり」

　「いろどり」は、ブランド名『 彩 』として『葉っぱビジネス』を手掛ける徳島県上勝町の株式会社である。『葉っぱビジネス』とは、日本料理を美しく彩る「つまもの」、つまり季節の葉や花、山菜などを販売する農業ビジネスである。平常時2～3億円の売上だったが、コロナ禍で2020年度には約1.5億円に落込んでいる。

　上勝町は、徳島市から車で1時間の山あいで、面積の9割弱が山林である。1955年に2つの村が合併して発足したが、現在では人口が1,300人強と発足時の約5分の1まで縮小し、高齢化率50％を超えている典型的な過疎地域である。

　「いろどり」代表の横石知二氏（1958年-）は徳島市出身の「よそ者」である。徳島県庁で働く父親の薦めで、県庁の農業改良普及員の資格を取り、就職するつもりだったが、たまたま卒業年だけ県庁の農業改良普及員の採用がなかった。1979年に営農指導員の募集があった上勝町農協に就職し、数年後の県庁の普及員募集を待つつもりであった。一方で、上勝町農協では「よそ者」を採用することに強く反対する人が多かったが、農協は赤字続きであり、上勝町の財政補助での例外的な採用として、当時の町長が「地元の人間では新しい事業をできない」と横石氏の採用を強くすすめた。当時の上勝町は、何かをやろうとしても出来ない理由ばかりを考える、そんな沈滞ムードが村全体を覆っていたためである。言い換えると、地元の人間では「新機軸」や「新しい切り口」を見つけることは難しく、「イノベーション」を起こせないと判断したと考えられる。

　上勝町は温州みかんの産地であったが、1981年2月にマイナス12度となる

異常寒波が襲い、みかん栽培の 9 割弱が枯死した（被害総額 25 億円超）。横石氏は、その後の数年は年間 4,000 時間超（1 年 365 日 11 時間）働き、試行錯誤で椎茸や高冷地野菜など農業生産再編成に取り組み、地元の信頼を得ている。

　横石氏は大阪の市場へも出荷するようになり、1986 年に出荷後の大阪（難波）「がんこ寿司」で食事をした際に、3 人の女性の顧客が料理についている「赤いモミジ」を喜び興奮している様子を見て、『葉っぱビジネス』を着想する。上勝町にはいくらでも葉っぱがあると考え、1987 年に見栄え良くパックした「つまもの」（葉っぱ）を『 彩 （いろどり）』と名付け、大阪の市場に出荷したが、全く売れず大赤字となってしまった。横石氏は、顧客のニーズを何も知らずに、製品「つまもの」を作っていたことに気付き、顧客である「料亭」にもいくが相手にされなかった。そのため、顧客として料亭にいき「つまもの」について質問することを思いつき、手取り月 15 万円の収入から自腹で料亭にいくため、1 人でお酒も頼まず、多くの料亭に通った。2 年間通い顔なじみとなり、初めて板場を見学させてもらい、日本料理で使う「つまもの」には、万葉集からのいわれによる流れがあり、伝統的な知識が何代にもわたって伝えられていることを知る。時々の季節感、料理の種類、器の大きさにより必要とされる「つまもの」も異なり、「自然のまま」では価値がないことを知り、顧客のニーズを学んでいった。

　当初は、町民には「我々にもプライドがある。そこらにあるものを売って儲けるなんて恥ずかしい」という意見が多かったが、1989 年から上勝町の高齢者を集め、バスを仕立てて、大阪の一流料亭に連れて行き、初めて自分たちの「つまもの」がどのように使われ、どのように価値があるかの理解をすすめた。また市場の担当者だけでなく、一流の料理人からも「つまもの」の使い方を講習することで、『 彩 （いろどり）』への参加者が増えていった。

　さらに時々の顧客である料亭のニーズをタイムリーに把握する仕組みを整備していった。1992 年には防災無線ファックスを利用し、1999 年にはパソコンを導入し、受注情報・全国の市場情報・今後の予測・栽培管理情報などを参加者一人ひとりが知ることができるようにした。その結果、農家の高齢者も自

ら情報を分析、マーケティングを行い、葉っぱを計画的に栽培管理し全国へ出荷するようになった。また、「上勝情報ネットワーク」では自分の売上順位が分かるなど競争原理も取り入れている。2017年の新システム導入時にはSNSを取り入れ、現在では高齢者がタブレット端末を使い情報を入手している。

　「いろどり」による『葉っぱビジネス』の特徴として、商品が軽量で綺麗であり、高齢化が進む上勝町でも取り組みやすいことがあった。ただし、多品種少量生産であり、種類は300以上、1年を通して出荷する必要がある。上勝町内の農家の約150軒が副業として参加し、コンスタントに参加する70軒前後では1軒当たり300万円の売上となるが、中には1,000万円以上の売上の「スターいろどり農家」も存在する。つまり、それぞれの農家が、決められたことや言われたことをするのではなく、自ら情報を得て、自らイノベーションを日々行っていると考えられる。これらの成功事例は、テレビや雑誌等でも紹介されただけでなく、2012年には映画『人生、いろどり』となり、全国で約15万人が来場している。

【練習問題】

・USJ、キットカット、ネスカフェアンバサダー、オフィスグリコ、いろどりの取り組みで、イノベーションに該当する点を説明せよ。

参考文献

1.
森岡毅『USJのジェットコースターはなぜ後ろ向きに走ったのか?』角川書店、2014年
2.
J.A. シュンペーター（塩野谷祐一ほか訳）「経済発展の理論（第2版）」岩波書店、1999年
一橋大学イノベーション研究センター編『イノベーション・マネジメント入門 第2版』日本経済新聞出版、2017年
経済産業省「日本企業における価値創造マネジメントに関する行動指針」、2019年
伊藤元重『ビジネス・エコノミクス第2版』「第11章」日本経済新聞出版、2021年
長内厚ほか『イノベーション・マネジメント』中央経済社、2021年
青島矢一ほか『経営学入門（はじめての経営学)』「第8・9章」東洋経済新報社、2022年

3.

嶋口充輝ほか『マーケティング革新の時代③』「第 6 章」有斐閣、1999 年

横石知二『そうだ、葉っぱを売ろう！』SB クリエイティブ、2007 年

石井淳蔵ほか編『1 からのマーケティング〈第 3 版〉』「第 13 章」中央経済社、2009 年

小川孔輔『マーティング入門』日本経済新聞出版、2009 年

高岡浩三『ゲームのルールを変えろ』ダイヤモンド社、2013 年

吉原英樹ほか編『ケースに学ぶ国際経営』「第 5 章」有斐閣、2013 年

酒井光雄・武田雅之『全史×成功事例で読む「マーケティング」大全』かんき出版、2014 年

ジェイムズ・ブライディング（北川知子訳）『スイスの凄い競争力』（第 1 章）日経 BP、2014 年

高岡浩三『ネスレの稼ぐ仕組み』KADOKAWA、2015 年

鈴木智子・野ヶ本直子「ネスレ日本」一橋ビジネスレビュー Vol.67-2、2019 年

高橋浩夫『すべてはミルクから始まった世界最大の食品・飲料会社「ネスレ」の経営』同文舘出版、2019 年

テレビトクシマ『アントレプレナートップに迫る〜経営者の選択〜』2012 年

週間ダイヤモンド 2014/7/12 号、2016/10/1 号

各社ホームページ・IR 情報・有価証券報告書

日本経済新聞・日経 BP・東洋経済データベース

第 2 部

定量・定性分析の基本

第 **2** 章

事業環境の変化と企業評価

1. 変化が「安定」をもたらす

　「20 年後までに人の仕事の約 50％が AI やロボットによって置き換えられる可能性がある」という英オックスフォード大学教員の共同研究（Frey and Osborne（2013））が発表され、日本でも大きな話題となった。実は、過去も多くの仕事がなくなり、逆に存在しなかった新しい仕事が数多く生まれており、現在の仕事の 3 分の 2 以上が戦後に新しく生まれたとの見方もある。

　さらに少子高齢化により、人口問題研究所の「日本の将来推計人口（平成 29 年推計）」によると 2060 年の人口は約 9,284 万人（15 〜 64 歳の生産年齢人口は約 4,793 万人）で、2020 年比で人口は約 26％減少、生産年齢人口は約 36％減少すると見込まれている。そのため、「The future of work in Japan」（MGI（2020））では、2030 年までに日本の既存業務の約 27％（約 1,660 万人の雇用）が自動化される可能性があるが、それでも労働力需要は 150 万人分不足すると推定している。

　今後の人口減少は、労働供給の減少とともに、最終需要の減少も意味する。第 1 章でみた USJ の森岡氏が「ハリー・ポッター」へのアトラクション（450 億円）の投資にこだわった理由は、人口減少であるといわれている。いくら関西で人気を回復しても、人口減少が進めば USJ を維持できなくなるため、長期的に関東や海外からも集客できる目玉のアトラクションが必須だと考え、新しいチャレンジを行っている。つまり、今後は無くなる仕事による人余

りと新しい仕事に対する人手不足が同時に起こることが見込まれている。

　さらに、疫病、戦争、テロ、震災、経済危機など予期できないことが起こり、いつの時代も「激動の時代」といわれてきた。むしろ、それが少なかった 2010 年代は例外といえるが、それ以外の過去 100 年でみても大きな変化が起こり続けている（図表 2-1）。10 年以上の長期的な視点で考えると、変化しない仕事・企業が「安定」ではなく、変化に対応することが「安定」に繋がることになる。

図表 2-1　企業を取り巻く過去 100 年間の主な出来事

1918 年〜	「スペインかぜ」（世界的なパンデミック、死者数 1,700 〜 5,000 万人）世界の人口は現在の約 1/4
1923 年	関東大震災（死者数 10.5 万人）
1939 〜 45 年	第二次世界大戦（死者数 5,000 〜 8,000 万人）
1950 年〜	朝鮮戦争（死者数推定 400 〜 500 万人、現在停戦中）

〈60 年前〜 30 年前〉	〈30 年前〜現在〉
1962 年　キューバ危機（核戦争寸前で回避）	1993 年〜　オウム真理教（テロ）サリン事件 ⇒ 政権交代
1964 年　中国の核実験	〈このころ携帯・メール・インターネットなどの導入〉
1965 年　ベトナム戦争拡大（米国が北爆開始）	1995 年　阪神・淡路大震災（犠牲者 6,434 人）
1967 年　第 3 次中東戦争	1997 年　金融危機（金融機関の連続破綻）、香港返還
1971 年　沖縄返還協定、ニクソンショック	1999 年　EU 単一通貨ユーロが導入
1972 年　日本赤軍テロ（テルアビブ空港乱射など）	2001 年　NY 同時多発テロ
1972 年　日中国交正常化（ニクソン米大統領訪中）	2003 年〜　イラク戦争（有志連合）
1973 年　第 4 次中東戦争を機に第 1 次オイルショック	2006 年〜　北朝鮮の核実験
1979 年　イラン革命を機に第 2 次オイルショック	2008 年〜　リーマンショック ⇒ 2009 年政権交代
1982 年　英国フォークランド紛争	2010 年　ギリシャ危機（EU 危機）
1983 年　大韓航空機撃墜	2011 年　東日本大震災・福島原発事故（犠牲者 1.8 万人）
1986 年　チェルノブイリ原発爆発（過剰死亡約 1.6 万人）	〈日本の GDP、一人当たり所得、人口が緩やかに減少〉
1989 年　天安門事件、昭和天皇崩御	
1990 年　東西ドイツ統一、ソ連崩壊	2020 年〜　新型コロナ流行（パンデミック、死者 650 万人超）
1991 年　湾岸戦争	2022 年〜　ウクライナ危機
1991 年〜　バブル崩壊	

2. 企業のみかた

（1） 日本企業の収益構造

　国税庁（2022）によると、2020年度の日本の法人数280万社強（持株会社子会社を除くと279万社強。持株会社の詳細は第11章参照）のうち、利益計上法人（黒字法人）は105万社（構成比は約38%）である。2011年度以降の「安定的」な事業環境を背景に、9年連続で黒字法人数は増加し続けてきたが、コロナ禍の影響で2020年度の黒字法人数は前年比0.3%の微減となっている。黒字法人比率でみると、2010年度の約24%をボトムに2020年度の38%まで10年連続で回復している（図表2-2）。

　しかし長期的にみると、全体の「赤字法人（欠損法人）」比率は増加傾向にある（正確には、繰越欠損を抱え、税金を納付していない欠損法人だが、長期的な企業の収益性という意味から以下に「赤字法人」と表現する）。戦後の赤

図表2-2　日本の赤字法人の比率（1951 ～ 2020年度）

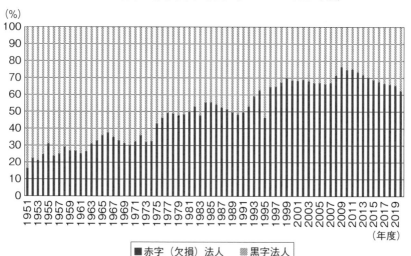

（出所）国税庁「会社標本調査」より作成

字法人比率は10%台だったが、2010年度の76%まで上昇を続け、その後緩やかに減少している。現在でも約3分の2の法人が赤字となっている。日本は法人数が増加し続け、人口対比でみた法人数が欧米諸国よりも突出して多くなっている。欧米諸国では赤字法人の比率が5割前後となっており、赤字の一定比率の法人が解散し、それらの人材を含む経営資源が新しいチャレンジに使われるため、法人数の増加は緩やかである。一方で、日本は赤字法人のほとんどが給付金や助成金などで維持され、人材も含め経営資源が囲い込まれ、新しいチャレンジを阻害している側面がある。

　なお日本の企業の99%以上が中小企業であり、その多くが赤字であるが、業種別や従業員数などの視点でみると違う側面もみえてくる。資本金1億円以上を大企業と定義すると、大企業は全体の1%以下だが、全従業員の約29%が大企業に勤めている（図表2-3）。製造業に限ってみると約44%が大企業に務めていることになる。

図表2-3　企業規模別・製造業の企業数・従業員数

企業数等（大企業は資本金1億円以上、万社）

	製造業	非製造業等	合計
大企業	1	2	3
中小企業	27	139	166
個人ほか	16	226	242
合計	43	369	412

従業員数（万人）

	製造業	非製造業等	合計
大企業	446	1,079	1,525
中小企業	507	1,949	2,456
個人ほか	51	1,284	1,335
	1,004	4,311	5,315

（出所）平成24年経済センサス・活動調査

（2）上場企業と時価総額

　日本全体の法人の約3分の2が赤字であるが、2021年度の「上場企業」2,082社合計の連結営業利益は約41兆円の黒字となっている。「上場企業」は自社の株式を市場（証券取引所）で売買することが認められた企業である。上場するためには、厳しい審査基準をクリア（維持）した上で、上場後も監査法人がチェックした財務内容などを定期的に公表する義務が課されるため、外部からも企業を評価でき、社会的信用度（企業だけでなく従業員も含めて）が高

くなる。大半の大企業が上場しているだけでなく、優良な中堅企業も上場している。また上場企業の国内外の子会社は、グループ全体での連結決算で一体化した監査や規律が求められる一方で、不正防止や社会的信用を相対的に得ることができる。

　成長する日本企業も増加の一途で、2021 年度末の上場企業は 3,763 社（グループ会社を含めると数倍）に増えている。この中から 3 月決算で比較可能な企業 2,082 社の 2021 年度の業績を集計した（図表 2-4）。集計した売上高は約 630 兆円で、海外子会社も連結した上に違う概念の数値であり厳密な比較ではないが、日本の GDP540 兆円強を超える水準であることから、いかに大きな経済活動と関連しているかがイメージできる。さらに、集計した営業利益は約 41 兆円となっている。第 9 章でみるように日本企業の海外展開（グローバリゼーション）が大きく成長したことから、日本のバブル期（1990 年度）の利益の 3 倍前後に利益水準は拡大している。これも上場企業数も増加しているため厳密な比較とは言えないものの、最初にみた労働需要と同様に、大きく利益成長する企業と赤字が累積している企業が両方増え続けている日本企業の全体像があるといえる。

　集計した上場企業の業績の内訳をみると、売上構成比で製造業が約 54%、非製造業が約 46%、本業のもうけを示す営業利益構成比は製造業が約 66%、非製造業が約 34% となっている。さらに、各項目で最大規模となっている業種は、売上規模では商社を中心とする「卸売業」が約 109 兆円、営業利益では自動車産業を中心とする「輸送用機器」が約 5.9 兆円、総資産では「サービス業」が約 319 兆円などと分かる。ただし上場している企業数は業種ごとに大きく異なるため、1 社平均の数値で比較すると異なった姿となることには注意が必要である。なお、それぞれの財務指標の詳細な説明は第 3 章で行うため、学習した後で再び注目する個別企業の数値を、業種の平均値と比較・分析を行うことで、業界の特性・特徴なのか、個別企業の特性・特徴なのかを理解することができる。

　必ずしも売上高（以下、売上）や資産規模の大きい企業や有名な企業が高い収益を上げている訳ではない。また、事業環境が変化する中で、過去に収益

図表2-4　上場企業の業種別業績集計

2022年3月期決算短信集計 （単位：社、兆円、％）

業　種	集計社数	売上高	営業利益	利益率	経常利益	当期利益	総資産	純資産	自己資本比率	負債
全　産　業	2,082	629.6	40.8	6%	50.8	34.8	1,245.3	413.7	33%	831.6
製　造　業	1,019	343.0	27.1	8%	30.5	21.5	500.7	238.4	48%	262.3
非　製　造　業	1,063	286.6	13.7	5%	20.4	13.2	744.6	175.3	24%	569.2
水 産 ・ 農 林 業	7	2.0	0.1	3%	0.1	0.0	1.3	0.5	38%	0.8
鉱　　　　　業	4	0.5	0.0	10%	0.1	0.0	0.8	0.6	77%	0.2
建　設　業	108	27.6	1.6	6%	1.7	1.1	31.0	14.2	46%	16.8
食　料　品	78	14.2	0.8	6%	0.9	0.7	13.8	8.3	60%	5.5
繊　維　製　品	34	5.0	0.2	5%	0.3	0.2	6.9	3.4	49%	3.5
パ ル プ ・ 紙	17	4.9	0.2	5%	0.3	0.2	6.7	2.5	38%	4.2
化　　　　　学	154	33.3	3.5	10%	3.6	2.5	47.5	26.3	55%	21.2
医　薬　品	36	9.9	1.1	11%	1.0	0.8	26.3	14.4	55%	11.9
石 油 ・ 石 炭 製 品	8	20.8	1.5	7%	1.5	1.0	16.9	5.5	33%	11.4
ゴ　ム　製　品	14	1.0	0.0	3%	0.0	0.0	1.2	0.7	58%	0.5
ガラス・土石製品	42	4.8	0.4	9%	0.5	0.3	7.0	3.8	54%	3.2
鉄　　　　　鋼	37	18.0	1.6	9%	1.6	1.2	22.7	10.3	46%	12.4
非　鉄　金　属	28	12.3	0.5	4%	0.9	0.7	13.9	6.6	47%	7.4
金　属　製　品	61	6.2	0.3	5%	0.4	0.3	7.5	4.0	54%	3.5
機　　　　　械	165	26.7	2.2	8%	2.3	1.6	37.4	19.7	53%	17.7
電　気　機　器	175	78.0	7.1	9%	7.6	5.6	116.0	53.1	46%	62.9
輸　送　用　機　器	81	94.2	5.9	6%	7.5	5.0	157.0	67.5	43%	89.4
精　密　機　器	32	5.2	0.5	10%	0.8	0.6	8.4	4.6	55%	3.7
そ の 他 製 品	57	8.8	1.1	12%	1.2	1.0	11.5	7.6	66%	3.9
電 気 ・ ガ ス 業	21	24.1	0.4	2%	0.4	0.2	57.8	14.5	25%	43.2
陸　運　業	58	18.5	0.4	2%	0.3	0.2	49.4	16.7	34%	32.7
海　運　業	11	4.8	0.4	8%	2.4	2.4	8.4	4.4	53%	3.9
空　運　業	4	1.8	−0.4	−23%	−0.4	−0.3	5.7	1.7	29%	4.0
倉庫・運輸関連業	30	3.1	0.2	7%	0.2	0.2	3.3	1.8	55%	1.5
情 報 ・ 通 信 業	219	44.7	5.5	12%	4.7	1.9	121.5	43.3	36%	78.2
卸　売　業	213	109.0	2.3	2%	6.4	4.7	101.8	37.5	37%	64.3
小　売　業	134	16.2	0.6	4%	0.8	0.5	13.7	6.5	48%	7.2
不　動　産　業	53	9.9	1.3	13%	1.2	0.8	30.9	10.6	34%	20.3
サ ー ビ ス 業	201	24.5	1.3	5%	2.4	1.5	318.9	22.8	7%	296.1

（注1）各指標の説明は第3章で個別企業の事例を踏まえ詳しくみるため、第3章を学習後に再度内容を確認すること。

（注2）金融業除く比較可能会社ベース。一部業種の売上高区分は営業収入。当期利益は親会社株主に帰属する当期純利益。負債は総資産から純資産を引いた数値。

（出所）日本取引所グループ集計値より作成

が高い企業が将来も継続する訳でもない。将来の収益が反映される企業の価値を、最も客観的に示している指標が「時価総額（Market Capitalization）」である。上場企業であれば、日々の株価を使用して最新の数値を以下のように簡単に求めることができる。

「時価総額（円）」＝「株価（円／株）」×「発行済み株式数（株）」

　直感的には、発行されている株式を全て購入すれば、企業を買収できることから、その企業の価値を示していると考えることができる。最新の全ての情報を織り込んだ上での将来の収益予想を反映したものであり、時価総額は企業が将来生み出すキャッシュフローの現在割引価値の「最も確からしい」推定値である。「最も確からしい」とは、現時点で知られている全ての情報を踏まえた需要と供給が一致する均衡値という意味である。厳密には、企業価値は時価総額に有利子負債を加えたものになるが、簡易的に「時価総額」を比較すれば大枠を掴むことができるため、日本の全上場企業の中で上位100社（2022年9月末時点）を実際に以下に示した（図表2-5）。全上場企業数の約2.7%にあたる100社で、全ての上場企業の時価総額全体の6割弱（約406兆円）を占めている。

　日本で最も価値のある企業の時価総額は、トヨタ自動車（以下、トヨタ）の約31兆円で第2位のNTTの2倍以上となっている。自動車産業は日本の基幹産業となっており、トヨタ以下にも、ホンダ、日産、スズキ、SUBARUなどの完成車企業に加え、デンソー、ブリジストンなどの自動車部品企業、トヨタ関連の豊田自動織機、豊田通商などがランクインしている。本書では、トヨタを中心に自動車産業に関して第9章（現在の自動車産業）、第10章（トヨタの強さの源泉）、第11章（自動車産業の歴史）で説明する。

　自動車産業以外でも有名企業がランキングしているが、必ずしも有名な事業に「価値」があるのではなく、隠れた製品・サービス等が意外な要因で価値を持っているケースが多い。本書では、イオンを第4章、三菱商事を第8章、ソニーグループを第11章、ソフトバンクグループ（SBG）関連を第14章でそれぞれ説明する。

図表 2-5　日本企業の時価総額ランキング上位 100 社

日本の時価総額ランキング

順位	証券	企業名	(兆円)	章他
1	7203	トヨタ	30.61	9他
2	9432	NTT	14.15	11
3	6758	ソニーG	11.71	14
4	6861	キーエンス	11.65	14
5	9433	KDDI	9.77	12
6	8306	三菱UFJ	8.65	
7	9984	SBG	8.44	14
8	9983	ファストリ	8.14	6
9	4568	第一三共	7.87	
10	7974	任天堂	7.60	5.8
11	4661	OLC	7.17	
12	6098	リクルート	7.06	
13	9434	SB	6.92	14
14	6367	ダイキン	6.53	
15	4519	中外薬	6.09	
16	4063	信越化	5.97	
17	4502	武田	5.96	
18	6501	日立	5.92	5
19	8058	三菱商	5.85	8
20	7267	ホンダ	5.68	10
21	8035	東エレク	5.61	
22	8001	伊藤忠	5.55	
23	8316	三井住友FG	5.53	
24	8766	東京海上	5.23	
25	6902	デンソー	5.19	

順位	証券	企業名	(兆円)	章
26	3382	セブン&アイ	5.15	
27	7741	HOYA	5.01	
28	8031	三井物	4.92	
29	6594	日電産	4.85	
30	2914	JT	4.75	14
31	6981	村田製	4.48	
32	7751	キヤノン	4.23	12
33	6954	ファナック	4.09	8
34	8411	みずほFG	3.97	13
35	6273	SMC	3.92	
36	7182	ゆうちょ銀	3.78	
37	7733	オリンパス	3.57	
38	4503	アステラス	3.52	
39	6178	日本郵政	3.50	
40	9022	JR東海	3.49	
41	4901	富士フイルム	3.40	
42	5108	ブリヂストン	3.33	5
43	6702	富士通	3.27	13
44	4543	テルモ	3.09	
45	8113	ユニ・チャーム	2.95	
46	4689	ZHD	2.90	14
47	9020	JR東日本	2.80	
48	6503	三菱電	2.80	
49	6971	京セラ	2.76	
50	2413	エムスリー	2.75	12

順位	証券	企業名	(兆円)	章
51	4452	花王	2.75	
52	8802	菱地所	2.64	
53	8801	三井不	2.63	
54	9613	NTTデータ	2.62	
55	4578	大塚HD	2.56	
56	8591	オリックス	2.55	
57	6301	コマツ	2.54	
58	6752	パナHD	2.49	10
59	6326	クボタ	2.39	11
60	8750	第一生命HD	2.39	2
61	8267	イオン	2.36	
62	6723	ルネサス	2.35	4
63	4612	日本ペHD	2.32	
64	4523	エーザイ	2.30	
65	8725	MS＆AD	2.28	
66	2502	アサヒ	2.27	
67	8053	住友商	2.26	5
68	6201	豊田織	2.24	
69	6502	東芝	2.23	
70	3659	ネクソン	2.21	13
71	7269	スズキ	2.20	
72	8002	丸紅	2.18	9
73	4507	塩野義	2.18	
74	4307	野村総研	2.17	
75	2802	味の素	2.13	

2022/9/30時点

順位	証券	企業名	(兆円)	章
76	7832	バンナム HD	2.09	
77	7309	シマノ	2.07	
78	2503	キリン HD	2.04	
79	4911	資生堂	2.02	
80	8630	SOMPO	2.00	
81	1925	大和ハウス	1.96	
82	7201	日産自	1.94	12
83	4684	オービック	1.93	
84	9735	セコム	1.93	
85	5401	日本製鉄	1.91	10
86	1605	INPEX	1.88	
87	4151	協和キリン	1.79	
88	4528	小野薬	1.75	
89	6762	TDK	1.73	
90	7270	SUBARU	1.67	9
91	1928	積ハウス	1.64	
92	6869	シスメックス	1.63	
93	7532	パンパシ HD	1.62	2
94	7011	三菱重	1.62	
95	2801	キッコーマン	1.59	
96	8015	豊田通商	1.59	4
97	2587	サントリーBF	1.59	
98	8830	住友不	1.57	
99	8604	野村	1.55	
100	8309	三井住トラ	1.54	12

1～100位の合計時価総額　406

（注1）「証券」は証券コード、「兆円」は 2022 年 9 月末時点の時価総額、「章」は主に言及した章を示す。

（注2）時価総額は自己株式を含むベース。自己株式を含むためベース合まない「個別シート」の数値と誤差が生じる場合がある。

（注3）企業名は略称。例えば、SBG はソフトバンクグループ、OLC はオリエンタルランド、ZHD は Z ホールディングス（LINE、ヤフー、PayPay）などを示す。

最終消費財を取り扱っていないため一般的な知名度は低いが、世界的な競争力やシェアを持ち、高い価値を持つ企業も多い。本書では、シスメックスとクボタを本章で、三菱重工を第4章で、コマツを第10章で、村田製作所と京セラ関連を第12章で、SMCとファナックを第13章で、キーエンスと日本電産（ニデック）を第14章でそれぞれ説明する。

本書では「企業のみかた」のフレームワークを章ごとに説明していく一方で、日本を代表する多くの企業の成り立ちや強みなどの具体的事例を取り上げる。本当に価値がある日本の事業や産業がどのようなものであるかの理解の一助となるはずである。また、普段は意識することはないが、世界中の人々の生活を陰ながら支える日本企業が数多くあることに気付くはずである。なお、上場企業には各社に「証券コード」として、特定の4ケタの数字が振り分けられており、検索する際にも役に立つため、以下では企業の主要紹介で最初に「証券コード」を示す。

（3） SWOT分析

企業は、事業環境の変化に対応し、自社の強みを活かし、自社の弱みをカバーし、イノベーションを起こし、経済的価値である収益を上げている。そのため、企業が存続し成長していくためには、まず自社を取り巻く経営環境と自社に関する正しい認識・分析を行うことが必要である。これを分析するフレームワークの定番として、1960年代に米ハーバートビジネススクールが広めた「SWOT（スウォット）」分析を紹介する。「SWOT」は、「強み（Strength）」「弱み（Weakness）」「機会（Opportunity）」「脅威（Threat）」の頭文字SWOTから名付けられた事業分析のフレームワークである（図表2-6）。内部環境だけでなく外部環境にも目を向けることで、客観的に全体の状況を捉えることができ、プラスとマイナスの両側面に対しての分析を合わせてできる。目標を達成するために意思決定を必要としている組織や個人のプロジェクトでは、内部環境の強み（S）と弱み（W）、外部環境の機会（O）と脅威（T）をSWOT分析などで抽出した後で、戦略を策定していくことが一般的である。

図表 2-6　SWOT 分析

	プラス要因	マイナス要因
内部環境	強み（Strength） 自社の強みや長所	弱み（Weakness） 自社の弱みや短所
外部環境	機会（Opportunity） 社会や市場の追い風	脅威（Threat） 社会や市場の向かい風

　ただし、このSWOT分析は絶対唯一のものではなく、あくまでもフレームワークに過ぎない。例えば、別々の人々が同一対象にSWOT分析を行うことで、それぞれの認識の類似点・相違点などを明確化し、議論する場合などに有効なものといえ、現在でも組織や個人への分析フレームワークとして、世界中で利用されている。本書全体で取り上げる事例でも、SWOT分析のフレームワークを各自で当てはめつつ読めば、理解の助けとなろう。

3. 海外展開で変化を捉えた関西企業 2 社の事例

　時価総額ランキングでも上位にランクインしているシスメックス（兵庫）とクボタ（大阪）の関西を代表する2社を紹介する。両社とも最終消費財を手掛けていないため、一般の国内での知名度は低いかもしれないが、ともに海外売上比率が7割を超え（国内売上は3割以下）、営業利益率は10%を超える高い収益性を確保している。両社が、事業環境の変化と世界中の多様な需要に対応し、大きく成長してきた背景をそれぞれ説明する。

（1）　シスメックス

　時価総額で兵庫県トップ企業がシスメックス（証券コード：6869）である。2022年の世界フィギュアスケート選手権大会で優勝した坂本花織選手（神戸学院大学在学）が、シスメックスチームに所属していることでも有名である。

　シスメックスは血液・尿などの検査機器企業で、中でも主力のヘマトロジー（血球計数検査）分野では世界シェア5割、尿検査分野（尿沈渣）や血液凝固検査でも世界トップである。ヘマトロジーや尿検査は、健康診断などの予防・

早期発見の段階から病気の治療や予後の管理まで幅広い場面で活用されている。一方で、血液凝固検査や遺伝子検査などは、主に病気の診断から治療のプロセスで活用される。2022年3月期売上は約3,638億円（2001年度の388億円から約10倍に成長している）、営業利益は約674億円弱（営業利益率は約19%）、時価総額は約1.6兆円（日本で第92位）である。売上の分野別構成比は、ヘマトロジーが約58%、尿分野が約8%、凝固分野が約7%、免疫検査が約6%、ライフサイエンス分野が約5%他となっている。

　検査機器だけでなく、検体検査に必要な試薬やソフトウェアの研究開発から製造、販売・サービス＆サポートを一貫して行うことが強みである。売上の品目別構成比は、機器が約24%、試薬が約59%、サービスが約13%、その他が約4%となっている。顧客である大規模病院や検査センターでは、安心して検査全般をシスメックスに任せることができる。一方で、シスメックスは、機器売却後も継続的に試薬販売等で収益を得ることができるが、「精密機械」と「薬」の全く異なるタイプの開発・生産を行う必要があり、地域の特性や許認可に応じた販売・サービス＆サポート体制を細かく構築する必要もある。

　臨床検査において、先進国では高齢化や医療ニーズの多様化、新興国では人口の増加や医療インフラの整備が急速に進行しており、世界190ヵ国・地域以上に展開が広がっている。売上の地域別構成比は、日本は約15%に留まり、EMEA（欧州中東アフリカ100カ国以上）が約28%、中国が約26%、米州が約23%、アジア・パシフィックが約8%となっている。従業員9,812名（連結子会社76社含む）も国内が3,885名（同11社）、海外が5,927名（同65社）と海外比率が高くなっている。

　機器、試薬やソフトウェアの一貫提供に加え、世界中への展開をカバーするために、オープンイノベーション（Open Innovation）に取り組んでいる。オープンイノベーションとは、イノベーションを促進するために、自社以外の組織や機関などが持つ知識や技術を積極的に活用するものである。シスメックスは、大学や研究機関、企業などが持つ技術などを当社技術と融合させるために、中核拠点「テクノパーク」（神戸市西区高塚台）内にオープンイノベーションラボを開設し、国内外の研究者を招聘している。

　検体検査の世界市場では、腫瘍マーカーなどの免疫血清検査トップ企業の米アボット（Abbott）や生体化学検査トップ企業の独シーメンス（Siemens）や両方の検査で強いスイスのロシュ（Roche）などの世界的企業のネットワークが存在する。シスメックスは世界的な展開を補完するために、独シーメンスグループとグローバルで機器と試薬の相互供給を行い、北米地域や尿・血液凝固分野での展開を加速させている。

　さらに新規事業として、2013 年に神戸の川崎重工業（詳細は第 4 章参照）との合弁会社「メディカロイド」を設立し、2020 年から国産初の手術支援ロボットシステムを展開している。日本国内の手術室サイズにあわせたコンパクトな設計、高い操作性を有するロボットアーム、高精細な 3D 画像などの特徴を持つ。シスメックスはグローバル総代理店として、2023 年度からは海外市場においても順次製品の導入を目指している。

　AI による診断支援の進化に伴い、検査技師業務の自動化システムの実現も進めている。既に検査開始前に手動で行っていた起動・精度管理・洗浄を ICT により自動化を実現している。現在のシスメックスの顧客の中心は大規模病院や検査センターだが、コロナ禍を経て、今後、検査を行う場所がクリニックや薬局などへも広がる可能性がある。そのため、製品のコンパクト化や操作方法の簡易化に取り組む必要がある。また一人ひとりの体質や病状に合わせて治療などを行う個別化医療に対する検査の対応も今後の課題となっている。

　これらの事業展開からシスメックスに対して、SWOT 分析を行った（図表 2-7）。（O）外部のプラス要因として、先進国の高齢化（高度医療化）と新興国の医療高度化が並行的に進んでおり、検査需要が世界の全地域で拡大傾向にあるが、（T）外部のマイナス要因として、世界の経済圏が分断される傾向もみられる。一方で、シスメックスの（S）内部の強みは、機器、試薬やソフトウェアの一貫提供や海外展開が挙げられ、（W）内部の弱みとして、海外の巨大医薬企業と比較すると規模が小さいため、オープンイノベーションを進めていると考えられる。

　もともとシスメックスの事業は、1960 年に拡声装置トップメーカーの東亞特殊電機（現 TOA（証券コード：6809）、以下 TOA）の当時副社長の中谷

図表2-7 シスメックスの SWOT 分析 (例)

	プラス要因	マイナス要因
内部環境	強み (Strength) ・試薬・ソフトウェア ・海外ネットワーク	弱み (Weakness) ・規模 (海外企業比)
外部環境	機会 (Opportunity) ・先進国の高齢化 ・新興国の医療高度化	脅威 (Threat) ・検査の個別・分散化 ・世界のブロック化

太郎氏が、事業の新しい柱を求めて渡米したところから始まっている。マイク
の信号増幅の技術を応用し、1963 年に国産初の自動血球計数装置「CC-1001」
の実用化に成功し、1968 年に TOA が製造する機器の販売会社「東亞医用電
子」として設立された。1967 年に血球計測には機器と試薬のセット提供が必
要と考え、試薬の提供を行っている。1978 年に製品ブランドを「トーア」か
ら「シスメックス (SYStematical MEdics＋X (将来の可能性))」へ変更し、
1998 年に社名も変更している。1990 年代には日本国内で医療費抑制が本格化
したことから、省人化のシステム開発を進めるとともに、海外展開を本格化し
たことから急成長が始まっている。初代社長に就任した中谷氏は「われわれが
生み出す製品の提供により、社会課題の解決に貢献するとともに、われわれ自
身の生活を豊かにする」ことを企業目的に掲げた。シスメックスは、絶えず変
わりゆく社会の中で企業が存続し続けるためには、「挑戦し変わり続けること
が大切である」との考えを受け継いできた企業である。

(2) クボタ

　クボタ (証券コード：6326) は農業機械の国内トップ・世界第 3 位の企業
で、2021 年 12 月期売上は約 2.2 兆円、営業利益は約 2,462 億円 (営業利益率
は 11%)、時価総額は約 2.4 兆円 (日本で第 59 位) である。1890 年に大出鋳
物として創業後、農業機械や建機に展開し、現在も「食料・水・環境」分野
を事業領域としている (売上構成比は機械が約 84%、水・環境が約 14% 他)。
日本経済が停滞していたといわれる過去 18 年で海外展開を本格化させ、海外

図表 2-8　クボタの機械セグメントの地域別・製品別マトリックス

クボタ：2021 年 12 月期の機械セグメント売上内訳　　　　　　（単位：10 億円）

	トラクタ	作業機	エンジン	建機	金融	その他	合計	構成比
日本	57	43	20	40	3	148	311	17%
北米	361	0	60	215	60	115	811	43%
欧州	64	0	46	97	0	76	283	15%
アジア	146	95	41	22	26	57	387	21%
その他	37	1	4	17	1	14	74	4%
合計	665	139	171	391	90	410	1,866	100%
構成比	36%	7%	9%	21%	5%	22%	100%	

（出所）クボタ IR 資料より作成

　売上比率を 3 割から 7 割に上昇させ、売上は約 2.4 倍（2004 年 9,302 億円から 2021 年 2 兆 1,968 億円）となっている。機械売上（約 1.9 兆円）の地域別構成比で、日本は約 17％に留まり、北米が約 43％、アジアが約 21％、欧州が約 15％他となっている。コア技術を元に、地域ごとに現地需要に対応した製品を作りあげ、それぞれで高い収益を確保している（図表 2-8)。以下に各セグメントの製品の概要をまとめる。

　「トラクタ」の売上（約 6,650 億円）の約 54％が北米向け、約 22％がアジア向けとなっている。国内農機トップ企業のクボタが、1972 年に北米に展開した際には、日本のトラクタは小さすぎてほとんど受け入れられなかった。現在も農機の世界トップ企業である米ディア・カンパニー（Deere & Company）の大型機の「John Deere」ブランドが圧倒的に強く、2021 年 10 月期売上は約 440 億ドル、時価総額は約 1,008 億ドル（2022 年 9 月末為替換算で約 14.6 兆円、世界で第 109 位）、営業利益は約 80 億ドルである。

　それに対して、クボタは時間を掛けて市場ニーズを探り、日本のトラクタは小型で小回りが効くことから米国の戸建て住宅の芝刈り需要に売り込みをかけ、40 馬力以下のコンパクトトラクターで 40％のトップシェアを獲得している。そのため、戸建住宅の購入者にとって、休日に「Kubota」トラクタで芝刈りをすることが理想であり、北米では「Kubota」は憧れのブランドの 1 つとなっている。さらに 2015 年より 170 馬力のトラクタを本格投入し、2020 年

には大型トラクタM8シリーズを投入し、大型の領域への商品ラインナップ
も進めている。一方で、米作が盛んなタイでは、農業の機械化が進み始める
2005年から現地生産を行い、2009年にはインディカ米収穫用コンバインの新
工場を建設している。3期作などの高い稼働率にも耐えうる耐久性を持つクボ
タのトラクタが圧倒的なシェアを獲得している。

　「作業機（コンバイン）」の売上（約1,390億円）の約68％がアジア向けと
なっている。中国では、リーマン・ショック後の高度成長で農業の人手不足が
深刻化したため、中国政府が農業の機械化を補助金で促進した。そのため、収
穫代行業者「賃刈屋」が増加し、クボタの自脱コンバインの売上が拡大した。
「賃刈屋」は中国全土を移動する業者で、稼働時間が賃金に直結するため、当
初は小型で故障が少ないクボタのコンバインが圧倒的にシェアを獲得した。さ
らに、クボタは中国全土でサービス拠点と部品倉庫を整備して対応している。

　「エンジン」（外部売上は約1,710億円）では、自社の農機や建機向けの内製
エンジンに加え、半分以上を外部の建設機械・産業用機械企業に販売してお
り、小型ディーゼルエンジンで世界シェアトップ企業でもある。産業用エンジ
ンは約3,000種類をラインアップし、多種多様なニーズに対応している。米国
カリフォルニア州の排出ガス規制に、世界で初めて適合して以来、世界各地域
の環境規制に対応している。世界中に約550カ所のサービスネットワークを保
有していることも強みである。

　「建機」の売上（約3,910億円）の約55％が北米向け、約25％が欧州向けと
なっている。小型油圧ショベル（ミニショベル）に強く、2002年から20年連
続世界トップを維持している。第1次オイルショックで国内建機需要が急減
する中で、1974年に小型油圧ショベル「KH1」を完成させている。「ミニショ
ベル」（質量6トン未満）では、住宅・道路・造園などの表面掘削などに多く
使用されている。直近では、北米で需要が高いコンパクトトラックローダ、ス
キッドステアローダのラインアップを揃え、シェアを上げている。

　「金融」の売上（約900億円）の約67％が北米向け、約29％がアジア向けと
なっており、「トラクタ」の購入者向けローン（月賦販売）が中心となってい
る。北米のトラクタ販売が金融の収益をもたらし、ローン導入が顧客のトラク

タ購入のきっかけともなっている。

　現在のクボタの各地域展開は必ずしも日本で成功した製品をそのまま展開したものではない。創業者の久保田権四郎氏（1870-1959 年）は「技術的に優れているだけでなく、社会の皆様に役立つものでなければならない」との考えを持っていたが、各地域の需要にきめ細やかに対応し、本来の日本での使い方を変えていることが特徴的である。急成長した結果、海外売上比率の約 7 割に対して、海外生産比率は 3 割程度に留まってしまっている。そのため次のステージを目指し、2030 年までの 10 年間に 3,000 億円を投資し、海外生産を整備する方針を発表している。柔軟な体制を維持しつつ、海外生産比率を高めていくことが今後の課題となっている（日本企業のグローバル化に関しては第 9 章参照）。

【練習問題】

・クボタ全社、もしくは各事業の SWOT 分析を行い、それに対する戦略を説明せよ。

参考文献

1.

Frey, C. B., & Osborne, M. A. The Future of Employment: How Susceptible are Jobs to Computerisation?. Oxford Martin School Working Paper. 2013

国立社会保障・人口問題研究所「日本の将来推計人口（平成 29 年推計）」2018 年

MGI（McKinsey Global Institute）「The future of work in Japan」2020 年

マイケル・ヒットほか（髙木俊雄ほか訳）『戦略経営論〈第 3 版〉』パンローリング、2021 年

2.

総務省「経済センサス・活動調査」2012 年

井原久光ほか『経営学入門キーコンセプト』（P44-45）、ミネルヴァ書房、2013 年

日本経営協会監修『①経営学の基本（経営学検定試験公式テキスト）』（第 6 版、P89-91）中央経済社、2018 年

国税庁「令和 2 年度分会社標本調査」2022 年

日本取引所グループ「調査レポート：決算短信集計結果」2022 年

3.

クボタ『クボタのはなし』「クボタのはなし」編集会、1992年

産経新聞大阪経済部『やっぱりすごい 関西の会社』「クボタ」有斐閣、2008年

栗木契ほか『ビジョナリー・マーケティング』「シスメックス」碩学舎、2013年

伊丹敬之編『日本型ビジネスモデルの中国展開』「第5章」有斐閣、2013年

延岡健太郎・栗木契・藤井誠「シスメックス」一橋ビジネスレビュー Vol.61-4、2014年

小林哲也『機械業界のしくみとビジネスがこれ1冊でしっかりわかる教科書』技術評論社、2022年

重化学工業通信社『産業機械工業年鑑』重化学工業通信社、2022年

各社ホームページ・IR情報・有価証券報告書

日本経済新聞・日経BP・東洋経済データベース

第 **3** 章
損益計算書と貸借対照表

1. 決算書のみかた

　企業の「定量分析」では、まず決算書（財務諸表）の分析が基本となる。財務諸表で最も重要な財務三表は、会社の経営成績・財政状態・お金の動きなどを示す、①損益計算書（PL：Profit and Loss statement）、②貸借対照表（BS：Balance Sheet）、③キャッシュフロー計算書（CF：Cash Flow statement）がある。本章では①損益計算書と②貸借対照表の主要数値・指標・分析例を説明する。

　「有価証券報告書」は、上場企業などが開示を義務付けられる企業情報で、一般的に「有報」（ゆうほう）と呼ばれる。有報では、財務諸表以外にも、企業の概況、事業の状況、設備の状況なども充実しており、100 ページを超える場合も多い。正式には 1 年単位でまとめられるが、2006 年の証券取引法改正以降は、四半期（3 カ月）ごとの四半期報告書の作成公開が義務付けられており、3 カ月単位の数値の変化もみることができる。四半期を意味するクォーター（Quarter）の頭文字を取り、一般的に各四半期の表示として「1Q」（3 月決算の場合は 4 〜 6 月）、「2Q」（同 7 〜 9 月）、「3Q」（同 10 〜 12 月）と表示される。なお 1 年分の正式な有価証券報告書が公表されるため、「4Q」（同 1 〜 3 月）の四半期報告書は発表されないが、3Q の数値と比較し逆算することで概ねの数値を把握することができる。

　有価証券報告書は、監査法人や公認会計士による監査の上、金融商品取引

法で内閣総理大臣への提出が義務付けられているが、事業年度終了後3カ月以内の公表までに時間がかかる。そこで、企業の決算概要などをなるべく早く投資家へ知らせるために、証券取引所が上場企業に対して決算短信の作成を要請している。決算後45日以内に開示が義務付けられる「決算短信」は、有価証券報告書より情報量が少ないものの、四半期ごとに最も早く決算内容を知ることができる。決算短信は東京証券取引所の「TDnet」（ティーディーネット、Timely Disclosure network）で、有価証券報告書・四半期報告書は金融庁の「EDINET」（エディネット、Electronic Disclosure for Investors' NETwork）で一覧が公開されているが、ほとんどの上場企業で自主的に自社のホームページにも掲載している。

　企業は自主的な情報発信として、株主や投資家、顧客、地域社会等に対し、財務状況など投資の判断に必要な情報を提供していく活動、つまりIR（Investor Relations）を行っている。IRでは、公開が義務付けられている決算情報以外にも、詳細な事業内容や将来の経営戦略や計画なども適時開示することが一般的である。企業はIR活動を通じて株主、投資家、顧客などと意見交換することで、信頼関係を構築し、資本市場での正当な評価を得る。さらに、優良な企業ほど外部からの批判や改善提案を受け止め、経営の質の改善につなげている。

　ほとんどの上場企業のホームページには、投資家情報の専門ページが設けられているが、企業によって書き方は異なり、「投資家情報」「IR」「投資家（・株主）情報」などのパターンがあるため、各社でそれぞれ確認する必要がある。企業によっては、IRよりも広い概念の情報を公開すること全般を指すディスクロージャー（Disclosure、情報開示）という言葉を使用する場合もある。

　注意が必要なのは、IRはいわゆる「PR」や「宣伝」とは全く違う点である。本来のPRは「パブリックリレーションズ（Public Relations）」の意味だが、現在の日本では「宣伝」とほとんど同じ意味で使われるようになっている。同様に、「宣伝」的要素の強い就活（リクルート）情報には、企業側の良い面が強調され、企業側の都合の悪い情報は含まれないケースが多い。し

かし、IR 情報には企業の問題点や課題が正面から取上げられている場合が多い。なぜなら、投資家にとって最も重要なのは、「現在」でなく、「将来」だからである。つまり、現在の課題や問題点をいかに改善しようとしているかが重要であるため、必然的に（良い企業であればあるほど）IR の焦点は現在の問題点の説明と対策が中心となっている。就職・転職活動の視点と同様で、現状は不変でなく、将来に対する方向性が大切である。一方で、就活情報は比較的良い情報に偏重する傾向があるため、IR 情報を理解することで、会社の良い点と改善点をバランス良くみることができる（前澤（2013）のように、他の学生との差別化のために IR 就活を推奨する本もある）。

　各社にとって最も重要な項目を把握・理解するには、決算短信や有価証券報告書の情報をみた上で、IR 資料で強調されている情報や項目を確認することが有効かつ効率的である。一方で複数の企業を、決算短信や有価証券報告書の同一項目や数値を比較する場合には、業績集計のホームページサイトも利用することが効率的である。具体的なサイト例として、2022 年時点で以下の 4 つが挙げられる。

①　会社四季報オンライン（https://shikiho.toyokeizai.net/?old_ref=）
　『会社四季報』は 1936 年に創刊され、日本の全上場企業など 4,000 社以上（1 ページ 2 社で 2,000 ページ超）で、財務内容、大株主・役員情報、株価動向などに加え、独自の特色・業績コメントをコンパクトに網羅し、四半期決算に応じて年 4 回発行されている。この『会社四季報』ホームページには有料会員があるが、無料でも業績や特色など多くの情報を利用可能である。
②　日経会社情報 DIGITAL（https://www.nikkei.com/nkd/）
　日経電子版の総合投資・金融情報コーナーで、かつて発行されていた『日経会社情報』のホームページ版である。無料利用では一部限定されるものの、企業概要や業績・財務に加え、有価証券報告書やプレスリリースのリンクも利用可能である。米国市場上場の約 9,800 社の情報も利用可能である。
③　YAHOO ファイナンス（https://finance.yahoo.co.jp/）
　企業情報や業績動向に加え、株価情報やニュースなどもみることができ

る。複数の企業のポートフォリオ管理機能を使用し、設定した指標の一覧比較などができる。坂本（2014）のような YAHOO ファイナンスを使用した企業分析の著書も出版されている。

④　バフェットコード（https://www.buffett-code.com）

　企業分析に必要な情報が豊富なホームページのサービスで、会社概要、財務・株価情報に加え、IR 情報や資料の内容も一部取り込んでおり、随時改良が進んでいる。国内上場企業に加え、米国上場企業も利用可能である。

　第2章でもみたように、一般的に上場企業には4ケタの「証券コード」が振り分けられており、これらのホームページでも証券コードを入力すれば簡単に検索できる。もともと証券コードは業種ごとに振り分けられているため、概ね同業種の企業が並んでいる傾向がある。ただし直近では、4ケタでは数字が不足がちとなり、業種に関係なく振り分けられるケースが増えているため注意が必要である。

　業界の主要企業や競合他社を調べるには、会社四季報オンラインやバフェットコードも有益であるが、全体像をみるには以下の書籍が毎年更新されており、未上場企業や海外企業も含めた最新の業界動向を確認することができる。

①　東洋経済新報社（編集）『「会社四季報」業界地図』、東洋経済新報社
②　日本経済新聞社（編集）『日経業界地図』、日経 BP

2.　損益計算書（PL）と貸借対照表（BS）の基本

（1）　損益計算書（PL：Profit and Loss statement）

　財務三表のうち、ここでは損益計算書と貸借対照表の主要数値を説明する。基本的な企業分析を行うためには、必ずしも決算書の隅々まで理解する必要はなく、特定の項目を理解できれば、企業の根幹部分は理解できる。そのため、まずは以下のように大枠で項目を理解し、実際に使ってみた後で必要な分

図表 3-1　損益計算書（PL）の 5 つの利益

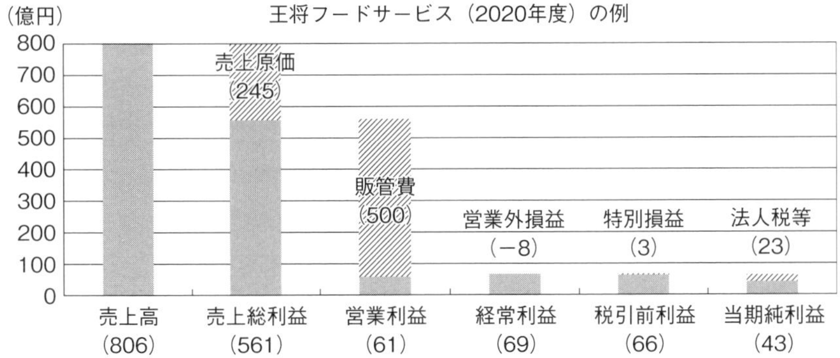

王将フードサービス（2020年度）の例

析や区別を順次加えていくことが効率的である。

　損益計算書は、1 年間の売上と費用、その差である利益を示したもので、PL（Profit and Loss statement）から一般的に「ピーエル」と呼ばれている。売上高（以下、売上）は、商品販売やサービス提供などの会社の本業の活動で得られる収益であり、直感的にも分かりやすいが、主な利益は以下の 5 種類（「売上総利益（粗利）」「営業利益」「経常利益」「税引前利益（税引前当期純利益）」「当期純利益」）ある。「餃子の王将」を運営する王将フードサービス（証券コード：9936、以下王将）の 2020 年度の損益計算書の実際の具体例を挙げて、以下に説明する（図表3-1）。これらの数値は業績集計サイトや IR 情報等の公開情報から入手したものである。

① 「売上総利益（粗利）」＝売上高−売上原価

　売上総利益は、売上から売上原価を引いたものであり、一般的に粗利益、もしくは「粗利（あらり）」とも呼ばれる。売上原価は、売れた商品の仕入れや製造にかかった費用で、一般的に、材料費や製造機械の費用、製造に関わる従業員の人件費、外注費や仕入れ原価などの原価全般が当たる。つまり、売上総利益が赤字（マイナス）の場合は、商品やサービスを製造するために必要な費用が売上を上回っていることを意味している。2020 年度の王将の売上は約 806 億円、売上原価は約 245 億円（売上比は約 30％）であるため、

売上総利益は約561億円（同約70%）である。

② 「営業利益」＝売上総利益－販売費および一般管理費（販管費）

　営業利益は「本業のもうけ」を示し、売上総利益から「販売費および一般管理費」（以下、販管費）を引いたものである。販管費は商品やサービスの一つひとつには対応していないが必要な費用で、具体的には、販売費は販売手数料や広告費用などが、一般管理費は家賃、人件費、交通費、通信費、交際費、福利厚生費などが該当する。2020年度の王将の販管費は約500億円であるため、営業利益は約60.7億円で、売上高営業利益率（以下、営業利益率）は約8%となる。企業間の収益性を比較する場合は、この営業利益率の水準で比較するのが一般的である。ただし、業種による収益性には格差があるため、なるべく類似の業種・業態の企業を比較することにより違いが鮮明になる。第2章でみたように、2021年度の東証上場企業2,082社（除く金融）の営業利益率は約6%だが、王将の所属する「小売業」134社の平均値は約4%となっており、王将の営業利益率8%がより高いことが分かる。

③ 「経常利益」＝営業利益＋営業外損益（＝営業外収益－営業外費用）

　経常利益は本業以外の財務活動による収益・費用などを加えたもので、営業利益に「営業外収益」を加えて、「営業外費用」を引いたものであり、一般的に「経常」とも呼ばれる。営業外収益は受取利息や配当金など、営業外費用は支払利息や社債利息などが含まれ、必要な資金の利息、社債の発行に必要な費用、株式の売却損など為替差益（差損）を含む財務活動から生じる費用が含まれる。2020年度の王将の営業外収益は約9.6億円、営業外費用は約1.7億円であるため、経常利益は約68.7億円（売上比約8.5%）となる。

　なお、日本の上場企業の会計では、日本基準（J-GAAP）以外に、国際会計基準（IFRS（International Financial Reporting Standards））など3つの基準の採用が認められている。「経常利益」は日本基準独自の項目であり、IFRSでは存在しないだけでなく、営業利益などの項目の定義も異なっているため、異なる会計基準の企業を比較する場合は注意が必要である。IFRSは、世界共通の会計基準を目指して策定（130以上の国等で採用）さ

れたものであり、日本では約250社が採用（2022年時点で上場企業数の1割以下）しているが、自動車や電機、大手商社など海外展開する大手企業の採用が多い。

④ 「税引前当期純利益」（以下、税前利益）＝経常利益＋特別利益－特別利益

　税引前当期利益は、法人税などを支払う前の利益額で、経常利益に「特別利益」を加えて、「特別損失」を差し引いたものである。特別利益（損失）とは、本業とは無関係で一過性（1回限り）で発生した利益（損失）で、特別利益（損失）には「固定資産売却益（損）」や「売却益（損）」などがある。特別損失には、事業撤退などで固定資産を破棄する際の「固定資産除却損」や「災害などの損失」なども含まれる。2020年度の王将に特別収益はなく、減損損失が約2.1億円であるため税前利益は約65.9億円（売上比約8.5%）となっている。

⑤ 「当期純利益」（以下、当期利益）＝税前利益－法人税等

　当期純利益は最終的な利益で、一般的に「当期利益」や「純利益」とも呼ばれている。税前利益から、利益に応じて課される「法人税等」（法人税、法人住民税、法人事業税等）を引いたものである。2020年度の王将の法人税等は約23億円であるため当期利益は約42.9億円（売上比約5.3%）である。税前利益は約65.9億円に対する「見かけ上の税率」は約35%となっているが、実際は税務上の利益と会計上の利益は必ずしも一致しないため企業や時期によって比率は変動する。

　上場企業業績一覧のホームページによって、当期利益の表記方法が異なる点には注意が必要である。会社四季報オンラインは「純利益」、日経会社情報 DIGITAL や YAHOO ファイナンスは「当期利益」、バフェットコードは「当期純利益（純利益)」と異なっているが、基本的には同じ意味であり、本書では大枠で同一として比較する。

日本の大手企業（2020年度、資本金10億円超4,959社）の単純合計値は、以下の通りである（図表3-2）。売上重複など厳密な比較は難しいものの、大手企業の平均的な利益率等のイメージを把握することができる。例えば、平均

図表 3-2 日本の大手企業の単純合計の「損益計算書」

	項 目	(兆円)	売上比	
A	売上	512	100.0%	商品／製品／サービスの提供高
B	売上原価	400	78.1%	(例) 材料費、外注費、(製造) 人件費等
C	売上総利益	112	21.9%	粗利 = A - B
D	販売管理費	86	16.8%	(例) 家賃、交通費、本社費等
E	営業利益	26	5.0%	本業のもうけ = C - D
F	営業外収益	18	3.5%	受取利息、配当金、為替差益等
G	営業外損益	7	1.3%	支払利息、社債利息、為替差損等
H	経常利益	37	7.2%	経常 = E + F - G
I	特別利益	6	1.2%	(例) 固定資産売却益等
J	特別損失	12	2.3%	(例) 固定資産除却損等
K	税前利益	31	6.1%	= H + I - J
L	法人税等	7	1.3%	法人税、住民税、事業税等
M	当期 (純) 利益	25	4.8%	最終的な儲け = K - L

(出所) 財務省・法人企業統計 (2020 年度、除く金融、資本 10 億円超 4,959 社)

的な営業利益率は 5%程度、経常利益率は 7%強で、東証上場企業の 2020 年度の平均値もそれぞれ 5%程度、7%程度と同じ水準である。

(分析例) 損益分岐点分析 (CVP (Cost-Volume-Profit Analysis) 分析)
　損益分岐点 (BEP (Break Even Point)) とは、利益がゼロ (売上高 = 総費用) となる売上 (販売量) を意味し、費用を変動費と固定費に分けることによって算出する。変動費とは、売上の増減によって変動する費用であり、固定費は、企業が活動をしていくために必要だが、売上の増減にかかわらず発生する一定額の費用を示す。実際は厳密に費用を変動費と固定費に分けることはできないが、最も簡易的 (実務的) には売上原価を「変動費」、販管費を「固定費」と仮定し、営業利益がゼロとなる売上を推定する。つまり、2020 年度の王将の場合は以下のような計算式で求められる。

$$損益分岐点売上高＝固定費÷（1－変動費率）＝販管費÷（1－売上原価÷売上）$$
$$≒500÷（1－245÷806）≒719（単位：億円）$$

　実際の王将の売上は約806億円のため、仮に売上が約11%減少した約719億円に下がっても赤字を回避できると試算される。また仮に売上が10%（約80.6億円）増えると、売上原価も10%（約24.5億円）増加するが、販管費は一定のため、営業利益は約92%増の約117億円となると試算される。限界的に売上が100円増加すると、利益は70円（70%）増加する構造になっているためである。ただし、実際は大幅な売上増には従来の販売管理体制では対応できない場合も出てくるため、あくまでも従来の企業体制や構造で対応できることを前提とした短期的な試算となるが、概略を理解するためには実務でも有益で多く使用されている。

（2）　貸借対照表（BS：Balance Sheet）

　貸借対照表は、ある時点（例：3月末）の資産の状態とそれに対する資金調達の状態を表し、BS（Balance Sheet）から一般的に「バランスシート」もしくは「ビーエス」と呼ばれている。貸借対照表の左側は「資産」を表し、右側はその資産の調達資金をどのように集めたのかを表す「負債」と「純資産」を示している。そのため、原則として「資産」＝「負債」＋「純資産」が成り立つ。例えば一般的な家計をイメージすると、「資産」は購入した住宅（マンション）で、「負債」はローンを組んだ借入れ、「純資産」は購入時までに用意した自己資金に当たるといえる。ここからも分かるように、必要な「資産」を素早く有効に使い始めることが重要であり、そのために「負債」と「純資産」を上手に組み合わせて必要な資金を調達することが大切である。

　貸借対照表は3種類（「資産」「負債」「純資産」）の分類を区分できれば、大枠を理解できる。2020年度（2021年3月）末時点の王将の貸借対照表の具体例を挙げて、以下に「資産」「負債」「純資産」のそれぞれを説明する（図表3-3）。なお、王将の純資産には新株予約権、非支配株主持部分はなく、以下もない前提で説明する。

図表 3-3　王将の貸借対照表（2021 年 3 月末時点、億円）

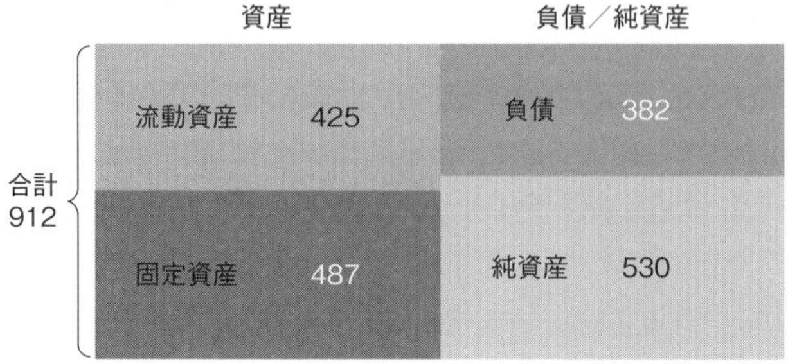

① 資産

　資産は、1 年基準により「流動資産」と「固定資産」の 2 つに大別されている。「流動資産」は 1 年以内に現金になる予定の短期的な資産を示し、現金、売掛金、棚卸資産（原材料、仕掛品、製品）等が該当する。「固定資産」は 1 年以内に現金化される予定のない長期的な資産で、土地、製造設備、倉庫等が該当する。固定資産は、さらに製造機械などの「有形固定資産」と商標などの「無形固定資産」、投資有価証券などの「投資その他」に分類されている。2020 年度末の王将の資産は約 912 億円で、内訳は流動資産が約 425 億円（流動比率約 47%）と固定資産が約 487 億円（固定比率約 53%）となっている。さらに固定資産の内訳は、有形固定資産が約 361 億円（うち土地 206 億円）、無形固定資産が約 1.4 億円、投資等が約 125 億円となっている。

② 負債

　負債も、資産同様に 1 年基準により、大きく「流動負債」と「固定負債」の 2 つに大別されている。「流動負債」は 1 年以内に返済しなければならない債務で、原材料などの買掛金、銀行などからの短期借入等が該当する。「固定負債」は 1 年以上先に返済する債務で、銀行からの長期借入金と 1 年以上先の社債などが該当する。2020 年度末の王将の負債は約 382 億円で、内訳は流動負債が約 206 億円（流動比率約 54%）と固定負債が約 176 億円（固定比率約 46%）となっている。

③　純資産（本書では「株主資本」と同義とする）

　理論的に純資産は「資産」と「負債」の差額となる。日本の会計基準では、純資産は「株主資本」と「その他の包括利益」に分けられる（IFRS では資産と負債の差額を資本としている）。「その他の包括利益」は、為替換算などの評価・換算差額等や非支配株主持分等の「資産」と「負債」の差額との調整的な意味合いの項目となる。会計上では重要な項目であるが、企業分析上では副次的項目の場合が多いため、本書では簡便的に「株主資本」と同義に取り上げる。「株主資本」は株主に帰属する資本であり、株主が元手として提供した出資金に、稼いだ利益を累計したもので、返済の義務はないため「自己資本」（調整含む）とも呼ばれる。逆に「負債」は返済義務があるので「他人資本」とも呼ばれている。2020 年度末の王将の「純資産」は約 530 億円で、「株主資本」は約 528 億円、「その他の包括利益累計額」は約 1.9 億円である。

　損益計算書と同様に、日本の大手企業（2020 年度、資本金 10 億円超 4,959 社）の単純合計値の貸借対照表は、以下の通りとなる（図表 3-4）。

図表 3-4　日本の大手企業の単純合計の「貸借対照表」

資　産　　1,003（兆円）	負債＋純資産　　　1,003（兆円）
流動資産　353　35%	負債（他人資本）　　　570　57%
固定資産　649　65%	（流動負債 274、固定負債 296）
（投資その他含む）	純資産（自己資本）　433　43%

（出所）財務省・法人企業統計（2020 年度、除く金融、資本 10 億円超 4,959 社）

（分析例）自己資本比率（Capital ratio）

　自己資本比率は「総資産」に対する「純資産（自己資本）」の比率を示し、2020 年度の王将の場合は以下のような計算式で求められる。

　自己資本比率（%）＝純資産（自己資本）÷資産
$$≒ 530 ÷ 912 ≒ 58\%$$

　自己資本比率が高いと、借入金利の負担が少なく、資金の返済期限に
対する資金繰りが容易である等の理由から倒産リスクは小さいと判断され
る。そのため以前は「会社経営の安定性を表す数値」として高いほど良いと
する考え方もあった。しかし、少ない自己資本によって企業や組織を設立
し、その信用によって他人資本を調達して経営を行う方が「自己資本を有
効に活用している」と考えられる。つまり、一概に数値の高低だけでは評価
できず、その会社の事業展開に応じてバランスを取っていくことが望まし
い。例えば、実績があり安定的なビジネスが多い企業は倒産リスクが小さ
いため、自己資本比率が低ければ資金調達コストを低く抑えることができ
る。一方で、新規事業などリスクの高い事業が多い企業は、自己資本比率
が低ければ、負債の返済義務を果たせなくなる可能性が高くなる。2020年
度の東証上場企業2,082社（除く金融）の自己資本比率は約30%（製造業は
約44%、非製造業は約22%）となっている。

（分析例）ROE（Return On Equity、自己資本利益率）
　ROE（自己資本利益率）は「純資産」に対する「当期利益」の比率を示し、
2020年度の王将の場合は以下のような計算式で求められる。ここでは、実務
一般でよく使われる期末値を使い、期中平均値は使わない。

　　ROE＝当期（純）利益÷純資産（自己資本）
　　　　≒43÷530≒8.1%

　ROEは、自己資本に対してどの程度効率的に利益を上げているかを示し、
自己資本を提供（出資）する株主からの視点の指標といえる。2014年の経済
産業省の報告書（いわゆる「伊藤レポート」）をきっかけに、2018年のコーポ
レートガバナンス・コードの改訂で株主視点の「資本コスト」が広く一般の
企業にも認知されるようになっている。さらに2021年度の日本の全上場企業
3,874社の投資部門別の株主構成でみると、外国法人等が30.4%を占める最大
の株主となっている（続いて、信託銀行22.9%、事業法人等20.0%、個人その
他16.6%などとなっている）。そのため、多くの企業のIR資料にもROEが掲

載され、グローバル比較の中で経営者が株主に対して果たすべき責務を表した指標として取上げられるケースが増えている。2020年度の東証上場企業2,082社（除く金融）平均のROEは約6.1%（製造業は約5.3%、非製造業は約7.1%）となっている。

（分析例）ROA（Return On Asset、総資産利益率）

ROA（総資産利益率）は一般的に「総資産」に対する「当期利益」の比率を示し、2020年度の王将の場合は以下のような計算式で求められる。ROAは、総資本に対してどの程度効率的に利益を上げているかを示す。本書では採用していないが、教科書によっては「当期利益」の代わりに「経常利益」で計算する場合もあるため、定義を確認する必要がある。

$$ROA = 当期（純）利益 \div 資産（総資産）$$
$$\fallingdotseq 43 \div 912 \fallingdotseq 4.7\%$$

これまでみてきた損益計算書・貸借対照表などの主要数値と指標などを「定型シート」として、2020年度の王将でまとめて以下に示した（図表3-5）。

図表3-5 王将フードサービスの財務諸表の「定型シート」（2021.3期）

（9936）王将フードサービス			発行済み株式数（Z）	1,879株	
	2022/9/30付け株価（= X）	6,400円			
2021.3期 損益計算書（連結、百万円）			貸借対照表（2021.3期末、百万円、概算値）		
A) 売上高	80,616	利益率	F) 総資産	91,154	G) 負債 38,202
B) 営業利益	6,073	7.5%＝B/A	= G + H		H) 純資産 52,952
C) 営業外収支	794	= D-B			
D) 経常利益	6,867	8.5%＝D/A	ROE	8.1%＝E/H	I) 自己資本比率 58%＝H/F
E) 当期利益	4,287	5.3%＝E/A	ROA	4.7%＝E/F	J) 時価総額 1,202億円

3. 餃子の王将、日高屋、サイゼリヤの比較事例

「餃子の王将」を運営する王将フードサービス（証券コード9936：以下王将）で確認した定量情報が、個別企業の特徴なのか、それとも業界全体の特徴なのかを知るためには、同業他社との比較をすることが有益である。同業他社

との比較を通して、対象企業の独自性（オリジナリティ）がより鮮明となる。

　前述の『「会社四季報」業界地図』や『日経業界地図』によると、中華麺類の外食企業の最大手企業が王将で、2番手がハイデイ日高（証券コード 7611：以下日高屋）であるため、この2社を比較する。王将は 1967 年に関西から全国展開し、日高屋は 1973 年から関東を中心に展開している。なお、「大阪王将」ブランドを外食チェーンと冷凍食品の2軸で展開するイートアンドホールディングス（証券コード：2882）は別の企業である。

　王将の決算期は3月決算（例えば 2021 年4月～2022 年3月）であるのに対して、日高屋は2月決算（例えば 2021 年3月～2022 年2月）であり、1ヵ月の期ズレがあるが、実務一般的には同じ 2021 年度として概略を比較する場合が多く、ここでも同様に行う。逆に言えば、企業比較では、決算時期や決算基準など細かい違いがあることを前提に、細かい数値の違いでなく本質的な違いがあるかどうかを分析することが大切である。なお、一般的に日本企業では3月期決算が最も多いが、海外企業では 12 月期決算が一般的である。3ヵ月決算期がずれている場合は、発表されている四半期決算を足し引きして概ね同じ期間に調整した上で比較する場合もある。この場合も、調整値による誤差に加え、決算基準の違いは残ることには注意が必要である。

　2021 年度（2022 年3月期）の王将の営業利益率は約 8.2％（売上は約 848 億円、営業利益は約 69.6 億円）、2021 年度（2022 年2月期）の日高屋の営業利益率は約 −13％（売上は約 264 億円、営業利益は約 −35.2 億円（赤字））と大きな差が付いている。この差はコロナ禍が大きな影響を与えているため、一時的な側面も大きいが、逆に言えば、王将がコロナ禍でも健闘し、全産業平均と比較しても高い利益率を確保していることが注目できる。

　まず王将の高収益の要因を探るためには、会社ホームページの「投資家情報」から IR 情報を入手し、分析する必要がある。王将の 2022 年3月期決算では、法定開示内容として、「決算短信」が同年5月 16 日に、「有価証券報告書」が同年6月 28 日に、会社ホームページで公表されている。さらに王将の場合は、同年5月 27 日開催の決算説明会「資料」が同日に、決算説明会「動画」／「書き起こし」が同年6月 10 日に、それぞれ自主的に会社ホームページ

で公表されている。王将の決算説明会資料をみると、人材育成戦略を「当社事業の要」に位置づけ、顧客満足度を高めるためには、従業員のスキルとモチベーションを引き上げることが不可欠であることを強調している。

王将の有価証券報告書（2022 年 3 月期）によると、本社従業員数は 2,240 名（平均年齢 36.2 歳、平均勤続年数 10.8 年、平均年収 523.9 万円）、パートタイマー 5,827 名（1 日 8 時間勤務で計算）と公開されている。さらに、工場や本社を除く店舗人員は 1,938 名、パートタイマー 5,451 名と開示されている。一方、全 773 店舗中で自社の従業員が運営する直営店 536 店（同売上約 775 億円、1 店舗平均 1.4 億円）で、残り 198 店舗は王将が中華食材等を販売し直接運営しないフランチャイズ加盟店で売上約 72.9 億円（1 店舗平均 0.37 億円）である。ここから直営店の平均的な従業員数は約 3.6 人、パートタイマーは約 10.2 人と試算できる。なお、フランチャイズを増やせば、保有資産を少なく利益を上げられるため、資産効率（ROE など）は改善するものの、増やし過ぎると従業員の教育が行き届かなくなる可能性も考えられる。王将の IR 資料には、直営店とフランチャイズ加盟店のそれぞれで都道府県別の店舗数、売上、正社員数、パートタイマー等人数、全店舗客席数、土地（面積、簿価）、保有機械等も公開されており、さらに地域別での細かい分析も可能である。

厳密な比較ではないが、日高屋（2022 年 2 月期）の店舗従業員数 682 名、店舗臨時従業員数 2,164 名、店舗数 442 店（同売上約 264 億円、1 店舗平均 0.59 億円）から試算される平均的な 1 店舗当たりの従業員数は約 1.5 人、パートタイマーは約 4.9 人である。またイタリアンレストランチェーンのサイゼリヤ（証券コード：7581、2021 年 8 月期）の店舗従業員数 1,709 名、店舗数 1,089 店（同売上約 862 億円、1 店舗平均 0.79 億円）から試算される平均的な従業員数は約 1.6 人と王将の半分以下である。代表的な飲食チェーンである丸亀製麺やサンマルクカフェのように 1 店舗平均従業員数が 1 人未満も場合も多い。

一般的に外食チェーンでは、セントラルキッチン（Central Kitchen、集中調理施設）方式が導入されている。セントラルキッチンは、ファミリーレストランチェーンを中心に 1970 年頃から広く活用され始め、現在では病院・福祉施設や学校、スーパーマーケット（惣菜）などでも用いられている。大量の食

材を集中的に調理する大規模施設のセントラルキッチンを導入することで、①食材の大量仕入れによるコストダウン、②各店舗では調理の仕上げだけを行うため厨房施設や店舗人員の縮小、③各店舗での味や品質の安定などのメリットがある。ガスト、やよい軒、くら寿司、コメダ珈琲などの有力外食チェーンが採用している。

　例えばサイゼリヤは、主力商品であるハンバーグとミラノ風ドリアをオーストラリア自社工場で生産し、コストパフォーマンスの高い商品を提供している。各店舗では「仕上げるだけ」の状態で、厨房には必要最低限の器具のみで包丁はなく、各店舗に高い調理技術を持った従業員は必要がない（サイゼリヤの経営政略は、正垣（2016）、村山（2020）参照のこと）。そのため、サイゼリヤは2022年時点で全国に1,000店舗以上を展開しただけでなく、中国やシンガポールなど海外にも500店舗弱の出店が可能になったと考えられる。ちなみに、王将は国内734店舗、台湾2店舗に留まり、本格的な海外展開には至っていない。

　このようにセントラルキッチンには多くの効率的なメリットがあるが、王将はあえて店舗の裁量権が非常に大きい「店舗主導」の経営を実践している。一般的な飲食チェーン店は、どの店舗でも均質な料理やサービスを提供するが、「餃子の王将」の店舗では新しいメニューやイベント・サービスを作り上げ、一つとして同じ店舗はないといわれている。各店長は各地域の顧客の特性やイベントスケジュール等を本部よりも理解し、きめ細やかな個別対応を行えると考えているため、王将は店長に大きな裁量権を与えている。

　有価証券報告書によると、2021年度の直営店売上の約775億円のうち、店内飲食は約470億円（客数約5,189万人、1人当たり売上906円）、テイクアウト・デリバリーは約302億円（客数約2,052万人、1人当たり売上1,472円）となっている。王将はテイクアウト・デリバリーに対応できる店舗を増やすことで、コロナ禍の中で減少する店内客数を一部相殺している。さらに客単価の高い持ち帰り客を増やすことで、全社の売上をほぼ維持している。同業他社の多くが赤字に陥る中で、各店舗の対応力による素早いデリバリー体制構築が背景にあったと考えられる。なお王将の場合はIRとして、月次売上も毎月ホー

ムページ等で公開しており、タイムリーに分析に活用できる。

　一方で、店長が裁量権を持つと各店のレベルのバラツキが生まれやすいため、王将では店長などの従業員の人材育成に注力し、底上げを図っていると考えられる。人材育成には、調理技術を学ぶ「王将調理道場」や社内の「調理検定」に加え、店舗運営を学ぶ「王将大学」の研修を実施し、営業管理講習（損益計算書の読み方など）を行っている。野地（2010）によると、王将では「店長にはまず売り上げや利益と関わりのある、数字の読み方を教えます。誰でも損益計算書が読める」のである。調理とは関係が薄い会計知識の修得は難しいと思われがちだが、実際の店舗運営を行っている店長にとっては「身近な数字を毎日、見て、勉強すれば、誰でも会計に強くなり」「店長ひとりひとりが数字に強い会社」を目指している。つまり、各店長が各店舗の売上や利益などを理解した上で運営されているため、本部も各店舗の定量的な状況を共有し、店長とコミュニケーションが容易となり、各店舗運営を任せることができていると考えられる。これらの仕組みが高い収益性に繋がっていると考えられるため、他のチェーン店が一朝一夕に真似をすることは困難である。

　ただし、王将は看板となる「餃子」に関しては、セントラルキッチン方式を取り入れている。IR資料によると、2021年3月期に関西の旗艦工場である久御山工場に約10億円の設備投資を行い、生産能力は従来比1.8倍の1日当たり210万個（35万人前）に増強している。関西エリアの全店舗へ成形餃子の供給を可能とし、餃子の品質や味の均一性を維持している。

　実際の他の企業の決算比較の事例では、現時点では矢部（2021）や田中（2021）などの著書が参考となるが、以下の著書や雑誌は毎年の最新版が出版されている。

①　ダイヤモンド社「週刊ダイヤモンド：決算書100本ノック！」週刊ダイヤモンド

②　矢島雅己『決算書はここだけ読もう〈最新版〉』弘文堂

【練習問題】

・上場企業の類似2社を選び、財務諸表の「定型シート」を作成し、2社の数値（営業利益率、自己資本比率、ROE など）を比較し、主要因を定性的に説明せよ。

参考文献

1.
前澤秀忠『IR 就活』中央経済社、2013 年
坂本剛『Yahoo! ファイナンスで速攻決算書分析』中央経済社、2014 年
イノウ『ひとめでわかる産業図鑑 & 業界地図改訂新版』技術評論社、2021 年
東洋経済新報社編集『「会社四季報」業界地図』東洋経済新報社、2022 年
日本経済新聞社編集『日経業界地図』日経 BP、2022 年
東洋経済新報社『会社四季報』東洋経済新報社
2.
経済産業省「『持続的成長への競争力とインセンティブ〜企業と投資家の望ましい関係構築〜』プロジェクト」最終報告書（伊藤レポート）、2014 年
奈良沙織『企業評価論入門』中央経済社、2019 年
総務省・経済産業省『経済センサス活動調査』総務省統計局、2021 年
足立武志『決算書の基本と読み解き方』ナツメ社、2022 年
長谷川正人『テキストには書いていない決算書の新常識』日本経済新聞出版、2022 年
3.
野地秩嘉『なぜ、人は「餃子の王将」の行列に並ぶのか？』プレジデント社、2010 年
正垣泰彦『サイゼリヤおいしいから売れるのではない売れているのがおいしい料理だ』日本経済新聞出版、2016 年
村山太一『なぜ星付きシェフの僕がサイゼリヤでバイトするのか？』飛鳥新社、2020 年
矢部謙介『決算書の比較図鑑』日本実業出版社、2021 年
田中道昭『くらべる！ 決算書図鑑』宝島社、2021 年
矢島雅己『決算書はここだけ読もう〈2022 年版〉』弘文堂、2021 年
鎌田正文『数字でわかる！ あの企業・店舗が儲けている仕組み』大和書房、2022 年
ダイヤモンド社「決算書100本ノック！」週刊ダイヤモンド 2022 年 6 月 25 日号
各社ホームページ・IR 情報・有価証券報告書
日本経済新聞・日経 BP・東洋経済、週刊ダイヤモンドデータベース

第**4**章
セグメント情報と成長ベクトル

1. イオンのセグメント情報

　上場企業で単一事業だけを手掛ける場合は少数で、複数の事業を展開していることも多い。その場合は企業単位で定量比較を行うには限界もあるが、決算書では、事業内容ごとに区分された財務情報「セグメント情報」が公開されており、事業単位で比較分析することができる。セグメント情報は「売上高、利益（又は損失）、資産その他の財務情報を、事業の構成単位に分別した情報」（企業会計基準委員会（2010）P18）と定義されている。

　以前は、産業・事業別の「セグメント情報」を、極力例外を認めず表示方法を統一化する「インダストリー・アプローチ」で公開する必要があり、複数の事業を手掛ける大企業でも「セグメント情報」を公開しない企業があった。そこで2011年3月期から「マネジメント・アプローチ」が導入されている。「マネジメント・アプローチ」は1997年に米国で導入されたもので、経営者の意思決定に使用する情報をそのまま開示する方法である。売上、利益（または損失）、資産のいずれかが連結業績の10%以上である場合は、開示しなければならないというルールとなっている。また、報告セグメントの外部顧客への売上の合計額が全体の75%未満である場合は、75%以上となるまで事業セグメントを追加していく必要がある。

　「マネジメント・アプローチ」のメリットとして、以下の3点が挙げられる。①経営者と同じ視点を得られる、②企業が必要とする追加費用・手間が相

対的に少ない、③実際の企業構造に基づくため恣意性が少ない。一方で、デメリットとして、以下の 2 点が挙げられる。①競合する企業間の比較が困難で、同一企業でもセグメント変更により年度間の比較も困難になる、②競合企業との関係で、企業の事業活動の障害となる場合がある。そのため、企業間比較を行う場合は、セグメント情報を外部情報や IR 情報などと組み合わせて分析し、類似点・相違点を理解したうえで評価することが必要である。さらに、経営者の定性的な将来展望やコメントなども考慮することで、より正確な分析や議論につなげることができる。

　本章では、まず日本を代表する流通企業のイオン（証券コード：8267）のセグメント情報から事業展開をみることとする。以下はイオン全社の「定型シート」である（図表 4-1）。

図表 4-1　イオンの財務諸表の「定型シート」（2022.2 期）

(8267) イオン　　　　　　　　　　　　　　　　　　　発行済み株式数 (Z)　84,702 万株

　　　　2022/9/30 付け株価（＝X）　　2,704 円

2022.2 期　損益計算書（連結、百万円）　　　貸借対照表（2022.2 期末、百万円、概算値）

A) 売上高	8,715,957	利益率		F) 総資産	11,633,083	G) 負債	9,820,660	
B) 営業利益	174,312	2.0%=B/A		=G+H		H) 純資産	1,812,423	
C) 営業外収支	−7,244	=D-B						
D) 経常利益	167,068	1.9%=D/A	ROE	0.4%=E/H		I) 自己資本比率	16%=H/F	
E) 当期利益	6,504	0.1%=E/A	ROA	0.1%=E/F		J) 時価総額	22,904 億円	

　イオンは 2021 年度（2022 年 2 月期）売上 9 兆円弱でアジア最大の小売企業であるが、営業利益率 2.0%、ROE0.4%、ROA0.1% と収益性は低い。イオンの 2021 年度セグメント情報をみると、売上の半分弱を占める「GMS（総合スーパー）」（売上構成比 38%）と「サービス・専門店」（同 8%）は赤字となっている（図表 4-2）。コロナ禍前の 2020 年 2 月期以前は両部門ともに黒字ではあるが、過去 8 年累計の営業利益の構成比も「GMS（総合スーパー）」が 2%、「サービス・専門店」が 8% に留まっている。2022 年 2 月末でイオンは GMS（総合スーパー）618 店舗（うち海外 103）、専門店 4,503 店舗（同 7）と大規模に展開しているが、収益面の貢献は限定的である。

　収益の柱は「総合金融」と「ディベロッパー」で、過去 8 年累計の営業利

図表 4-2　イオンのセグメント別営業利益の推移

【イオンのセグメント別営業利益】　　　　　　　　　　　　　　　　　　　　　　　　　　　　（単位：億円）

（セグメント）	主な会社等	2022.2期	利益率	売上構成	2021.2期	2020.2期	2019.2期	2018.2期	2017.2期	2016.2期	2015.2期	8年合計	構成比
総合金融	イオンフィナンシャルサービス	617	13.1%	5%	426	724	708	697	619	550	530	4,871	33%
ヘルス＆ウエルネス	ウエルシア	419	4.1%	12%	415	350	262	277	220	185	70	2,198	15%
ディベロッパー（不動産）	イオンモール	388	10.6%	4%	357	596	555	515	468	450	423	3,752	26%
SM（スーパーマーケット）	マックスバリュー	305	1.2%	29%	506	209	251	307	339	223	−38	2,102	14%
国際	香港、マレーシア	55	1.3%	5%	60	39	34	2	−54	−24	54	166	1%
DS（ディスカウントストアー）	イオンビック	20	0.7%	5%	54	1	−	−	−	−	−	−	−
GMS（総合スーパー）	イオンリテール	−23	−0.1%	38%	−156	72	115	105	24	93	116	346	2%
サービス・専門店	イオンディライト	−27	−0.4%	8%	−176	193	197	202	263	263	246	1,161	8%
その他調整		−18	−	−	19	27	0	−3	−32	29	12	34	−
営業利益合計		1,743	2.0%	100%	1,505	2,211	2,122	2,102	1,847	1,769	1,413	14,712	100%

（注1）その他調整は全社利益から各部門合計を差し引いたもので四捨五入の関係で一致しない場合がある。
（注2）SM の過去には「小型店」を含むなど、時系列では細かい変更等を調整している。
（注3）SM には、ミニストップ、ダイエー、マルエツ、カスミ、サービス・専門店にはキャンドゥなどを含む。
（出所）イオン IR 資料の各年版より作成、一部推定。

益の構成比は約6割を占め、比較的安定しているドラッグストア・調剤薬局などの「ヘルス＆ウエルネス」も含めると全体の約4分の3の構成比となっている。「総合金融」（売上は約4,725億円）では、イオンカードの国内会員数が3,000万人を超え、貸借対照表の流動資産に「銀行業における貸出金」約2.4兆円を計上している。電子マネー「WAON」と連携した金融サービスで収益を上げるとともに、イオンを展開するアジア地域でも高収益を上げている。これはイオンだけに限らず、第14章でみる米アマゾンも小売は低収益であるが、銀行などの金融決済機能を代替し金融機関化を始めた段階にあるとの見方すらある（掛下（2021））。

　イオンの「ディベロッパー」（不動産開発・運営、売上は約3,667億円）は、連結子会社のイオンモール（証券コード：8905）が中心に事業展開を行っている。イオンモールは小売を行うのではなく、ショッピングモールを中心に国内164施設や中国アセアン施設の不動産開発を行い、有力な専門店を招致し、賃料収入を得ている。そのためイオンモールの貸借対照表の有形固定資産（建物や土地等）に約1.2兆円を計上している。つまり、収益源の「総合金融」

と「ディベロッパー」は大きな資産を必要とする事業のため、イオン全体でも
ROE や ROA を低くしている要因と考えられる。

　なお、イオンは決算ごとの IR 資料・補足資料をホームページに公開してお
り、各セグメントの主要企業の売上（営業収益）、営業・経常・当期利益、総
資産に加え、国内外の地域別収益、月次売上伸び率なども開示している。さら
にイオンモールなどの上場企業 10 社以上を子会社として保有しているため、
それら上場企業は個別に決算書や IR 資料を公開しており、これらからもセグ
メント情報内容を詳しく検証することができる。

2. 企業ドメインと成長マトリクス

（1）イオンの企業ドメイン

　イオンの源流のひとつである「岡田屋」は三重県（四日市市）で 1758 年に
創業し、第2次世界大戦で店舗を焼失するも、終戦の翌年（1946 年）に営業
を再開している。その際に当時の岡田卓也（1925 年 -）社長は「小売業の繁
栄は平和の象徴」と痛感し、現在の基本理念『お客さまを原点に「平和」を追
求し「人間」を尊重し、「地域」社会に貢献する』につながっている。

　その後、1969 年に「小売業の近代化」を目指し、岡田屋と兵庫県のフタ
ギ、大阪府のシロの3社が合併し「ジャスコ」を設立、1985 年に海外初とな
るマレーシア店を出店している。1989 年にグループ名を「イオン（AEON、
ラテン語で「永遠」）」に、2001 年に社名も「イオン」に変更している。お客
さまへの貢献を永遠の使命とし、その使命を果たす中でグループ自身が永遠に
発展と繁栄を続けていくとの願いを込め、コロナ禍ではトイレットペーパー
不足の風評にグループ全体の総力を挙げ対応している。基本理念に基づき、
1980 年にミニストップを設立、2013 年にダイエー、2015 年にウエルシア、
2021 年にキャンドゥを、それぞれ子会社化し業態を拡張している（2021 年度
末の正規従業員数 15.5 万人）。

　2000 年の商店街保護の大規模小売店舗法（大店法）廃止と大規模小売店舗
立地法（大店立地法）施行をきっかけに、ショッピングセンター（SC）は急

拡大したものの、2018年には全国3,220カ所をピークに減少傾向に転じている。そのため、イオンは「リージョナル」「デジタル」「アジア」「投資」の4シフトを進めている。2025年度のデジタル売上1兆円（2019年度実績700億円）、プライベートブランド売上2兆円（同1兆円）、海外営業利益比率25%（同20%）を中期目標に掲げ、全社投資の6割を「デジタル物流」と「海外店舗」に集中する戦略を立てている。

　企業の戦略は、企業のアイデンティティ（基本的な性格）を保つ必要があり、場当たりや思い付きの正反対に位置づけられるものである。戦略（Strategy）とは「長期的成果を目的にした大局的な構想や道筋」を示し、サッカーチームで言えばチーム方針・編成などが当たる。一方で戦術（Tactics）は「短期的成果を目的とした局地的技術」を示し、各試合での対応などが当たり、全くの別物である。イオンの事例では、「デジタル物流」と「海外店舗」の展開が戦略であり、各店舗での販売方法などが戦術となる。企業戦略では、どのような領域で事業を行うかを明らかにする必要があり、企業ドメイン（Domain、企業が持続的な成長を可能とする自社特有の事業活動の領域）を規定し、「その企業は何を行い、何を行わないか」を決定することが大切である。イオンの事業展開は単なる小売ではなく、幅広い事業を行っているが、基本理念「お客さまを原点に「平和」を追求し「人間」を尊重し、「地域」社会に貢献する」に基づき展開している。

（2）　アンゾフの成長マトリクス

　企業は、何を自社の中核的な強み（コアコンピタンス）とするのかを明らかにし、どのような事業の組み合わせ（ポートフォリオ）を持ち、いかに各事業に経営資源を配分するかを決定する必要がある。現在にもつながる企業の成長戦略の基本を提唱したのが、ロシア系アメリカ人の経営学者イゴール・アンゾフ氏（H. Igor Ansoff, 1918-2002年）である。アンゾフ氏は、18歳でアメリカに渡り、英語を学び、ロッキード・エレクトロニクス社副社長を務めた後、44歳でカーネギーメロン大学教授となり、多角化の研究を本格化させ、現在では「企業戦略の父」といわれている。アンゾフ氏は成長戦略を「製品」と

図表4-3 アンゾフの成長マトリクス（成長ベクトル）

	既存製品	新規製品
既存市場	市場浸透	新商品開発
新規市場	新市場開拓	多角化

「市場」の2軸に、それをさらに「既存」と「新規」に分けた「2×2」の成長マトリクス（成長ベクトル）を提唱した（図表4-3）。

1つ目（左上）の既存製品×既存市場は「市場浸透戦略」と呼ばれ、売上や市場シェアの拡大をめざす戦略である。具体的には、顧客の購買数を増やすために、スーツや靴で2点購入すると2点目半額としたり、次回のクーポンを配布したりするケースが該当すると考えられる。ただし、市場が成熟し飽和状態にある場合や市場シェア率がすでに高い場合などは、さらなる成長が困難である。

2つ目（右上）の新規製品×既存市場は「新商品開発戦略」と呼ばれ、いままでの市場（顧客）に、新しい製品（サービス）を投入して、売上を拡大しようとする戦略である。イオンが、既存顧客に電子マネー「WAON」を導入したり、子会社拡大により取り扱う商品ラインナップを拡充したりするケースが該当すると考えられる。

3つ目（左下）の既存製品×新規市場は「新市場開拓戦略」と呼ばれ、既存の製品（サービス）を新市場に投入する戦略である。イオンは、各地域の小売企業を合併し販売地域を全国に広げてきたが、現在では国内で成功したショッピングモールを海外でも展開しており、これらのケースが該当すると考えられる。

4つ目（右下）の新規製品×新規市場が「多角化戦略」で、新しい市場に新しい製品やサービスを投入する戦略である。一般的に多角化戦略は、経験のあまりない市場で新製品を投入するため、マーケティングのコスト、製品・サービスの開発コストがかかるなどのリスクがある。多角化戦略を成功させるには、シナジー（Synergy）を創出することができるかどうかに依存している。シナジーは2つの要素を組み合わせることによる相乗効果で、単なる総和では

なく、総和以上の効果を生み出すことを意味している。イオンが自社でプライベートブランド製品を開発する場合は自社が顧客になるため、垂直統合型の多角化のケースに該当し、シナジーを創出していると考えられる。シナジーの種類として、販売シナジー、生産シナジー、投資シナジー、経営管理シナジーなどが考えられる。一方で、多角化を進めすぎると全社の統合がとりにくくなるため、長期的な視点では全社を貫く経営理念や方針を明確に定めた上での多角化が必要である。

3. 三菱重工業と川崎重工業のセグメント比較

　セグメント情報の「企業間比較」として、三菱重工業（証券コード：7011）と川崎重工業（証券コード：7012）の事例を取り上げて説明する。企業間比較は、クロスセクション分析とも言われ、企業の財務比率等を同じ時期の同業他社や業界平均値と比較することによって、位置付けをより深く把握していく分析である。

　三菱重工業は東京・横浜本社、川崎重工業は東京・神戸本社だが、両社ともに中京圏に航空関連の主力工場を、神戸に潜水艦の主力工場を持つ。日本にある潜水艦工場は神戸だけだが、世界的にも2つの潜水艦工場がある港は珍しい存在である。三菱重工業と川崎重工業は、証券コードも連続しており、日本を代表する重工業企業として比較されることが多い。また、歴史的に「造船・重機」の類似企業として両社を比較することが一般的であった。しかし、日経業種分類では、三菱重工業は「機械」、川崎重工業は「造船」に、東証の業種分類では、三菱重工業は「機械」、二輪車を手掛ける川崎重工業は「輸送用機器」に分類されている。以下に、有価証券報告書のセグメント情報を基に、IR情報と外部の公開一般情報を組み合わせて分析していくこととする。

（1）三菱重工業のセグメント
　三菱重工業は、セグメント情報を4セグメントに分類している（図表4-4参照）。三菱重工業は2020年4月1日付けで組織再編を行い、従来の「パワー」

図表4-4 三菱重工業のセグメント情報（有価証券報告書）

当連結会計年度（自 2021年4月1日 至 2022年3月31日） （単位：百万円）

	報告セグメント					全社又は消去（注）1	連結
	エナジー	プラント・インフラ	物流・冷熱・ドライブシステム	航空・防衛・宇宙	計		
売上収益							
外部顧客からの売上収益	1,643,374	616,983	981,265	604,549	3,846,172	14,110	3,860,283
セグメント間の内部売上収益又は振替高	7,712	34,902	5,268	743	48,626	△48,626	–
計	1,651,086	651,886	986,534	605,292	3,894,799	△34,516	3,860,283
セグメント利益（注）2	86,268	23,601	30,682	20,050	160,603	△362	160,240
金融収益							31,907
金融費用							18,463
税引前利益							173,684
その他の項目							
減価償却費及び償却費	36,871	11,592	44,324	27,273	120,061	12,118	132,180
減損損失	130	346	551	1,481	2,509	1,097	3,607
持分法による投資損益	13,345	1,772	737	–	15,854	1,006	16,861

（出所）三菱重工業有価証券報告書（2022年3月期、94ページ）

「インダストリー＆社会基盤」「航空・防衛・宇宙」の3つの報告セグメントから、「エナジー」「プラント・インフラ」「物流・冷熱・ドライブシステム」「航空・防衛・宇宙」の4つの報告セグメントへ再編している。そのため、2020年度の有価証券報告書には2019年度の新セグメント情報も開示されており、旧区分との整合性を確認することができる。

　ただし、4セグメントの売上はそれぞれすべてが5,000億円を超え、最大規模のエナジーでは1兆5,000億円を超えている。「マネジメント・アプローチ」に基づき、自社の事業単位で多くの製品群がまとめられており、同セグメント単位の競合企業は存在しないため、分析を行うにはセグメントの内訳・構造を理解する必要がある。有価証券報告書では、報告セグメント以上の内訳は公開されていないが、企業によってはIR・説明会資料などに詳細数値が説明されている。一般的に、説明会資料のみで説明されている数値は、単独ベースであったり、内部消去前であったりと会計的には正確に一致する数値とは限らないが、セグメントの構造を理解するために有益である。三菱重工業は各セグメント内の主要製品群の売上を、説明会資料の中で公開しており、各数値の単純

図表4-5　三菱重工業の2021年度売上内訳

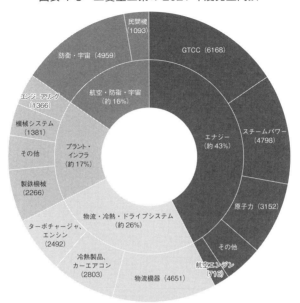

(出所) 内円 (構成比)：有価証券報告書、外円 (単位：億円)：
　　　会社説明会資料より作成

合計の残りを「その他」とし、各セグメントの内訳を推測した (図表4-5)。
　三菱重工業の4つのセグメントで最大規模は「エナジー」事業である。「エ
ナジー」の売上構成比は、GTCC (ガスタービン・コンバインドサイクル発電
プラント) が約37%、スチームパワー (石炭火力発電等) が約29%、原子力
発電が約19%、残りが環境プラント他となっている。これら3つの製品の競
合先は海外企業に多く、川崎重工業との実質的な競合は少ない。2番目に大き
いセグメントの「物流・冷熱・ドライブシステム」事業の売上構成比は、物流
機器が約47%、冷熱製品・カーエアコンが約28%、ターボチャージャ・エン
ジンが約25%となっている。これら3つもさらに詳細な商品群に分かれてい
るが、「マネジメント・アプローチ」の観点から、別々の製品群がそれぞれ集
約され、セグメント情報としてまとめられていると考えられる。三菱重工業の
全体にとって、それほど大きくない売上規模であっても、各製品・業界にとっ

ては国内の主要企業となっている場合が多い。

　最も小さいセグメントが「航空・防衛・宇宙」事業である。IR 資料のみ公開されている「航空・防衛・宇宙」の地域構成比は、国内が約 76%、米州が約 22%となっており、国内は防衛省向けが大半、民間機は米ボーイング（Boeing）向けがほとんどで、防衛省向けなどの防衛が約 8 割、ボーイング社の B787 の分担生産（主翼部分）などの民間機向け部品が 2 割前後となっていると推測される。ボーイングの航空機向けでは、日本企業が分担製造品比率を高めてきた。例えば、現在の主力である B787 向けでは、三菱重工業と川崎重工業に、SUBARU（証券コード：7270）と新明和工業（同 7224）を加えた 4 社で、35%のプログラムパートナーとなっている。担当部位は、三菱重工業が主翼等、川崎重工業が前胴部位や主脚格納部等となっている。なお、三菱重工業の IR 資料では、民間航空機の四半期・機体種別の引渡機数が開示されており、川崎重工業などの同事業分析の参考にもなる。

（2）　川崎重工業のセグメント

　川崎重工業は、セグメント情報を 6 セグメントに分類している（図表4-6）。「航空宇宙システム」「車両」「エネルギーソリューション＆マリン」「精密機械・ロボット」「モーターサイクル＆エンジン」「その他事業」の 6 セグメントである。

　三菱重工業と同様に IR 資料の詳細数値を使用し、各セグメントの主要製品群の売上を積算し推測した（図表4-7）。川崎重工業の全セグメントの中で営業利益が最も大きいのは「モーターサイクル＆エンジン」である。当部門の売上構成比は、二輪（先進国向け）が約 38%、二輪（新興国向け）が約 28%、四輪車・PWC が約 24%、汎用エンジンが約 15%となっている。川崎重工業の二輪は大型ハイエンド中心のため、先進国（2021 年度販売 20.8 万台、単純平均単価 82 万円）を中心に Kawasaki ブランドが高い評価を得ており、米国 8.6 万台、欧州 7.1 万台、日本 3.1 万台を販売している。さらに、新興国市場（同 28.3 万台、同 36 万円）では優先順位に基づき、フィリピン 16.1 万台、インドネシア 4.5 万台、中国 3.7 万台を販売し、今後はインドにも注力する。また、

図表4-6　川崎工業のセグメント情報（有価証券報告書）

当連結会計年度（自　2021年4月1日　至　2022年3月31日）　　　　　　　　　（単位：百万円）

	報告セグメント							調整額	連結
	航空宇宙システム	車両	エネルギーソリューション＆マリン	精密機械・ロボット	モーターサイクル＆エンジン	その他事業	報告セグメント計		
売上高									
（1）外部顧客への売上高	298,212	126,684	297,306	252,678	447,927	78,070	1,500,879	－	1,500,879
（2）セグメント間の内部売上高又は振替高	10,123	33	15,936	19,746	845	20,164	66,850	△66,850	
計	308,335	126,718	313,243	272,425	448,773	98,234	1,567,730	△66,850	1,500,879
セグメント利益又は損失（△）	△9,702	3,288	1,166	16,607	37,338	2,890	51,590	△5,785	45,805
セグメント資産	746,450	213,462	450,045	238,338	288,876	157,136	2,094,310	△71,561	2,022,748
その他の項目									
減価償却費	23,350	1,244	4,601	10,713	14,447	813	55,171	5,681	60,853
減損損失	－	－	715	－	－	－	715		715
持分法適用会社への投資額		173	65,309	3	815	4,104	70,405		70,405
有形固定資産及び無形固定資産の増加額	10,755	1,922	4,483	11,544	13,565	1,598	43,870	9,647	53,517

（出所）川崎重工業有価証券報告書（2022年3月期、108ページ）

　四輪（オフロード）ではバギーや当社の商品名でもあるジェットスキーなどホビー向けに強みを持つため、今後は多用途化を進めている。汎用エンジンでは、米国の一般住宅の芝刈機向けエンジンの能力増強を進めている（第2章のクボタ参照）。このように「モーターサイクル＆エンジン」の事業展開は、国内2輪車から新市場（新興国）と新製品（四輪）への展開などシナジーを追求したものといえ、アンゾフの成長マトリックスにも当てはまる。

　2番目の収益源が「精密機械・ロボット」であり、売上構成比の約3分の2を占める油圧機器は建設機械企業向けである。川崎重工業は、油圧ショベルの主要部品である油圧モータや油圧ポンプでは世界シェアの過半を占める。コマツなどの油圧ショベルメーカーの内製分が全体の約4分の1を占めるため、外販市場の大部分を川崎重工業が担っている。そのため、油圧機器売上の4割強が中国向け（2021年度売上687億円）であり、中国建機市場や建機企業の

図表 4-7　川崎重工業の 2021 年度売上内訳

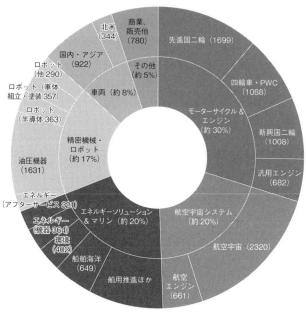

北米
(344)

商業、
販売他
(780)

先進国二輪（1699）

国内・アジア
(922)

その他
（約5%）

四輪車・PWC
(1088)

ロボット
(他290)

ロボット（車体
組立・塗装357）

車両（約8%）

モーターサイクル＆
エンジン
（約30%）

新興国二輪
(1008)

ロボット
（半導体363）

精密機械・
ロボット
（約17%）

汎用エンジン
(682)

油圧機器
(1631)

エネルギー
（アフターサービス321）

エネルギーソリューション
＆マリン（約20%）

航空宇宙システム
（約20%）

エネルギー
（機器364）

環境
(402)

航空宇宙（2320）

船舶海洋
(649)

舶用推進ほか

航空
エンジン
(661)

（出所）内円（構成比）：有価証券報告書、外円（単位：億円）：
　　　　会社説明会資料より作成

動向を把握する上でも注目されている。第10章で建設機械市場（コマツ）について説明するように世界全体に大きな影響を与えている事業である。一方、「精密機械・ロボット」の油圧機器以外の売上の約3分の1を産業用ロボットが占めており、第2章でみたシスメックスとの手術支援ロボットの合弁会社の事業でもある。産業用ロボット全体では市場シェアは高くないが、半導体ウェハ搬送用ロボットでは世界シェアの過半を占めており、クリーンルームでの精密ロボットに強みを持っている（同363億円）。

（3）2社の「航空」事業を比較する

　川崎重工業の「航空宇宙システム」以外の5セグメントでは、三菱重工業と競合する製品群が比較的少ないため、ここでは主に「航空宇宙システム」を取

り上げて比較する。セグメント名からは、川崎重工業の「航空宇宙システム」の「航空宇宙」が、三菱重工業の「航空・防衛・宇宙」に類似する事業と推測されるが、「マネジメント・アプローチ」のため単純に比較することができない。「航空宇宙システム」の売上構成比は、「航空エンジン」が約22%、「航空宇宙」が約78%となっている。さらに、三菱重工業と同様に「航空宇宙」は「防衛宇宙」と「民間航空機」に大別できると考えられる。「防衛宇宙」は防衛省向けが大半で、「民間航空機」はボーイングなど民間航空機の分担製造品などがある。

　川崎重工業の有価証券報告書で「【経営上の重要な契約等】」の技術援助契約（導入）を確認すると、ヘリコプターの技術援助契約（導入）を開示している。「CH47ヘリコプター」に関しては、ボーイング社からの機体製造や販売許諾の権利を契約（1985〜2030年）している。同様に英レオナルド（Leonardo UK）社との「EH-101ヘリコプター」の契約（2004〜2023年）に加え、「P-3C哨戒機」や「ターボエンジン」などを、世界各国の主要企業から技術導入していることも確認できる。なお、日本におけるヘリコプターの市場シェアは、防衛省向けを含むライセンス製造分では川崎重工業が約半分、三菱重工が約4分の1となっている。一方、日本で開発・製造した機体の約99%は、ドクターヘリなどの川崎重工業製が占めている。

　有価証券報告書では、主要な顧客に関する情報（企業会計基準第17号第32項）として、単一の外部顧客への売上高が10%以上である場合、当該顧客に関する情報開示が義務付けられている。2021年度の川崎重工業では防衛省がこれに該当し、防衛省向け売上高が約2,277億円（売上構成比15%）と開示されており、「エネルギーソリューション＆マリン」の「船舶海洋」（売上約649億円）の約3分の1の潜水艦・艦艇（残り約3分の2が商船）を除いた大半が「航空宇宙」に含まれると考えられる。同様に、三菱重工業の防衛省向け売上高は約3,911億円（2021年度売上構成比10%）で、主に「航空・防衛・宇宙」に該当すると考えられる。防衛省の2020年度の公開情報によると、調達先の1位が三菱重工業（調達構成比18.1%）、2位が川崎重工業（同12.6%）、3位が富士通（同4.9%）となっている。一般的に防衛省向けは、生産費用を構

成要素ごとに積み上げた製造原価に適正利益等を付加して、価格を計算する原価計算方式が採用されている。このため、両社の製品は異なっても、収益性は高くないが安定的で類似の収益構造と推測される。

　一方、川崎重工業の「航空宇宙システム」売上の約31%を占める「航空エンジン」と同様の事業が、三菱重工業では「エナジー」部門に含まれていることには注意が必要である。航空エンジン事業のメインである民間旅客機用エンジンは、国際共同開発が一般的である。民間旅客機用エンジンは、初期の開発負担に加え、採用促進のために大幅な値引きが必要なため、初期の売上拡大局面では赤字幅が拡大していくものの、エンジン納入後の30年超にわたる交換（リペア）や修理ビジネスで収益を稼ぐパターンが確立されている。

　例えば、川崎重工業のIR資料「中計2019」によると、自社が手掛ける4つの民間エンジンの主要プログラム（V2500、Trent1000、TrentXWB、PW1100G-JM）のうち、投資回収期（累積黒字）となっているのは、V2500のみである。投資回収期にあるV2500は、1983年に5ヵ国による国際共同開発事業として共同事業契約が調印され、合弁会社IAE（International Aero Engines）を母体に運営管理が行われている。1989年からは、欧州エアバス社のA319／320／321（120〜180席級）の機体に装着され、受注が5,000台を超えるベストセラーエンジンとなっている。

　合弁会社IAEの参画企業は、英ロールス・ロイス（Rolls-Royce）、米プラット・アンド・ホイットニー（Pratt & Whitney）、独MTU、伊フィアット（Fiat）に加え、日本企業3社（三菱重工業、川崎重工業、IHI（証券コード：7013））が設立した日本航空機エンジン協会（JAEC）であり、JAECの出資比率は約23%である。川崎重工業の担当部位はファンケースやLPCディスクなどで、出資比率（リスクシェア）は約6%、三菱重工業の担当部位はアクティブクリアランスコントロールや高圧タービンケースなどで、出資比率（リスクシェア）は約3.5%である。両社は担当部位やリスクシェアが異なるものの、同じ事業形態・業績動向として評価すべきセグメントとなる。川崎重工業のIR資料ではV2500の売上台数が開示されており、三菱重工業の同事業動向の参考にもなる。

　ロールス・ロイスが開発した航空機エンジン Trent1000（B787 採用、2004年参画）と TrentXWB（A350XWB 採用、2009 年参画）でも、両社は合計で 15%前後のリスクシェアパートナーである。川崎重工業の担当部位は中圧圧縮機モジュールで、三菱重工業の担当部位は燃焼器モジュールなどとなっているが、どちらもまだ投資回収期に達していない。さらに、プラット・アンド・ホイットニーが開発した PW1100G-JM（A320neo 採用、2013 年参画）も、JAEC を通して日系 3 社が約 23%の参画を行っているが、今後、量産期に入るに従い累損（赤字）は拡大していくことが予想される。つまり、PW1100G-JM の生産拡大は、短期的には赤字が拡大する一方で、中長期的の収益源に繋がることを理解しておく必要がある。

　一見すると同じように見える「航空宇宙」関連売上でも、顧客層に加え、収益化の期間や収益パターンが全く異なる場合がある。逆に、航空機エンジンのように、同類型の製品でも企業によっては全く異なるセグメントに分類されている場合もあり、注意が必要である。

　セグメント情報の売上や利益の開示に加え、有価証券報告書の各項目では、セグメントごとの連結従業員数、単独従業員数、研究開発費、設備投資額、受注高、受注残高なども公開されている場合があり、2 社の開示情報をまとめた（図表 4-8）。

　ただし、セグメントごとの資産額は川崎重工業で開示されているが、三菱重工業では開示されていないように、企業や業種によって公開される数値は異なっている。それぞれの項目での内訳を踏まえつつ、各セグメントの特性や経営資源の配分度合いを総合的に理解していくことが大切である。三菱重工業の開示内容との違いとして、川崎重工業は、セグメントごとの ROIC（投下資本利益率）や資産額も開示していることが挙げられる。実際の経営でも、コングロマリット（複合体）経営のため、2014 年度から全社を統一する基準の1 つとして ROIC を使い、重点的に伸ばす事業と撤退・縮小をする事業を明確化したうえで判断している。ビジネスユニット（BU）の 5 年平均 ROIC を 5段階で格付けし、研究開発費などの配分を決めるとともに、これらの部門別ROIC を投資家とも共有している。各事業の資産規模や 1 人当たりの事業規模

図表4-8 三菱重工業と川崎重工業のセグメント別数値

三菱重工業のセグメント別数値 （単位：従業員数は人、その他は億円）

三菱重工業	従業員数	うち単独	研究開発費	設備投資額	減価償却費	受注高	受注残高	売上高	事業利益
エナジー	23,279	10,976	442	440	369	14,444	31,144	16,510	862
プラント・インフラ	13,489	85	86	49	116	8,910	12,434	6,518	236
物流・冷熱・ドライブシステム	23,997	17	114	376	443	9,923	433	9,865	306
航空・防衛・宇宙	11,005	7,748	326	230	273	7,742	10,872	6,052	200
その他（調整含む）	6,221	3,929	167	56	127	−342	3	−345	−3
合計	77,991	22,755	1,137	1,150	1,322	40,677	54,886	38,602	1,602

（注）従業員数は2022年3月末時点の連結ベース（臨時従業員を除き、グループ外への出向者は除く）

三菱重工業	1人当たり売上高	1人当たり利益	売上高開発費比率	売上高投資比率	売上高償却比率	受注高（売上比）	受注残高（売上比）	売上高利益率
エナジー	0.71	0.04	2.7%	2.7%	2.2%	87%	189%	5.2%
プラント・インフラ	0.48	0.02	1.3%	0.8%	1.8%	137%	191%	3.6%
物流・冷熱・ドライブシステム	0.41	0.01	1.2%	3.8%	4.5%	101%	4%	3.1%
航空・防衛・宇宙	0.55	0.02	5.4%	3.8%	4.5%	128%	180%	3.3%
その他（調整含む）	−0.06	−0.00	−	−	−	99%	−1%	0.9%
合計	0.49	0.02	2.9%	3.0%	3.4%	105%	142%	4.2%

川崎重工業のセグメント別数値 （単位：従業員数は人、その他は億円）

川崎重工業	従業員数	うち単独	研究開発費	設備投資額	減価償却費	受注高	受注残高	売上高	営業利益	資産
航空宇宙システム	7,825	5,285	47	107	234	3,833	6,199	2,982	−97	7,465
車両	3,499	−	8	19	12	715	3,882	1,267	32	2,135
エネルギーソリューション&マリン	8,138	4,998	48	44	46	3,435	5,072	2,973	11	4,500
精密機械・ロボット	4,302	1,803	65	115	107	2,718	884	2,527	166	2,383
モーターサイクル&エンジン	9,300	−	166	135	144	4,479	−	4,479	373	2,889
その他	2,228	−	134	112	8	840	277	781	28	1,571
調整額	1,295	1,295	−	−	57	−	−	−	−57	−716
合計	36,587	13,381	470	535	609	16,021	16,314	15,008	458	20,227

（注）従業員数は2022年3月末時点の連結ベース（臨時従業員を除く）。営業利益は日本基準

川崎重工業	1人当たり売上高	1人当たり利益	売上高開発費比率	売上高投資比率	売上高償却比率	投資比率（償却費）	受注残高（売上比）	売上高利益率	資産利益率	ROIC
航空宇宙システム	0.38	−0.01	1.6%	3.6%	7.8%	46%	208%	−3.3%	−1.3%	−4.5%
車両	0.36	0.01	0.6%	1.5%	1.0%	153%	306%	2.5%	1.5%	4.2%
エネルギーソリューション&マリン	0.37	0.00	1.6%	1.5%	1.5%	96%	171%	0.4%	0.2%	−5.0%
精密機械・ロボット	0.59	0.04	2.6%	4.6%	4.2%	107%	35%	6.6%	7.0%	13.2%
モーターサイクル&エンジン	0.48	0.04	3.7%	3.0%	3.2%	93%	−	8.3%	12.9%	34.5%
その他	0.35	0.01	17.2%	14.3%	1.0%	1378%	35%	3.6%	1.8%	−
合計	0.41	0.01	3.1%	3.6%	4.1%	88%	109%	3.1%	2.3%	3.5%

（注）ROIC（＝EBIT（税引前利益＋支払利息）÷投下資本（有利子負債＋自己資本））は有価証券報告書で開示

（出所）有価証券報告書（2022年3月期）より作成

から各事業構造を把握したうえで、各セグメントの生産性を分析・比較することが大切である。

　本社配賦分にも注意が必要である。川崎重工業の場合、本社技術開発本部などで脱炭素社会の実現のための水素関連事業の技術開発を進めているため、本社部門の研究開発費が約134億円となっている。三菱重工業も、水素・アンモニア発電に関わる技術開発などを「その他・共通」で約167億円を計上しているが、全体の規模感が異なるため、各セグメントの利益率をみる際には注意が必要である。

　ここまで、日本を代表する重工業2社（三菱重工業と川崎重工業）のセグメント情報の比較分析の一部を紹介した。一般的に同業や同事業とみられている場合も、中身が全く異なる場合があり、注意が必要である。また有価証券報告書のセグメント情報は、IR資料や公開データなどと併せて統合的な評価を行うことで、より深い分析が可能となる。

【練習問題】

・三菱重工業と川崎重工業の歴史的な事業展開を調べ、各セグメント（事業）が成長マトリクスのどれに該当し、どのようなシナジー効果が想定されるかを説明せよ。

参考文献

1.
企業会計基準委員会「企業会計基準第17号「セグメント情報等の開示に関する会計基準」」、2010年
網倉久永・新宅純二郎『経営戦略入門』「第10章」日本経済新聞出版、2011年
長谷川正人『決算書で読むヤバい本業伸びる副業』日本経済新聞出版、2018年
掛下達郎「アマゾンの銀行化とアップルの金融機関化」証券経済研究（第115号）、2021年
2.
I. アンゾフ（中村元一監訳）『アンゾフ戦略経営論新訳』中央経済社、2007年
石原武政・竹村正明『1からの流通論』「第2章」碩学舎、2008年
岡田卓也『小売業の繁栄は平和の象徴私の履歴書』日本経済新聞出版、2013年
吉原英樹ほか編『ケースに学ぶ国際経営』「第11章」有斐閣、2013年

嶋口充輝ほか編『1からの戦略論〈第2版〉』「第2章」碩学舎、2016年

日本経営協会監修『①経営学の基本（経営学検定試験公式テキスト）』（第6版、P72-79）中央
　経済社、2018年

三谷宏治『新しい経営学』「4章」ディスカヴァー・トゥエンティワン、2019年

3.

兵頭二十八『東京と神戸に核ミサイルが落ちたとき所沢と大阪はどうなる』講談社、2017年

林隆一『財務分析』「財務分析（応用）・第5章セグメント情報」証券アナリスト（CMA）試
　験テキスト、2022年

各社ホームページ・IR情報・有価証券報告書

日本経済新聞・日経BP・東洋経済、週刊ダイヤモンドデータベース

第 **5** 章

経験曲線効果と PPM

1. ゲームも、携帯も、太陽電池も「電卓」から始まった

　企業が開発した製品にも、人間と同様に寿命があり、ライフサイクルが存
在する場合が多い。「製品ライフサイクル（Product Lifecycle）理論」では、
新製品の導入から衰退するまでのプロセスを「導入期」「成長期」「成熟期」「衰
退期」の4つに区分し、それぞれ以下のような環境に適応させ変化させていく
必要があると考えられている。

　①「導入期」：初期の製品開発費が掛かる上に、製品認知向上のため広告宣伝
　　　　　　　や無料・低額配布などを行う場合もあり、売上も小さく、赤字
　　　　　　　の場合が多い。

　②「成長期」：売上が拡大すると競合他社も増加し、消費者ニーズも多様化し
　　　　　　　ていく場合が多い。製品改良や差別化により自社製品のブラ
　　　　　　　ンド力を高めていく必要がある。

　③「成熟期」：市場の成長が鈍化するため、高シェア企業はコスト優位性を活
　　　　　　　かした展開、低シェア企業は特定顧客層に焦点をあわせた展開
　　　　　　　等が求められる。売上は停滞する場合が多いが、企業によって
　　　　　　　は成長期以上の収益性になるなど企業間の収益格差が明確に
　　　　　　　なりやすい。

　④「衰退期」：新規顧客はいなくなるとともに、価格圧力も高まり、売上が
　　　　　　　減少するため、投資抑制や顧客の囲い込みなどが課題となる。

　　　　　ブランドを活用し他の製品に展開したり、撤退時期を判断し
　　　　たりすることも重要となる。

　製品ライフサイクルが一巡した事例として「電卓（電子式卓上計算機)」が
挙げられる。戦後直後の 1946 年、現在の東京宝塚劇場で、ソロバンの日本人
と電動計算機のアメリカ兵士を競わせる計算試合が開催された。四則演算のス
ピードと正確さが競われ、四則をすべて組み合わせた問題も出題され、ソロバ
ン（日本人）が 4 対 1 で電動計算機（アメリカ人）に勝利した。世間一般に
「やはりソロバンは素晴らしい」などの認識が広まったが、カシオ計算機（証
券コード：6952、以下カシオ）の創業者の一人となる樫尾俊雄氏（1925-2012
年）は「ソロバンは神経、されど計算機は技術なり」と考え、世界初の小型
（リレー・機械式）計算機「14-A」を開発し、1957 年 6 月に発売した。デス
ク型で 130kg の大型で価格は 48 万 5,000 円（当時の大卒の初任給平均は 5,600
円）と高価であったが、人手不足の大手企業向けに販売された。
　1963 年に英国企業が世界初の電卓「Anita」を開発し、16kg に小型化した
上に、機械式のような騒音がなく、計算速度が高速化された。それに触発さ
れ、1964 年 6 月に早川電機（現シャープ（証券コード：6753)、以下シャープ)
が、電子回路（トランジスタ 530 個、ダイオード 2,300 個使用）の電卓「CS-
10A」（25kg、53.5 万円、当時の大卒初任給平均 2.1 万円で乗用車 1 台分の価
格相当）を発売し、日本社会に大きなインパクトを与えた。
　カシオは従来の機械式計算機の改善を進めたが、内覧会の猛反対を受け
て電卓（トランジスタ）開発に切り替え、1964 年 9 月に「カシオ 001 型」
（17kg、38 万円）を発売している。シャープも対抗して 1967 年に世界初の IC
計算機（IC56 個）の「CS-16A」（13kg、23 万円）を発売、カシオも 1969 年
5 月に IC 計算機「AS-1」（6.8kg、11 万円）を開発している。1969 年 8 月の
シャープによる世界初の LSI 計算機（LSI4 個、IC2 個）「QT-8D」（1.4kg、
9 万 9,800 円）が中小企業などにも普及し始めたことで、50 社弱の日本企業が
電卓市場に参入している。
　1972 年 8 月、カシオは「家庭向け」を狙い、それまでの主流だった 10 ケタ

表示を 6 ケタ表示に押さえた「カシオミニ」（350g、1 万 2,800 円）を発売した。安物を売るイメージダウンに対する社内の反対もあり、当初は全国販売できなかったが、テレビ CM の「答え一発カシオミニ」が大流行語となった。価格下落に伴い家庭での個人向けの普及が進み、3 年で 600 万台販売（最終的に国内 1,000 万台超、世界 10 億台超）の大ヒットとなった。1971 年時点シェアのシャープ 26%、カシオ 7% から、1973 年にはカシオ 18%、シャープ 12% に逆転している。その後、電卓参入企業の約半数が厳しい価格引下げ競争に耐えられず、倒産・撤退した。

　シャープは 1973 年に液晶電卓「EL-805」（厚さ 2cm、2 万 6,800 円）の開発に成功し、液晶と太陽電池を使用した超小型化・薄型化（カードサイズ電卓）の新製品開発を主導した。一方で、カシオは最終的に時計・演奏・ゲーム付きに繋がる複合・多機能の新製品開発を主導し、両社がお互いの先端機能を取り込み合い、1983 年のカシオ「SL-800」（厚さ 0.8mm、5,900 円）で開発が一巡するまでの 10 年間、製品開発競争が続いた。1965 年からの約 20 年で重量は 1/1,400、消費電力は 1/200 万にまで低減した結果、電卓シェアの 8 割をカシオとシャープが占めるに至り、これらの激しい競争は「電卓戦争」と呼ばれている。

　日本全体の電卓の生産台数のピークは 1985 年の約 8,603 万台である一方で、金額のピークは 1980 年の約 2,023 億円である（図表 5-1）。電卓の平均単価は、1965 年の約 42 万円から下落トレンドが続き、カシオミニが大ヒットした 1972 年に前年比半分の約 3 万円に大幅下落した後、1975 年の約 5 千円から 1987 年の約 1,400 円をボトムに上昇している。1990 年代以降は海外生産が進み、国内では一部のハイエンド機種のみの生産となり、その後はパソコンの表計算ソフトの普及などにより、電卓市場も縮小している。

　その後、シャープは PDA 携帯情報端末「ザウルス」で世界トップ企業となり、カシオは時計付き電卓から時計「G-SHOCK」に参入している。また任天堂（証券コード：7974）はシャープの協力を得て、1980 年に初の携帯型液晶ゲーム機「ゲーム＆ウオッチ」をヒットさせ、その後のファミリーコンピュータの資金や技術蓄積に繋がっていく。

図表 5-1 電卓の生産量・金額推移（日本国内、1965 ～ 1995 年）

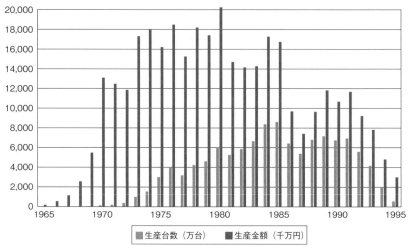

（出所）経済産業省「機械統計年報」より作成

　カシオが主要部品の半導体を日立製作所（同：6501）や NEC（同：6701）から外部調達したことをきっかけに、それまで米国企業が圧倒的な半導体シェアを持っていたが、1990 年代に日本企業が世界中のパソコン向けの半導体（DARM）のほとんどのシェアを占有するに至っている。一方で、シャープは主要部品を内製し、特に電卓の薄型化のために液晶や太陽光発電の開発を進め、その後にシャープが牽引する形で日本企業が液晶と太陽光の世界シェアの大半を占める要因の 1 つとなっている。

　このような技術革新による 20 年単位の競争と進化は、その後もパソコンや携帯電話、大型テレビなどでも日本を中心に繰り返されている。過去 10 年の日本ではこのような大きな技術革新の商品は見当たらないが、今後は電気自動車（EV、詳細は第 9 章参照）や AI 関連製品、再生可能エネルギーなどで同様の技術革新が世界的に起こる可能性が高いと考えられている。

2. 経験曲線効果と PPM の関係

（1）経験曲線効果

　第二次世界大戦前に米軍航空機の生産機数が倍になると、機数当たりの作業時間は 10 〜 15%減少するという経験則が知られていたが、1960 年代後半にボストン・コンサルティング・グループ（Boston Consulting Group、BCG）が企業一般の活動に拡張して「<u>経験曲線効果（Experience Curve Effect）</u>」と名付けている。経験曲線効果とは「製品の累積生産量が倍増するごとに、単位当たりのコストが一定比率で低下する」という経験則である。累積生産量が 2 倍になった場合の減少するコストの割合を「習熟率」と呼び、業種などにより異なるものの、一般的に習熟率は 70 〜 80%の場合が多い。例えば、習熟率 80%は、100 個目を生産するコストが単位当たり 100 円であった場合、200 個目が 80 円に、400 個目が 64 円になる（図表 5-2）。

　これらは厳密に理論的に適応されたものではないが、計測すると結果的に概ね当てはまるものが多い。網倉・新宅（2011）によると、先にみた電卓に

図表 5-2　典型的な経験曲線効果

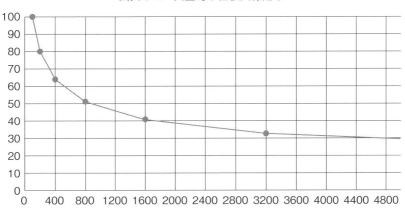

（100 生産時のコストを 100 とし習熟率 80%のケース。縦軸：単位コスト、横軸：累積生産量）

加え、蒸気タービン発電機、集積回路（半導体）、ブロイラー（チキン）、レーヨン（化学繊維）、マグネシウム地金、長距離電話料金、エアコン、電気カミソリなど、製造業だけでなくサービス業を含んだいろいろな産業で経験曲線効果が当てはまるものが多い。経験曲線効果が発生する要因として、①労働者の熟練、②作業の専門化と方法の改善、③新しい生産工程、④生産設備の能率向上、⑤活用資源の組み合わせの変更、⑥製品の標準化、⑦製品設計の変更などの組み合わせが考えられるが、産業ごとでも異なる。

　結果として、全く同じ性能の製品であったとしても、業界の中で最も大きい市場シェア（占有率）を持つ企業が、累積生産量が大きいため最も低いコストで生産（最低価格で販売）することが可能になると考えられる。また、経験曲線効果から導かれる企業戦略のシナリオとして、①低価格で需要を喚起、②競争相手に対して相対的シェアを高める、③累積生産量の差が拡大、④費用面での優位性拡大、⑤高い利益の獲得が考えられる。

（2）PPM

　戦後の1960年代は世界的な成長時代であり、第4章でみた成長ベクトルのように、企業にとって事業を多角化させ、成長させることが共通のテーマであった。しかし1970年代にはオイルショックもあり、企業が全ての事業を成長させるのは困難となった。そのため、ボストン・コンサルティング・グループ（BCG）は、経験曲線効果の知見を踏まえ、PPM（Product Portfolio Management、プロダクト・ポートフォリオ・マネジメント）を提唱した。PPMは、製品あるいは事業を相対的市場シェア（占有率）と市場成長率の2つの軸によって分類し、経営資源の投資配分を判断するための手法である。具体的には、「市場成長率」と「市場占有率」の2軸からなる4つの事象に位置づけられる事業を、問題児（Problem Child）、花形（Star）、金のなる木（Cash Cow）、負け犬（Dog）と名付けている（図表5-3）。

①　問題児（Problem Child、市場成長率：高、市場シェア：低）

　市場成長率は高いが、シェアを獲得できていない事業が分類される。

図表 5-3　PPM（Product Portfolio Management）のイメージ

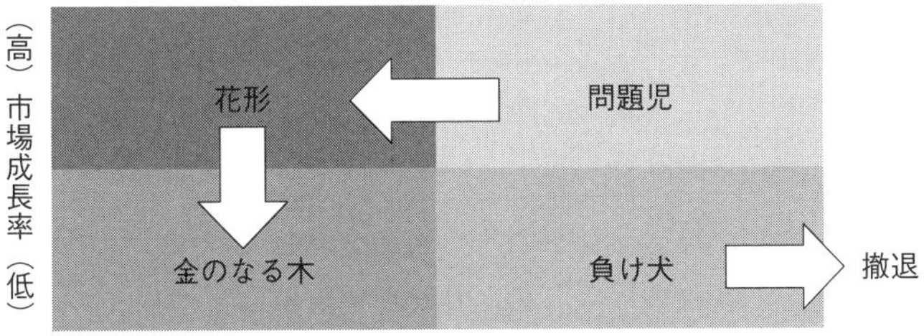

多額な投資資金が必要な一方、多くの資金流入は見込めない場合が多い。シェアを拡大できれば「花形」となるため、人材も含めて経営資源を積極的に投入していく必要がある。製品ライフサイクルにおける「導入期」に該当する場合が多い。

② 　花形（Star、市場成長率：高、市場シェア：高）

　市場成長率・シェアともに高い事業が分類される。売上を伸ばしやすい反面、成長局面にあるため競合も多く、設備投資や研究開発などに経営資源を必要とする場合が多い。市場が成熟しても高シェアを維持し続ければ「金のなる木」へ移行するが、シェアが低下すれば「負け犬」となる。製品ライフサイクルにおける「成長期」に該当する場合が多い。

③ 　金のなる木（Cash Cow、市場成長率：低、市場シェア：高）

　市場成長率は低いが、シェアの高い事業が分類される。高シェアから大きな利益が見込めると同時に、成熟局面にあるため追加的な投資等は少なくて済む場合が多い。ただし、「金のなる木」だけに依存すると将来的に会社全体が衰退するため、「金のなる木」で得た経営資源を「問題児」に投入し、将来の「花形」にしていく必要がある。製品ライフサイクルにおける「成熟期」に該当する場合が多い。

④ 　負け犬（Dog、市場成長率：低、市場シェア：低）

　成長率もシェアも低く、市場競争に負けている事業が分類される。事業撤退を行い、人材も含めた経営資源を他の必要な事業に投入することが必要である。製品ライフサイクルにおける「衰退期」に該当する場合が多い。

日本企業では、撤退しないままの事業が多いため、新しい事業展開への経営資源投入が過小となる場合が多いといわれている。

まとめると、自社の各事業を4つに分類し、「負け犬」を撤退し、「金のなる木」から得られた経営資源（資金や人材等）と合せ、「問題児」に積極的に投入し、シェアの高い「花形」に移行させることを、継続的することで、企業は安定的に事業展開を行っていけると考えられる。ただし、これらは典型例であり、実際の事業展開や事情を踏まえて最終的に戦略を決定する必要がある。

以上は「製品別」で考えてきたが、「事業別」「サービス別」「地域別」「顧客別」など自由な分類でも分析が可能である。このように PPM 分析は適応範囲が広く、成長率とシェアの2軸で4つに分類するのは分かりやすい上に、一定の説明力を持っているため、現在でも世界中で頻繁に利用されている。一方で適応範囲が広い反面、市場占有率が相対シェア以外も使用されたり、将来の市場成長率が必ずしも自明でなかったりといろいろなバージョンが存在するため、誰が作成しても同じ判断・区別になるとは限らない。例えば、「負け犬」に分類された事業でも「花形」の補完財としてシナジーのある場合もあり、事業の切り分けも一律には決められない場合もある。さらに成熟した製品や産業でも、新しいイノベーションにより成長期に戻る場合もあるので注意が必要である。逆に言えば、分析者ごとの PPM を比較・議論することで、それぞれの認識の類似点・相違点を明らかにする効能もある。

3. 兵庫の上場企業3社の事例

（1） カネミツ

実際の事業展開の事例として、有価証券報告書や IR 資料の定量データを踏まえて、兵庫県の上場企業3社をみる。1社目としてカネミツ（証券コード：7208）を取り上げる。一般的な自動車のエンジンには、1台当たり6個程度の「プーリ（滑車）」がゴムのベルトで繋がれており、エアコンや発電機、パワーステアリングなどにエンジンの動力を伝え機能させている。カネミツはこの自動車エンジン用プーリで国内シェア約4割のトップ企業で、世界でも屈指の

図表 5-4　カネミツの財務諸表の「定型シート」

(7208) カネミツ　　　　　　　　　　　　　　発行済み株式数（Z）　511 万株

　　　　2022/9/30 付け株価（＝ X）　　715 円

2022.3 期　損益計算書（連結、百万円）　　　貸借対照表（2022.3 期末、百万円、概算値）

A) 売上高	8,762	利益率		F) 総資産	14,372	G) 負債	5,105
B) 営業利益	201	2.3%＝B/A		＝G＋H		H) 純資産	9,267
C) 営業外収支	38	＝D-B					
D) 経常利益	239	2.7%＝D/A		ROE	1.8%＝E/H	I) 自己資本比率	64%＝H/F
E) 当期利益	164	1.9%＝E/A		ROA	1.1%＝E/F	J) 時価総額	37 億円

ニッチトップ企業として、Only-One 製品を供給している。2021 年度売上は約 88 億円、営業利益は約 2.0 億円、総資産は約 144 億円となっている（図表 5-4）。

　カネミツは 1947 年の創業後、独自の「回転成形法」とプレス工法により一枚の薄鋼板から一切熱を加えず、切削粉を出さずに製品を一体成形する技術を確立している。1964 年に日本初の一体成形した「V プーリ」が東洋工業（現マツダ、証券コード：7261）の自動車部品として採用されている。独自の「回転成形法」は、切削粉やスクラップが最小限に抑えられ、冷間製法のため、無駄なエネルギー消費を抑えることができ、一体成形のため従来品より 4 割程度の軽量化も可能である。カネミツは各車種の数千種類にのぼるプーリを設計開発し、日本の全ての自動車企業に採用されている。これは第 4 章でみた成長マトリックスにおける「市場浸透」（既存製品×既存市場・シェア拡大）に該当すると考えられる。

　第 9 章で詳しくみるように、日系の自動車産業の海外販売比率は約 84%、海外生産比率は約 69% とグローバル化が進んでいる。カネミツも自動車企業の海外生産に伴い、1999 年にタイ子会社、2006 年に中国子会社、2014 年にインドネシア子会社を設立し、2012 年にインドの現地資本と合弁の関連会社（出資比率 49%）で事業展開を進めてきた。成長マトリックスにおける「新市場開拓」（既存製品×新規市場）の事例に該当すると考えられる。直近の 2022 年度売上の地域内訳は、日本が約 62 億円、タイが約 16 億円、中国が約 7.6 億円、インドネシアが約 2.2 億円となっている。なお日本の顧客向けに出荷した

製品は、最終的に欧米などで販売される自動車に搭載されるものも含まれていることには注意が必要である。

　さらに独自の「回転成形法」を応用し、1998年にトランスミッション部品（インナードラム）を開発した後、2000年代にはエアバッグ部品（インフレータ）やパワーステアリング部品（ハブ）、その他のエンジン部品（スプロケット、センサープレート）に展開している。顧客はプーリと同様の自動車関連企業であるため、成長マトリックスにおける「新製品開発」（新規製品×既存市場）の事例に該当すると考えられる。直近の2022年度売上の製品内訳は、プーリが約47億円（うち日本が約25億円、東南アジアが約16億円、中国が約6.9億円）、トランスミッションが約17億円（全て日本）、その他が約23億円（うち日本が約20億円）と、プーリ以外の製品比率が約46%まで高まっている。

　自動車産業は世界的に「100年に1度の大変革期」に入り、電気自動車（以下、EV）などの電動化が急速に進む機運が高まっている。EVはエンジンの代わりにモータが駆動するため、プーリは使用されなくなる可能性がある（ハイブリット車はエンジンとモータの両方が搭載されるため、引き続きプーリは必要である）。

　これに対応してカネミツは、2018年に独自のKAVS（Kanemitsu Analyze Virtual Simulation、流動解析システム）を導入し、バーチャル試作による新製品開発のインフラを整備している。2021年に「先行開発室」を設置し、EVやロボットの部品の開発体制を整えている。さらに2022年にはEVの中核でもあるモータコア関連部品に参入するために、合弁会社「キーネクスト」を設立している。一方で、2021年度には、2012年に設立したインドの関連会社の持ち分49%を売却し、連結対象から外している（2021年度有価証券報告書43ページ）。なお、直近でインド政府は2030年に新車販売の3割をEVとする目標を発表している（第9章参照）。

　これらのカネミツの製品（一部地域展開）を、PPM分析の視点でみると、「花形」をトランスミッション部品、「金のなる木」をプーリ（インド事業を除く）、「問題児」をEV関連、「負け犬」をインドのプーリ事業と分類することができる（図表5-5）。ガソリン車からEVへの移行が先進国だけでなく、イ

図表 5-5　カネミツの PPM 分析（例）

①花形（Star） 　トランスミッション部品	③問題児（Problem Child） 　電気自動車（EV）部品
②金のなる木（Cash Cow） 　プーリ（インドを除く）	④負け犬（Dog） 　インド・プーリ合弁

ンドでも加速する見込みとなり、限られた経営資源を有効に使用するために、インドのプーリ合弁会社から撤退し、新たな EV 部品に新規参入していると解釈できる。ただし、すでに指摘したように、これらは 1 つの見方を示しているに過ぎず、議論するための「たたき台」とするものである。

（2）　フジッコ

　事例 2 社目としてフジッコ（証券コード：2908）を取り上げる。1960 年に「富士昆布」として創業した当時、昆布は計り売りが一般的だったが、パック詰めのとろろ昆布「磯の雪」（50g、30 円）の大ヒット商品を生み出した。創業者の山岸八郎氏（1929-2014 年）の「自分の子どもに食べさせたくない添加物は使うべきでない」との考えから、1969 年に一切の人工甘味料の使用を停止し、食の安全に対する想いを込め「純とろ」に改称し、1971 年に「ふじっ子煮」を開発している。1973 年のオイルショック（インフレーション）を踏まえ、「脱昆布」として新しい商品開発を進め、1976 年に合成保存料・着色料・漂白剤不使用の「おまめさん」を発売し、ロングセラー製品となり、1985 年に「フジッコ」に社名変更している。さらに、1997 年に包装惣菜「おかず畑」をシリーズ化、2005 年に「カスピ海ヨーグルト」を発売し、製品ラインナップを広げ、昆布・豆製品の圧倒的トップメーカーとなっている（図表 5-6）。2021 年度売上 551 億円の内訳は、惣菜製品 186 億円、昆布製品 145 億円、豆製品 105 億円、ヨーグルト製品 69 億円、デザート製品 24 億円、その他製品 22 億円となっている。

　主力製品の 2021 年度国内シェアは昆布佃煮で 50%（市場規模 355 億円）、煮豆で 38%（同 385 億円）のトップメーカーである。2022 年時点で会社側

図表 5-6 フジッコの財務諸表の「定型シート」

フジッコ（2908）　　　　　　　　　　　　　　　発行済み株式数（Z）　2,941 万株

2022/9/30 付け株価（＝X）　　　1,911 円

2022.3 期　算書（連結、百万円）　　　貸借対照表（2022.3 期末、百万円、概算値）

A）売上高	55,074	利益率		F）総資産	80,136	G）負債	10,502
B）営業利益	3,152	5.7%＝B/A		＝G＋H		H）純資産	69,634
C）営業外収支	354	＝D−B					
D）経常利益	3,506	6.4%＝D/A		ROE	3.0%＝E/H	I）自己資本比率	87%＝H/F
E）当期利益	2,115	3.8%＝E/A		ROA	2.6%＝E/F	J）時価総額	560 億円

は、昆布佃煮市場は 2024 年度 327 億円に縮小するもののシェアは 53.8%に、煮豆市場は 2024 年度 362 億円に縮小するもののシェアは 42.8%に、それぞれ高める計画を公表している。

　フジッコは、毎年の IR（決算説明会）資料に「事業ポートフォリオ」のアップデートを公開し、会社側の認識と今後の戦略を投資家などと共有している。2022 年度の決算説明会資料には 2021 年度の実績と 2024 年度の目標の PPM 分析が示されている（図表 5-7）。「金のなる木」に位置づけられる豆事業と昆布事業は、2024 年度にシェアを上げていく戦略であり、M&A の可能性も示唆している。現在は「問題児」に位置づけられる包装惣菜は、シェアを高め 2024 年度には「花形（スター）」に育てる戦略である。同様に「問題児」に位置づけられる大豆（ダイズ）や海外事業は、2024 年度も引き続き「問題児」だが、ダイズライスという大豆をご飯の代わりに食べてもらう商品を開発中で、長期的に育てる方針が示されている。海外事業も、東南アジアの協業先で工場を共有し、本格的に生産をスタートさせたところであり、長期的に人口減少が進む国内に代わる成長分野と位置づけている。

　「負け犬」に位置づけられているデリカ（惣菜）については、2024 年度でも利益につながらない位置づけは大きく変わっていない。そのため 2022 年 5 月 27 日の決算説明会では、デリカの縮小撤退について質問されている（説明会の主な質疑・応答もホームページで公開）。それに対する会社側の回答は、窒素ガス置換設備を用いて 1 週間日持ちする惣菜や冷凍の和惣菜の開発を進め、将来的に会社が目指す「おいしさの革新」を最も表現できる事業体という位置

図表 5-7　フジッコの PPM 分析

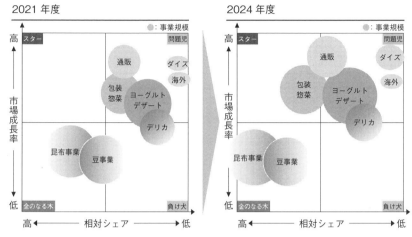

（出所）フジッコ決算説明会資料（2022 年 3 月期、P13）

づけである。このように、会社が作成する現在と将来の PPM 分析をあえて公開することにより、企業のステークホルダー（利害関係者）に経営戦略や考え方を具体的に共有することに貢献している。

（3）ロックフィールド

　事例 3 社目としてロックフィールド（証券コード：2910）を取り上げる。創業者の岩田弘三氏（1940 年 -）は 25 歳（1965 年）で地元の神戸元町に欧風料理店「レストランフック」を開業し、1972 年にロックフィールドを創業している。ブリヂストン創業者の石橋正二郎氏（1889-1976 年）が、ブリッジ（橋）ストーン（石）から「ブリヂストン」と名付けたことから、社名は名前（ロック（岩）・フィールド（田））から名付けられている。ロックフィールドは「成熟した赤いりんごになるのではなく、青いりんごのままであれ」という社風を形成している。ロックフィールドの 2021 年度売上 471 億円の内訳は、「RF1」が約 293 億円（売上原価率 41.3%、期末店舗数 140）、「グリーン・グルメ」が約 93 億円（同 43.0%、同 68）、「いとはん」が約 32 億円（同 42.7%、同 32）、「神戸コロッケ」が約 26 億円（同 40.2%、同 35）、「融合」が

図表5-8 ロックフィールドの財務諸表の「定型シート」（2022年4月期）

ロックフィールド（2910）　　　　　　　　　　　発行済み株式数（Z）　2,658万株

　　　　　　　　2022/9/30付け株価（＝X）　1,459円

2022.4期 損益計算書（連結、百万円）　　　貸借対照表（2022.4期末、百万円、概算値）

A)	売上高	47,119	利益率	F)	総資産	36,502	G)	負債	7,420
B)	営業利益	2,155	4.6%＝B/A		＝G＋H		H)	純資産	29,082
C)	営業外収支	30	＝D-B						
D)	経常利益	2,185	4.6%＝D/A	ROE	4.7%＝E/H		I)	自己資本比率	80%＝H/F
E)	当期利益	1,380	2.9%＝E/A	ROA	3.8%＝E/F		J)	時価総額	388億円

　約10億円（同44.4%、同26）、「ベジテリア」が約7.3億円（同36.7%、同9）、卸その他が約11億円と開示されている（図表5-8）。

　1971年の欧州視察でデリカテッセン（惣菜）を知り、岩田氏は日本への導入を試みる。1972年から百貨店で展開したが、それまでの百貨店は和食の惣菜が中心だったため1975年に黒字に転換するまで3年かかっている。1985年にはヤマト運輸（証券コード：9064）とタイアップし、宅配事業「ごちそう宅急便」を開始している。なお、ヤマト運輸が「クール宅急便」を始めるのは、この2年後の1987年である。さらに、長期保存が可能となる新技術（真空調理法）の導入を進め、ギフトも軌道にのせた。

　ロックフィールドは生販一体のビジネスモデルを持っている。購買部門が信頼関係のある生産者から良質な原材料を仕入れた後、生産部門は鮮度を維持しスピーディーにもの（商品）づくりを行い、生産から物流、店舗までをチルド温度帯（1～5℃）でつなぎ、徹底した温度管理をしているのが強みである。第8章でみる「サプライチェーン・マネジメント」を活用し、第10章でみる「トヨタ生産方式」を本格的に導入していることでも有名である。日本での女性の社会進出が始まるタイミングでもあり、それまで日本になかった「中食」という市場を作り上げている。

　高級デリカテッセンからサラダ・フライを中心とした「日常のおそうざい」にターゲットを切り替え、1992年にハウスブランド「RF1」を立ち上げている。一方で1997年にはギフト商品から撤退している。「中元・歳暮ギフト」の売上は約20億円もあり、社内外から反対があったが、社会環境の変化による

市場縮小を見込み、ギフト専用商品を終了した。これにより「日常そうざい」への経営資源の投入が可能になり、売上・利益を急拡大させている。

　ロックフールドは日本に中食市場を作り上げた主力企業の1社となったが、それだけでは満足せず、1998 年に創業者が自らリーダーとなり社内の新商品開発プロジェクトチーム（第 12 章参照）を発足させている。プロジェクトチームは試行錯誤の末、庶民の味である「コロッケ」に展開することを提案するが、高級ブランドイメージを損なう可能性があり、社内で大きな反対があった。しかし、食材に拘り、北海道のジャガイモ、淡路のタマネギ、神戸で厳選した精肉を使用した上に、当時では珍しく生産履歴を積極的に開示した。1989 年に神戸コロッケ1号店を開店した後、百貨店でも展開され、1992 年の「神戸コロッケ」は全社売上の4分の1を超える約 49 億円となった。現在でもロックフールドの代名詞の一つとなっており、全国で「○○コロッケ」の地域限定のコロッケブームのきっかけともなっている。その後も、1999 年に「サラダバッグ（2004 年に「ベジテリア」に業態変更）」、2001 年に「融合」、2005 年に「いとはん」、2010 年に「グリーン・グルメ」の1号店を出店し、多角化を進めて現在に至っている。

【練習問題】

・「電卓」の事例に関して、製品ライフサイクルの4つの区分の状況を説明した上で、第2章を踏まえて今後の AI やロボットによる労働に与える影響を考察せよ。

・ロックフールドの歴史的な各事業の製品ライフサイクルを確認した上で、各年代の PPM を作成し説明せよ。

参考文献

1.
沼上幹・浅羽茂・新宅純二郎・網倉久永「対話としての競争」『組織科学』第 26 巻第2号所収、白桃書房、1992 年
樫尾幸雄・佐々木達也『電卓四兄弟－カシオ「創造」の 60 年』中央公論新社、2017 年

2.

デイビッド・ベサンコほか（奥村昭博ほか訳）『戦略の経済学』「第3部」ダイヤモンド社、2002年

網倉久永・新宅純二郎『経営戦略入門』「第8章」日本経済新聞出版、2011年

嶋口充輝ほか編集『1からの戦略論〈第2版〉』「第10章」碩学舎、2016年

琴坂将広『経営戦略原論』「第3章」東洋経済新報社、2018年

日本経営協会監修『①経営学の基本（経営学検定試験公式テキスト）』（第6版、P95-103）中央経済社、2018年

澤田直宏『ビジネスに役立つ経営戦略論』「第8章」有斐閣、2020年

伊丹敬之・加護野忠男『ゼミナール経営学入門（新装版）』「第4章」日本経済新聞出版、2022年

3.

金光之夫・金光俊明「「特許戦略」と「オンリーワン技術」の追求」（神戸学院大学人文学会『私の企業戦略1』所収）人文書院、2002年

岩田弘三「わが社のブランド戦略」（神戸学院大学経済学会・人文学会『私の企業戦略2』所収）人文書院、2004年

産経新聞大阪経済部『やっぱりすごい関西の会社』「フジッコ」産経新聞出版、2008年

石井淳蔵ほか編『1からのマーケティング〈第3版〉』「第12章」中央経済社、2009年

神戸新聞経済部『ひょうごのロングセラー100』神戸新聞総合印刷、2016年

小川孔輔『青いりんごの物語ロック・フィールドのサラダ革命』PHP研究所、2022年

日経MJ『―HISTORY―暮らしを変えた立役者』2019年1月9日～4月5日（連載26回）

各社ホームページ・IR情報・有価証券報告書

日本経済新聞・日経BP・東洋経済データベース

第3部

競争力・差別化の源泉

第6章
ポジショニング・アプローチ（1）

1. S-C-P モデル（パラダイム）の転換

　第3部では企業の「競争力」や「差別化」の源泉を考える。完全競争市場を前提とすると、需要と供給の市場メカニズムにより、企業の超過利潤は長期的には消滅（限界費用＝価格）してしまうことが証明されている。そのため、経済学では完全競争市場でない現実に近い場合が主な研究対象となっている。ミクロ経済学の主要分野として、企業や産業を研究分野とする「産業組織論（Industrial Organization）」では、資源の最適配分を達成するために、古くから反独占政策の理論的基礎を提供してきた。その際、古典的な（基盤となる）産業組織論では「S-C-P モデル（パラダイム）」を前提としてきた。「S-C-P モデル」とは、まず市場構造（Structure）があり、それに対応して企業行動（Conduct）が起こされ、その結果として市場成果・業績（Perfomance）が決まるという考え方である。

　「産業組織論」の知見を逆から活用し、「S-C-P モデル」をひっくり返すことで、マイケル・ポーター氏（Michael Porter、1947 年 -）は、世界中の企業や経営者に極めて大きな影響を与えた。ポーター氏は 1971 年にハーバード大学の経営学修士を取得した後、1973 年に同学大学院で経済学博士を取得し、1982 年に同学史上最年少の正教授となっている。経営学と経済学の両方を修得したポーター氏は、企業（経営者）の立場から「超過利潤が消滅」しないように、「S-C-P モデル」を逆方向から考えることを提唱した。つまり、企

業は市場成果・業績（Perfomance）を挙げるために、企業行動（Conduct）により、企業に有利な方向に市場構造（Structure）に影響を与えるという考え方である。

　ポーター氏が 1980 年に発表した『Competitive strategy（邦題：競争の戦略)』は世界中で大ベストセラーとなり、現在では一般的な企業が戦略策定をする際の基本的な考え方の一つとなっている。同じ産業内（業界）でも、企業のポジション（位置取り）により利益などのパフォーマンスが大きく変化するため、第 5 章でみた市場シェアによる経験曲線効果以外にも企業（事業）が生き残る方法が示されている。企業にとって良い「ポジショニング」をすることが重要との考え方から「ポジショニング・アプローチ」と称されている。これにより、古典的な経済学のように企業を画一的な存在とせず、個別企業の行動や企業間の影響に関する研究が大きなテーマとなり、経済学と経営学の学際的な研究も活発化している。

2.　ポジショニング・アプローチの基本

（1）　ファイブ・フォース分析

　「ポジショニング・アプローチ」では、まず自社が置かれているポジションを理解し、望ましいポジションを探り出すため、「ファイブ・フォース分析（Five Forces Analysis、5 つの競争要因分析)」が行われる。ポーター氏は、業界の収益性に影響を与える要因を、「①競争業者／業者間の敵対関係」「②新規参入業者の脅威」「③買い手（顧客）の交渉力」「④売り手（仕入れ先）の交渉力」「⑤代替品の脅威」の 5 つの競争に大別している（図表 6-1）。これら 5 つの競争要因をそれぞれ以下に説明する。

　①　競争業者／業者間の敵対関係：同じ業界内の競争関係から生じる脅威

　　競争の激しさ（収益性の低さ）の要因は、「競争企業の数・規模・力関係」「産業の成長性」「製品（サービス）の差別化」「スイッチングコスト」「生産能力拡大が段階的にできること」「撤退コスト（固定費）の高さ」などが挙げられる。例えば、日本のエアライン企業の ANA ホールディングス（（証

図表6-1 5つの競争要因（ファイブフォース）と航空産業の例

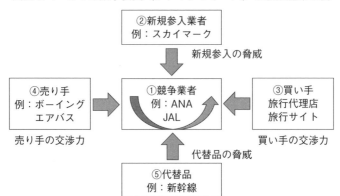

券コード：9202）All Nippon Airways、全日本空輸等）を対象とすると、競合業者はJAL（Japan Airlines、日本航空（同：9201））が挙げられる。JALを対象とすると競合業者はANAである。日本の航空産業の参入企業数は少ないものの、この2社ともに大手企業で、全国の多くの路線をほぼ網羅（競争）しており、比較的スイッチングコスト（切り替え費用）が低い。さらに、航空機（座席数）の能力増強や撤退には大きな費用が掛かるため、日本の航空産業は寡占状況にあるものの、企業間競争は相対的に激しいと考えられる。

② 新規参入業者の脅威：新たに業界に参入する業者がもたらす脅威

　競争の激しさの要因は、既存の競合他社との競争だけでなく、新規参入業者の「参入障壁の高低」や「予想される既存企業からの反撃の強弱」にも依存している。例えば、新規参入の初期投資が大きい場合や政府が新規参入を規制している場合は業界の収益性は高くなる。日本の航空産業は、もともと規制により実質的に参入不可能だったが、多くの規制緩和がなされた結果、1998年には35年振りの新規参入として、スカイマーク（同：9204）とAIRDOが「大手の6〜7割の運賃」を掲げ新規参入している。その後、業界全体で早期予約割引などが導入されるなど運賃の実質的な低下が進んでおり、格安エアラインも含めて新規参入の脅威が比較的高い業

界となっている。

③　買い手（顧客）の交渉力：自社製品を購入する顧客がもたらす脅威

　　競争の激しさは、買い手の交渉力（バーゲニング・パワー）、つまり買い手の「集中度」「スイッチングコスト」「情報力」「交渉力」などにも依存している。例えば、供給過剰などで買い手の交渉力が強まると、値下げ圧力などで自社の利益を圧迫することが起こる。航空産業では、1998年の「国際航空運賃にかかる制度改正」により運賃の低価格化が進み、格安なパック旅行企画企業も台頭している。直近ではインターネットサイトでの最低運賃比較も容易となり、世界中で買い手の交渉力が強まっている。

④　売り手（仕入先）の交渉力：仕入先がもたらす脅威

　　競争の激しさは、売り手の交渉力（バーゲニング・パワー）にも依存し、売り手の立場からみれば、対象企業は「買い手」となるため、「③買い手（顧客）の交渉力」の項目を逆からみたものになる。航空産業では、最大の仕入れは航空機である。世界中の民間大型航空機シェアは、米ボーイング（Boeing）と欧州エアバス（Airbus）2社で9割以上を占め、世界のエアライン1,600社超のほとんどが2社から大型航空機を購入している。日本のANAは旅客キロで世界30位前後の大手エアラインの1社ではあるが、それでもバーゲニング・パワーは大きくないといえる。

⑤　代替品の脅威：顧客ニーズを満たす代替品の脅威

　　競争の激しさは、同業他社との競争だけでなく、顧客の要求（ニーズ）を満たす異なる製品・サービスとの潜在的な競争にも依存している。代替品へのスイッチングコストが低い場合は収益の低下要因となる。航空の顧客ニーズはマニアを除けば、大半が「移動」である。例えば、東京から大阪への移動ニーズであり、代替品は新幹線が挙げられる。トータルの移動時間がそれほど変わらなければ、新幹線の運賃との比較に大きく影響され、飛行機による移動はむしろ少数（マイナー）な移動手段となっている。

　このようにファイブ・フォース分析の視点からみると、大手優良企業のANAといえども「ポジショニング」は決して良いとはいえず、厳しい競争環境にあることが理解できる。

（2）3つの競争戦略

ポーター氏は、企業が競争に勝ち残るために良い「ポジション」を得る基本戦略は、コスト・リーダーシップ戦略、差別化戦略、集中化戦略（コスト集中、差別化集中）の3つであるとしている（図表6-2）。これら「3つの基本戦略」をそれぞれ以下に、自動車の主要企業を取上げて説明する（これらの自動車企業の詳細は第9章と第10章で改めて説明する）。

図表6-2　3つの基本戦略と自動車産業の例

広い ターゲット	コスト	差別化
	コストリーダーシップ 例）トヨタ	差別化 例）ホンダ
狭い ターゲット	集中戦略	
	コスト集中 例）スズキ	差別化集中 例）テスラ

① コスト・リーダーシップ戦略

コスト・リーダーシップ戦略とは、競合よりも低コストで製品を生産することで、コスト面で優位性を保つ戦略であり、単なる安売り戦略とは異なる。新技術や特許などによる低コストもあるが、規模の経済や経験曲線効果による低コストを考慮すれば、一般的に高いシェアを持つ企業の戦略に該当する。自動車業界では、トヨタ自動車（証券コード：7203）が「コスト・リーダーシップ戦略」に該当すると考えられる。

② 差別化戦略

差別化戦略とは、他社と比較して、自社の製品・サービスの認知上の価値を増加させる戦略である。品質・デザイン・サービス等の差別化により、顧客が「ブランド」価値を認識し、繰り返し購入するリピーターとなる場合も多い。自動車業界では、全世界でブランドが認知されているホンダ（同：7267）が「差別化戦略」に該当すると考えられる。

③ 集中戦略

集中戦略とは、特定の市場や限られた顧客をターゲットに、自社の経営

資源を集中させていく戦略である。特定のターゲットに対して、コスト集中する場合と差別化集中する2つに大別される。自動車業界では、軽自動車で高いシェアを持つスズキ（同：7269）が「コスト集中」に、電気自動車（EV）に特化する米テスラ（Tesla）が「差別化集中」に該当すると考えられる。

ポーター氏は、複数の基本戦略を同時に追求する場合は、どちらも中途半端でパフォーマンスが低くなる「窮地（Stuck in the Middle）」に陥る可能性を指摘している。自社の目指すべき「ポジション」を明確にしないまま、成功している企業の戦略を部分的に真似しても、長期的に他社と差別化していくことは困難と考えられる。

3.　ハンバーガー業界の事例

（1）　外食業界の主要企業ランキング

ポーター氏の提唱した3つの基本戦略（コスト・リーダーシップ戦略、差別化戦略、集中化戦略）は、現在のハンバーガー企業にも適応できる（図表6-3）。ここでは、ハンバーガーの各企業の事例を取上げ、どのように現在のポジションに行き着いたかをみていく。

日経MJ（2022）によると、2021年度の日本の飲食業の売上・経常利益トップは、日本マクドナルド（証券コード：2702）である（図表6-4）。第3章でみた通り、企業によって決算期が異なるなど厳密な比較はできないものの、全体像を把握するためにはランキングは有益である。売上2位のゼンショー

図表6-3　3つの基本戦略とハンバーガー業界の例

	コスト	差別化
広い ターゲット	コスト・リーダーシップ 例）マクドナルド	差別化 例）モスバーガー
狭い ターゲット	集中戦略	
	コスト集中 例）フレッシュネスバーガー	差別化集中 例）ラッキーピエロ

図表6-4　日本の飲食業の売上・利益ランキング（2021年度）

2021年度ランキング			店舗売上（売上・利益：億円、店舗：店）				経常利益		
社　名	決算期	順位	売上高	内直営	店舗数	内直営	順位	利益	主要事業（ブランド）
日本マクドナルド（注1）	12月	1	6,520	2,143	2,942	867	1	336	マクドナルド
ゼンショー（注1）	3月	2	4,342	–	4,388	–	2	231	すき家、ココス、なか卯、ジョリーパスタ他
日清医療食品	3月	3	3,157	3,157	8,254	0	–	–	（病院・福祉・保育施設の給食）
コロワイド（注2）	3月	4	2,753	2,553	3,031	2,984	21	牛角、かっぱ寿司、フレッシュネスバーガー他
すかいらーく（注1）	12月	5	2,568	2,553	3,031	2,984	4	143	ガスト、バーミヤン、ジョナサン
日本KFC（注1）	3月	8	1,536	431	1,172	307	10	69	ケンタッキー・フライド・チキン
トリドール（注1）	3月	9	1,068	0	1,076	0	5	139	丸亀製麺、長田本庄軒、とりどーる
モスフードサービス	3月	11	1,146	–	1,277	67	14	36	モスバーガー
吉野家（注1）	2月	14	1,012	952	1,190	1,123	3	156	吉野家
王将フードサービス	3月	16	978	772	732	534	6	130	餃子の王将
サイゼリヤ	8月	21	862	862	1,089	1,089	16	35	サイゼリヤ
ハークスレイ	3月	32	510	–	1,754	–	39	14	ほっかほっか亭
ハイディ日高	2月	54	266	263	447	442	26	26	日高屋

（注1）社名の「ホールディングス」省略。
（注2）
（出所）日経MJ（2022年6月22日）「第48回　日本の飲食業調査」より作成

（同：7550）は、多くの業態を手掛けており、最大セグメントの「牛丼」売上でも2,162億円であり、単一ブランドとしては売上面でもマクドナルドが圧倒的トップとなっている。なお、日本マクドナルドは、店舗の一部をフランチャイズ（FC）展開している。直営店は店舗や雇用、売上、経費など経営に関わる全てのことを本部が管理するが、フランチャイズ店は本部と契約した加盟店のオーナーが店舗を経営する。消費者から見れば、直営店とフランチャイズ店の区別はほとんど付かないが、日本マクドナルドの会計上の売上にはフランチャイズ店売上は含まれず、利益にはフランチャイズから支払われるロイヤリティが含まれることになる。そのため、このランキングの売上と各社の会計上の売上は必ずしも一致しないことには注意が必要である。

　現在ではいろいろな分野の飲食チェーンが日本全国に広がっているが、1969年までは海外企業の日本市場への市場参入が規制されていた。1970年にケンタッキーフライドチキン（第8章参照）、1971年にダンキンドーナツとミスタードーナツ、1973年にピザハット、1974年にサーティンワンアイスクリーム（米国名バスキン・ロビンス）が日本参入を果たした。さらに生活スタイルの変化に伴い、1969年になか卯、1970年にすかいらーく、1971年にロイ

ヤルホスト、1973 年にサイゼリヤ（マリアーヌ商会）などの日本企業のファ
ミリーレストランも開店している。同様にハンバーガーチェーンでも、1971
年に米国マクドナルドが日本マクドナルドを設立する前後、1970 年にドムド
ムハンバーガー（ダイエー）、1972 年にモスバーガーとロッテリアが 1 号店を
出店している。ちなみに 1971 年に世界初のカップ麺「カップヌードル」が販
売され、1973 年にファミリーマートが実験店を開業、1974 年にセブンイレブ
ン 1 号店が、1975 年にローソン 1 号店が開店している。第 2 章でみたように、
1970 年代前半は、戦後初のマイナス成長となり、国内無差別テロが連続し、
小説『日本沈没』や『ノストラダムスの大予言』がベストセラーとなる世相の
中で、これらの新しい飲食店などはお互いに競争をしながら、現在の当たり前
を作り上げている。

（2）　コスト・リーダーシップ戦略の事例（日本マクドナルド）

　日本マクドナルドは、現在のハンバーガー業界でコスト・リーダーシップ
戦略をとっていると考えられるが、最初のハンバーガーは現在のような位置づ
けの食べ物ではなかった。

　日本マクドナルドは、1971 年 7 月に三越銀座内に日本 1 号店を開店してい
る。当時の一般の日本人にとって行儀が悪い「立ち食い」スタイル（店内飲食
なし）がテレビ報道もされ、大きな話題となったが、最初の顧客は都市部の若
者に限定されていた。日経 MJ（2021）には、創業数年後の「ハンバーガーっ
て洋式のまんじゅうですか」との出店候補地の地主のコメントが紹介されてお
り、当時の雰囲気を伝えている。つまり、当時の多くの日本人にとって、ハン
バーガーは一般的な食べ物ではなく、日本マクドナルドも最初から現在のよう
な事業展開を想定していた訳ではなかった。

　創業から 1984 年まで一貫してハンバーガー値上げを進め、売上・利益を拡
大している。高価格ながら大量生産可能な米国製のハンバーガーパティ連続
自動製造器を導入し、1977 年に日本初のドライブスルー併設店を開店するな
ど、郊外店を展開し、供給能力を高めている。さらに、大規模な広告やキャン
ペーンに加え、ディズニーキャラクター玩具付きのハッピーセットやチキン

マックナゲット導入などにより、子供やファミリー層への浸透による需要開拓に成功している。1982年に外食産業の中で、初めてハンバーガー企業の日本マクドナルドが売上トップ企業となっている。

　日本におけるハンバーガーの認知度が高まる中、1985年の売上減少をきっかけに、日本マクドナルドは連携する3つの戦略転換を図っている。1つ目は「他社との差別化を打ち消す開発戦略」である。それまでは米国マクドナルドの商品・方式を導入していたが、1987年に「商品開発部」（1990年に「商品開発本部」）を設置し、日本独自の新メニューを企画・開発する体制を整えている。同業他社が先行していた日本人の味覚に適合した米飯メニューなどのオリジナルメニューの開発も開始している。その結果、1989年に「てりやきバーガー」や「ベーコンレタスバーガー」が限定販売（その後、定番化）され、1991年には「月見バーガー」や「チキンタツタ」などのその後の人気メニューが開発投入され、他社の差別化を打ち消してきた。

　2つ目の戦略転換は「店舗拡大を加速化する出店戦略」である。日本マクドナルドは、1970年代には競合のロッテリアよりも店舗数が少ない時期があり、その後追い抜いたものの、1987年にはモスバーガーに店舗数を抜かれていた。そのため小さい場所でも出店できるように、メニューを絞り込み、アルバイトでも大半を管理できるよう徹底的に標準化した「サテライト型店舗」を展開している。サテライト店は通常の標準型店舗のまわりに配置され、母店から食材や人員を供給するものであり、店舗マネジャー不要で展開可能となった。1994年に兵庫県「新三木ジャスコ店」にローコスト化したサテライト型店舗のテスト導入の後、全国出店した。駅、学校、ショッピングセンター、社員食堂、病院など全国隅々への展開が可能になり、1995年にモスバーガーの店舗数を追い抜き、1999年度末にはサテライト店は約1,449店（全店舗の約44%）まで増加している。さらに、日本マクドナルドは直営店中心の展開を行ってきたが、1990年代後半からフランチャイズ店の拡大も行っている。これにより、競合のフランチャイズ店からマクドナルドへの転換の受け皿にもなっている。

　3つ目の戦略転換は「顧客層を広げる価格戦略」である。1つ目の商品ライ

ンナップの拡充と2つ目の店舗拡大と連携する形で、コア商品の価格値下げによる販売増を進めていった。円高による輸入食材のコストダウンも見込み、1987年に日本独自セットで390円となる「サンキューセット」（個別購入より120〜170円値引き。「流行語大賞」大衆賞受賞）を発売し、低価格戦略を採用している。同年、競合のロッテリアが380円の「サンパチトリオ」を販売すると、1988年にマクドナルドは360円の「サブロクセット」で対抗している。しかし、1989年に急速な円安が進んだことで価格競争は一旦終了したが、バブル崩壊により1992年から2年連続で売上減少となり、再度の低価格戦略を進めている。

　1994年3月に割引3点（400円、500円、600円）の「バリューセット」を発売し、10ヵ月で2億セットを販売している。さらに、1995年にはハンバーガーなど単品4品目の値下げを行っている。それまで、ハンバーガーの単品価格は一貫して値上げしてきた。ハンバーガーの価格は、1971年80円から、1973年120円、1974年150円、1979年170円、1980年180円、1983年200円、1984年210円と上げた後、1995年に100円に値下げしている。さらに1996年には、ハンバーガーとチーズバーガーを創業当時の価格（それぞれ80円、100円）に値下げした。2000年には平日半額キャンペーンを開始し、平日のハンバーガー価格を65円（休日130円）とした。ロッテリアも平日半額キャンペーンに追随しただけでなく、吉野家も牛丼を400円から280円に引き下げるなど他の飲食チェーンでも低価格販売が一般化した。2002年2月に常時80円に戻したが、8月には59円に値下げしている。

　従来の日本マクドナルドの主要顧客は若者やファミリー層だったが、低価格戦略により全世代に顧客層が広がった。特に平日半額キャンペーンにより、中高年を含むビジネスパーソンもハンバーガーの昼食が一般化した。それまで休日の売上に対して、平日の売上（稼働率）は約4割だったため、平日の売上増でも追加的な大きな投資がなく対応できたと考えられる。一方で、販売数量の拡大により原材料の調達も拡大し、「買い手の交渉力」も高まっている。マクドナルドは、世界中の産地情報・価格を収集する購買システム（GPIA, Global Purchasing Information and Analysis）を構築済みで、最も安い材料

等を調達できた背景もあった。

　値下げによるマクドナルドの採算は、一定の前提にたてば以下のように試算される。例えば、ハンバーガーを200円で販売する場合の1個当たりのコストが、食材80円、人件費60円、光熱費30円、その他15円とすると、利益は15円（利益率7.5%）となる。ハンバーガーを100円に値下げ（販売数量は3倍）した場合のコストは、食材60円、人件費20円、光熱費10円、その他5円と推測される。食材費は「買い手の交渉力」による削減で20円（25%）低下、1個当たりの人件費・光熱費他は固定費で従来の3分の1となると仮定したものである。その結果、1個当たりの利益は5円だが、販売数量が3倍であれば、全体の利益の絶対額は同じとなる。実際には、単品購入比率は約3割（セットメニュー購入比率は約7割）で大きな変化なく、全社の売上・利益を伸ばしている。

　日本マクドナルドはハンバーガーの低価格戦略により、1970年代に海外から入ってきた多くの競合企業を抑えて、日本の飲食業で圧倒的な売上トップ企業となっている。しかし、一辺倒の値下げだけでなく、経済状況や競合状況を踏まえ、商品ラインナップの拡充や店舗の対応などを挟みながら、継続的なコストダウンを踏まえた価格戦略をとっていることが分かる。日本マクドナルドが新規の顧客層を開拓する余地がある時期には、価格を下げて販売数量（売上）を拡大すれば、1個当たりの固定費削減や交渉力上昇が可能となる。しかし、日本マクドナルドの規模が極めて大きくなると、価格を下げても、これ以上の拡大は困難となり、2003年6月にはハンバーガーの価格を59円から80円に戻している。

（3）　差別化戦略の事例（モスバーガー）

　モスバーガーを運営するモスフードサービス（証券コード：8153、以下モスバーガー）は、ハンバーガー業界の中で差別化戦略をとっていると考えられる。

　モスバーガーは、桜田慧氏（1937-1997年）らの3人の脱サラトリオにより、1972年に東京都板橋区の八百屋の倉庫を改造した2.8坪の1号店が出店さ

れている。社名のモス（MOS）は山（Mountain）、海（Ocean）、太陽（Sun）の頭文字であり、山のように気高く、海のように深く広い心で人に接し、太陽のように燃え尽きる事のない情熱で、人生を送ろうという願いに基づいている。「食を通じて人を幸せにすること」を目的に、「感謝される仕事をしよう」との理念を持っている。

　2022年度の「日本版顧客満足度指数」の飲食・ファーストフード店部門で総合トップの評価となっている（図表6-5）。全6分野のうち「顧客期待」「知覚品質」「顧客満足」「推奨意向」「ロイヤリティ」の5分野でトップ評価となった（唯一、3位となった「知覚価値」のトップは餃子の王将（第3章参照））。

　創業者の桜田氏らは、日興証券勤務時の米国出張中に食べたハンバーガーの味が忘れられずに起業を思い立つ。ロサンゼルスの「トミーズ・ハンバーガー（Tommy's Berger）」では、注文を受けてから調理を始めるアフターオーダー方式をとり、新鮮な肉や野菜を使ったハンバーガーの作りたてを食べることができた。桜田氏はオーナーに頼みこみトミーズ本店で研修を受けるものの、日本の食品会社に材料供給を依頼しても、ハンバーガーが認知されておらず、苦戦しつつハンバーガーを作り上げている。創業当初は、ハンバーガーを顧客に「アンパンのアンの代わりに肉が入っている」と説明していた。

　創業時の桜田氏は、1日3時間の睡眠で毎日午前7時から午後11時までの1号店の切り盛りで、髪が白くなり、体重は以前の89キロから61キロまで

図表6-5　2022 年度 JCSI（日本版顧客満足度指数）
第1回調査結果 顧客満足スコア

飲食・ファストフード店	スコア
1　モスバーガー	78.0
2　餃子の王将	75.9
3　丸亀製麺	75.9
4　リンガーハット	75.8
5　ケンタッキーフライドチキン	74.3

（出所）2022 年度 サービス産業生産性協議会調べ

減ったが、ようやくモスバーガーの運営は軌道にのっている。起業時のモスバーガーは店舗展開の資金に乏しく、十分な広告費用もないため、口コミによるリピーターを増やす戦略をとっている。また資金不足のため、目立ちにくい二等地や三等地に割安で出店する「路地裏戦略」で、当初からフランチャイズ店による展開を進めている。ただし、フランチャイズ加盟者も、モス（MOS）の価値観共有を重視し、加盟審査を厳しく行っている。通常であれば資金や店舗物件が最重要視されるが、モスバーガーでは人物重視で、3回の面接と2回のレポート提出に加え、社長面接を経て、フランチャイズを認可してきた。フランチャイズ加盟店オーナーは「モスバーガー共栄会」に所属し、加盟店同士の交流や助け合いを行っている。

　マクドナルドやロッテリアの価格競争には積極的に関与せず、日本人の嗜好にあう製品開発を進めた。ロサンゼルスの日系人経営の「テリヤキハウス」から着想を得て、1973年には醤油と味噌をベースとした「テリヤキバーガー」を発売した。さらに、1987年にはバンズの代わりにライスプレートを具で挟む「ライスバーガー」などを投入していった。ただし、これらは最初から消費者に受け入れられた訳ではなく、最初は全く売れなかったが、日本人の嗜好にあう和風メニューやヘルシーメニューの開発に時間をかけ、発売後も改良を重ね、徐々に売上を伸ばしてきた。商品数も他社よりも多く、効率は落ちるものの、他社との違いを強調してきた。モスバーガーの「おいしさ、品質、健康」を消費者に認識してもらい、価値を感じてもらう「差別化戦略」を行っていると考えられる。

　ただし、フランチャイズオーナーの高齢化や店舗改装の遅れもあり、店舗数は2000年度にピークになり、長期的に緩やかな減少傾向となっている。そのため、本格的なフランチャイズの見直しとともに、商品数の見直しなども行ってきた。直近では作り手中心のプロダクトアウトから消費者志向のマーケットインへ転換している。2019年に商品開発部とマーケティング部門を統合し、マーケティング本部を設立している。さらに、2020年度にはマーケティング本部に商品流通部も合流し、原料調達・物流・商品開発を統合し、組織体系変更を戦略転換に基づき行っている（組織一般については第4部参

照）。その結果が、冒頭の「日本版顧客満足度指数」に繋がっていると考えられる。このように、過去に大成功した戦略が永遠に続く訳ではなく、市場動向や環境などにあわせて、自社の戦略も軌道修正して、ポジショニングをとり続けていく必要がある。

（4）　集中化戦略の事例（フレッシュネスバーガーとラッキーピエロ）

　ハンバーガー業界の中で集中戦略をとっていると考えられるフレッシュネスバーガーとラッキーピエロを取り上げ、現在の状況に至った歴史的経緯と戦略展開をまとめる。

①　フレッシュネスバーガー（FRESHNESS BURGER）

　フレッシュネスバーガーは、現在では飲食業ランキング4位のコロワイド（証券コード：7616）のグループ会社となっている（図表6-4）。フレッシュネスバーガーは、ほっかほっか亭の創業者の一人である栗原幹雄氏（1951年 -）が、1992年に渋谷区富ヶ谷の人通りの少ない2等地で創業している。栗原氏は大学で建築工学を学んだ後、1974年に積水ハウスに入社したが、役所への申請書類担当が多く、1978年に退社し、義兄とともに弁当フランチャイズチェーン「ほっかほっか亭」（現在は飲食業ランキング32位の持株会社ハークスレイ（証券コード：7561）の傘下）を創業する。「ほっかほっか亭」では、前職の経験を活かし店舗展開を担当し、わずか4年で全国1,000店舗の展開を指揮している。

　その後、栗原氏は、米国視察でみた「テネシー州の鉄板だけで焼く手作りハンバーガー屋」をモデルに、フレッシュネスバーガーを創業した。マクドナルドによるハンバーガーの低価格化が進む中、フレッシュネスバーガーはターゲットを「20〜30代の独身女性」に絞り、従来のハンバーガーよりも高価格だが、余裕のある顧客が「ゆっくりと時間を過ごす」ことを安価に提供することを目指した。アーリーアメリカン調の「手作り感」のある商品開発、サービスや店舗イメージまでこだわりながら、ローコストオペレーションを実現させている。実際に、1号店は栗原氏のゴルフ会員権売却の850万円を元手に、家賃15万円の古物件を自ら内装設計し、天井や梁はむき出しの「手作り感」を

強調した。さらに米倉・笠崎（2004）によると、①ほっかほっか亭の食材購入・店舗設計の応用、②最新のIT技術の応用、③シンプルな本社機能で本部の運営スタッフは30名程度の少数精鋭などにより、ローコストオペレーションを実現している。

またターゲットにあわせて、店舗数も200程度の都市部を中心とした限られた地域への集中型出店を行っている（2007年に200店舗達成）。フランチャイズ展開では、資金がなくても才能ややる気のある人材を支援するため、本部が開店資金の提供も行っている。ハンバーガー市場が成熟化する中でも、このようにフレッシュネスバーガーは限られた顧客層やフランチャイズ層に対して「（コスト）集中戦略」を行っていると考えられる。

なお栗原氏は創業20周年の2012年に社長を退任し、翌年には吉野家子会社のフードコート内飲食店「グリーンズプラネット」（鯛焼き、たこ焼き、ラーメン、クレープなど）の再建を依頼される。かつてはコストなどの管理がしきれず4期連続の赤字だったが、1年足らずで黒字に転換させている。

② ラッキーピエロ（通称：ラッピ）

集中戦略をとっているハンバーガー企業として、ラッキーピエロも挙げられる。ラッキーピエロは、北海道函館市に17店舗を展開する地域集中の未上場企業である。2018年度には220万人の顧客が来店し、地元シェアは6割といわれている。肉や米は北海道産を用い、野菜類は店舗のある函館近隣で栽培されたものを極力採用するなど「地産地食」を進めている。「チャイニーズチキンバーガー」「くじら味噌カツバーガー」「北海道ジンギスカンバーガー」など独自メニューに加え、作り置きをせずに注文を受けてから、揚げたり焼いたりして提供する方式を採用している。北海道内をツーリングするライダーの口コミで評判が広がり、その後にインディーズ時代のGLAYを始めとした多くの芸能人のコメントに加え、ゲーム『桃太郎電鉄』の物件「ラッキーバーガー」などで全国でも有名となっている。

創業者の王一郎氏（1942年-）は、神戸の中華街出身であり、27歳で函館に移住し、1987年にラッキーピエロを創業している。そのため、中華の技法を取り入れた「チャイニーズチキンバーガー」を開発している。王氏の子供時

代に神戸の生田神社で行われたサーカスに夢中だったことから、サーカスの象徴の「ピエロ」と当時の愛犬の名前「ラッキー」が社名の由来となっている。飲食業を「お客様喜ばせ業」と定義し、「ワクワクドキドキするサーカスのようなお店」ということで、特徴的なハンバーガーを食べる体験、面白さ、それを周りで見る可笑しさ、愉快さを「価値」と考えている。王氏は「おいしいだけでは記憶に残らない。お客様に驚きと感動を与えて信頼されなくては、口コミで広がらない」とコメントしている。そのため、ハンバーガーの「大手が「効率の巨人」を目指すのであれば、うちはその逆をいく」との戦略を貫いてきた。

　店舗ごとにテーマが設けられ、それぞれの店舗が異なった外装・内装で、ソフトドリンクの価格も店舗によって異なるなど、ユニークな事業展開を行っている。また、1人のお客が生涯顧客になれば、合計購入（消費）額は192万円と試算され、常連客を大切にすることを徹底している。「サーカス団員」に入団すると、利用金額に応じて、準団員、正団員、スター団員、スーパースター団員（累計利用額14万4,000円）に昇格し、還元率がアップしていく。スーパースター団員には、毎年ホテルで行う新年会のVIP待遇の招待状を送り、年末に各店長からお礼の挨拶に伺う徹底ぶりであり、顧客をあえて「えこひいき」している。このように、ラッキーピエロは函館周辺に注力する「（地域）集中戦略」を行い、この地域では大手チェーン店を退け、高いシェアを維持していると考えられる。

【練習問題】

・日本マクドナルドを時代区分別に、ファイブ・フォース分析を行い説明せよ。

参考文献

1.
M.E. ポーター（土岐坤ほか訳）『競争の戦略（新訂版）』ダイヤモンド社、1995年
デイビッド・ベサンコほか（奥村昭博ほか訳）『戦略の経済学』「第3部」ダイヤモンド社、

2002 年

小田切宏之『企業経済学』「5 章」東洋経済新報社、2010 年

井原久光ほか『経営学入門キーコンセプト』(P30-35) ミネルヴァ書房、2013 年

琴坂将広『経営戦略原論』「第 4 章」東洋経済新報社、2018 年

2.

網倉久永・新宅純二郎『経営戦略入門』「第 3 章」日本経済新聞出版、2011 年

嶋口充輝ほか編『1 からの戦略論〈第 2 版〉』「第 1 章」碩学舎、2016 年

日本経営協会監修『①経営学の基本（経営学検定試験公式テキスト）』(第 6 版、P109-118) 中央経済社、2018 年

澤田直宏『ビジネスに役立つ経営戦略論』「第 3・4・5 章」有斐閣、2020 年

伊藤元重『ビジネス・エコノミクス第 2 版』「第 8 章」日本経済新聞出版、2021 年

3.

加藤勝美『夢みる雑草たち ─ モスバーガー路地裏経営の解明』出版文化社、1988 年

嶋口充輝ほか『マーケティング革新の時代③』「第 5 章」有斐閣、1999 年

山口広太『マクドナルド平日半額戦略』経林書房、2000 年

米倉誠一郎・笠崎州雄「フレッシュネスバーガー」一橋ビジネスレビュー Vol.51-4、2004 年

宇田川勝ほか『失敗と再生の経営史』「第 10 章」有斐閣、2005 年

吉川尚宏『価格戦略入門』「第 1 章」ダイヤモンド社、2009 年

小川孔輔『マクドナルド失敗の本質』東洋経済新報社、2015 年

王一郎『美味しい、楽しい、感動があるから、お客様は来てくれる』ダイヤモンド社、2016 年

東北大学経営学グループ『ケースに学ぶ経営学（第 3 版）』「第 4 章」有斐閣、2019 年

安部悦生ほか『ケースブックアメリカ経営史』「第 12 章」有斐閣、2020 年

日本マクドナルド『日本マクドナルド「挑戦と変革」の経営』東洋経済新報社、2022 年

日経ビジネス 2020 年 8 月 31 日号「ケーススタディ ─ 組織改編モスフードサービス」(P54-58) 日経 BP

日経 MJ（流通新聞）2021 年 8 月 27 日「100 年マクドナルドの今まで」

日経 MJ（流通新聞）2022 年 6 月 22 日「第 48 回 日本の飲食業調査」

各社ホームページ・IR 情報・有価証券報告書

日本経済新聞・日経 BP・東洋経済データベース

第 **7** 章
ポジショニング・アプローチ（2）

1. 小売全般に広がる「SPA」

　小売全般で「SPA（Specialty store retailer of Private label Apparel、製造小売）」が広がっている。製造小売は、仕入れ販売するだけでなく、自社で製品の企画から製造、販売まで一貫して行うビジネスモデルであり、ユニクロ、ニトリ、ワークマン、良品生活、ABC マート、あさひ（自転車）、カインズ（ホームセンター）などが該当すると考えられている。

　もともと SPA は、1986 年に米国最大の衣料品企業 GAP が株主総会で初めて宣言した。それまで、アパレル業界では百貨店や専門店がアパレルメーカーの仕入商品を販売するという流通様式が一般的であった。これに対して、GAP は自社開発の商品・ブランド（オールド・ネイビー、バナナ・リパブリック等）を品揃えし、統一したコンセプトで店頭小売を行っている。SPA では市場や店舗情報を的確に把握し、在庫や生産状況を管理することで、自ら売れ残りのリスクを抑え、コストパフォーマンスの高い商品供給が可能となる。

　最初の製造小売はアパレル業界で広がったが、小売業全般で製造小売の勝ち組専門企業が台頭している。例えば「業務スーパー」の FC 本部として商品の企画、開発及び調達等を行う神戸物産（証券コード：3038）は日本最大級の「食の製販一体体制」を確立した製造小売といえる。自動化や在庫管理などで徹底的な「ローコストオペレーション」を実施することで、標準的な業務

図表 7-1 神戸物産の財務諸表の「定型シート」(2021.10 期)

神戸物産 (3038)　　　　　　　　　　　　　　　　発行済み株式数 (Z)　21,863 万株

2022/9/30 付け株価 (=X)　3,495 円

2021.10 期 損益計算書 (連結、百万円)　　　　貸借対照表 (2021.10 期末、百万円、概算値)

A) 売上高	362,064	利益率		F) 総資産	156,737	G) 負債	78,519
B) 営業利益	27,311	7.5%=B/A		=G+H		H) 純資産	78,218
C) 営業外収支	1,776	=D-B					
D) 経常利益	29,087	8.0%=D/A		ROE	25.0%=E/H	I) 自己資本比率	50%=H/F
E) 当期利益	19,592	5.4%=E/A		ROA	12.5%=E/F	J) 時価総額	7,641 億円

　スーパーの1つの店舗では、売上 3.8 億円、売上粗利 16%、販管費 14% の低コスト運営が可能と試算されている。これを支援している神戸物産は、「業務スーパー」を全国 969 店舗 (2022 年 4 月、うち FC966 店舗) に展開し、2021年 10 月期売上の約 3,621 億円をあげながら、販管費比率を 4.4% に抑え、営業利益率 7.5% の好収益を確保している (図表 7-1)。

　神戸物産は、食品加工工場を食品スーパーとして日本最大級となる国内 25 拠点を所有し、自社製造による品質と価格で、ユニークな商品を提供している。さらに、世界 40 ヵ国にも 350 を超える協力工場を持ち、「世界の本物を直輸入」をコンセプトに、世界各国から仕入れた商品を提供している。広く報道されているように、牛乳を充填する機械で製造した「水ようかん」や自社製の生絞り豆乳を配合したチルドの「厚焼玉子」、直輸入商品ではインドネシアでポピュラーな大豆発酵食品「テンペ」、大ブームを起こした「タピオカ」の大量供給など他社では真似しがたいユニークな商品提供を行っている。

2. バリューチェーン

(1) バリューチェーン (Value Chain、価値連鎖)

　第6章でみた「ポジショニング・アプローチ」では、ポーター氏の「3つの基本戦略」を実行するためには、「バリューチェーン (Value Chain、価値連鎖)」をいかに構築するかが重要になると考えられている。バリューチェーンとは、原材料や部品の調達活動、商品製造や加工、出荷配送、マーケティン

図表 7-2　バリューチェーン

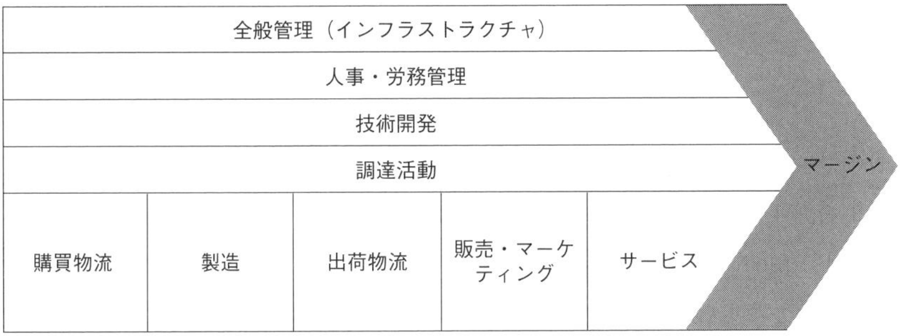

全般管理（インフラストラクチャ）					
人事・労務管理					
技術開発					
調達活動					マージン
購買物流	製造	出荷物流	販売・マーケティング	サービス	

グ、顧客への販売、アフターサービスといった一連の事業活動を、個々の工程の集合体ではなく、価値連鎖として捉える考え方である（図表7-2）。5つの「主活動」と4つの「支援活動」に分け、各プロセスにて価値（バリュー）を付加していくという考え方に基づいている。企業内部の活動を相互に結びつけ、結果として顧客に価値をもたらす「基本戦略」の1つを実現できると考えられている。

　神戸物産は製造小売として、食品スーパーでありながら、多くの工場を自社保有することでユニークな商品を製造したり、世界中の協力工場を開拓することで世界の多様な食材を販売したりすることが可能となっている。つまり、購買物流や製造の主活動で他社と差別化することで、マージンを確保できている。また、「支援活動」である管理における「ローコストオペレーション」（販管費の低さなど）が神戸物産の強みとなっている。

（2）　アパレル業界のバリューチェーン

　衣料品大手のユニクロも SPA（製造小売）として、バリューチェーンの活用によって競争優位を実現している。もともとアパレル業界は、パリやミラノ、ニューヨークにおけるモード・ファッションの商品企画について、流行色の決定からスタートし、トレンドを設定してきた。糸、生地の展示会、コレクションの発表を経て、小売店での実売まで、約2年間のサイクルで行れており、販売時にヒット度合いは予想が困難なため、常に過剰生産傾向がある。日

本のアパレルによる商品企画も、このサイクルに合わせて行れているが、製造業者、卸売業者、小売業者など、多数の企業が分担し、情報が分断されることも多かった。また百貨店などの小売業者の影響（買い手の交渉力）が強く、売れ残った品物は仕入れ先に返品されるといった特異な商習慣があった。川上の企業は返品を見越した高い価格で販売するため、最終価格は割高に設定され、売れ残り商品は大量に廃棄されてきた。

　小島（2020）の推計によると、日本の衣料品は、コロナ禍前の2019年ですら約28.5億点が供給されたものの、約13.7億点しか売れず、約14.7億点（約52%）が売れ残っている。またアパレル業者は、百貨店等の販売手数料として販売価格の25 〜 35%を負担しているため、人件費などを加えると48 〜 50%となり、通常のテナントの2倍程度の価格をつける必要がある。1990年代前半では百貨店における調達原価率は32 〜 34%だったが、現在では20%以下に落ち込んでいる。その結果、日本百貨店協会によると、2000年の全国百貨店における衣料品販売売上は約3.5兆円（308店）だったが、2010年には約2.2兆円（261店）、2019年には約1.7兆円（208店）、コロナ禍の2020年は約1.1兆円（196店）、2021年は約1.2兆円（189店）まで縮小している。

　それに対して、ユニクロは、GAPが生み出したSPA（製造小売）を進化させ、製品の企画・製造・小売に至る一連の流れを自社で一貫して管理する業態を生み出している。自社にない経営資源は、伝統的な日本の繊維技術の蓄積や海外企業を活用し、ビジネス・パートナーとの長期・安定的な協業関係を構築している。ユニクロは、ベーシックなデザインをベースに自ら商品企画を行い、自社の小売店で販売を管理し、売れ残りリスクを下げ、リーズナブルな価格設定を行っている。そのため短期間での企画・生産を、早いサイクルで回していく体制を構築している。なおユニクロの台頭などにより、経済産業省（2016）によると、日本の衣料品の購入平均単価は、1991年度を100とすると2014年度には57まで低下している。

3.　アパレル業界の事例

(1)　ファーストリテイリング (ユニクロ) の事業展開

　ユニクロなどの持株会社 (詳細は第 11 章参照) のファーストリテイリング (証券コード：9983、以下ユニクロ) は、2021 年 8 月期の営業利益 2,490 億円、時価総額 7.8 兆円 (自己株を含まないベースで日本で 8 位) と日本を代表する企業となっている (図表 7-3)。

　ファーストリテイリングの社名は「素早く (提供する) "Fast"」 と 「小売業 "Retailing"」 を組み合わせた造語で、ファストフード的に素早く商品を提供できる小売業 (=ファストファッション) を目指して名付けられた。ユニクロ (UNIQLO) というブランド名は、「ユニーク・クロージング・ウェアハウス (UNIQUE　CLOTHING　WAREHOUSE)」を略したもので、「ユニーク (独自の)」「クロージング (衣類)」「ウェアハウス (倉庫)」を意味する。企業理念「服を変え、常識を変え、世界を変えていく」を掲げ、ユニクロは、誰でも、どんな服とでも組み合わせて着ることができる部品としての服を、高い品質で他社にできないような低価格で販売することを目指している。

　ユニクロは、柳井正氏 (1949 年 -) が立ち上げた店舗だが、ユニクロの歴史は試行錯誤の連続であった (柳井 (2006) の自著タイトルは『一勝九敗』である)。柳井氏は、1971 年 3 月の大学卒業後も就職が決まらず、同年 5 月に縁故で入社したジャスコ (現在のイオンリテール) も 9 ヵ月で退社している。翌

図表 7-3　ファーストリテイリングの財務諸表の「定型シート」(2021.8 期)

(9983) ファーストリテイリング　　　　　　　　　　　　発行済み株式数 (Z)　　10,217 万株

　　　　2022/9/30 付け株価 (=X)　　76,710 円

2021.8 期　損益計算書 (連結、百万円)　　　　貸借対照表 (2021.8 期末、百万円、概算値)
IFRS

A)	売上高	2,132,992	利益率			F)	総資産	2,509,976	G)	負債	1,393,491
B)	営業利益	249,011	11.7% = B/A				= G + H		H)	純資産	1,116,485
C)	営業外収支	16,861	= D-B								
D)	税前利益	265,872	12.5% = D/A		ROE	15.2% = E/H			I)	自己資本比率	44% = H/F
E)	当期利益	169,847	8.0% = E/A		ROA	6.8% = E/F			J)	時価総額	78,378 億円

年、山口県宇部市に帰省して実家の「小郡商事」に入社するが、自ら正論の改善策を挙げると、従業員 6 人のうち 5 人が退職してしまう（残った 1 人は後の役員）。1984 年に柳井氏は社長に就任し、ユニクロ 1 号店を広島市に出店する。倉庫のような 1 号店は、当時珍しいセルフサービス方式で有名ブランドを安価で販売する形態だったが、開店初日から入場制限をするほどの盛況となった。ただし、ユニクロで安い買い物をするのは「恥ずかしい」と感じ、店舗の外で顧客が、商品をユニクロの買い物袋から別の袋に移し替えるのが一般的であった。また販売商品に偽物のブランド品が混じっていたこともあり、評判を落とすこともあった。

　柳井氏は 1986 年の香港視察で、ユニセックスのカジュアル・ウェアの香港最大ブランド「ジョルダーノ（GIORDANO）」社の会長を訪ね、グローバル販売の SPA（製造小売）の高品質低価格に衝撃を受ける。柳井氏は、自分たちで服を作り、世界に売ることを目標として、1987 年に協力工場にオリジナル商品の製造を発注し始める。しかし、社内にデザイナーやパタンナーもおらず、仕様書も「手書きでいいかげんなもの」で、値下げ売り切りを余儀なくされた。また、ボタンの位置ずれや表地裏地が間違っているなど協力工場の品質も安定しなかった。

　1995 年には全国紙の一面に「ユニクロの悪口言って百万円」と広告を出し、約 1 万通の応募（100 万円は抽選 1 名）を集め、徹底的に品質クレームに対する改善を進めた。1998 年に社内デザインチームの再編と中国の優良委託生産工場（協力企業）を絞り込み、さらに柳井氏はユニクロより遙かに大企業の「東レ」（詳細は後述）に直訴し、戦略素材の協同開発を開始し、少しずつ高品質のオリジナル商品を生み出す体制を整備した。試行錯誤の上、東レから原料調達した化学繊維を、インドネシアで精紡した後、中国で染色・縫製を行うことで、格安の 1,900 円で最大 51 色のフリース販売にたどり着く。それまでのフリースは、アウトドア向けの 1 万円超の高価格品が多く、カラーバリエーションも限定的であった。

　1998 年 11 月に初の東京都心店「原宿店」をオープンさせ、初めて特定商品（フリース）に絞り込み、駅周辺に『フリースに自信あり』というフレーズの

ポスターを貼りだした。それまでは多くの商品を並列でアピールしていたが、商品を絞り込むことで、さまざまな色やサイズをそろえ、品切れによる機会損失を小さくした。当時の衣料品業界では、10万枚でヒット、50万枚で大ヒットといわれたが、1998年にはフリース200万枚を売り、1999年850万枚、2000年2,600万枚と空前のフリースブームを起こした。1999年には生産対応のため、上海・広州事務所に常駐者を配置し、2000年には50名超に増員し、協力企業1社に1名が週4日で50以上のチェック項目を直接管理する体制で品質を上げていった。

　フリースブームの一巡により、2002年から2年連続で大幅減収減益に落ち込んだが、その前後でもいろいろな試行錯誤（失敗）を続けている。1997年に開始したスポーツウェア専門店「スポクロ」や婦人・子供服「ファミクロ」の新しい業態店も不振で撤退している。また、1994年に開始したニューヨークのデザイン子会社も成果が上げられず1998年に解散し、2001年に英国展開を始めたが、2003年には21店舗中16店舗の閉鎖に追い込まれている。さらに、2002年に鳴り物入りで参入した野菜・果物販売事業「SKIP」も、2004年に特別損失20億円超を計上し全面撤退している。2009年にSNSで「ユニバレ」という言葉が拡散したように、以前から「ユニバレ」という言葉はあったが、当時はまだユニクロを堂々と着ることは恥ずかしいという意識が残っていたことを示している。

　これら数多くの失敗から学び、フリースに続く新商品を生み出す体制を構築している。2003年には100%カシミヤセーターを4,900円と7,900円の価格で投入（当時は3〜4万円が一般的）している。さらに2003年には「ヒートテック（発熱・保温機能）」も発売するが当初はヒットせず、2004年に抗菌・ドライ機能を追加し、2005年に男性向けドライ・女性向け保湿機能強化、2006年に保湿加工強化、2007年に薄さ・ストレッチ性向上の改善を地道に進めてきた。それにあわせ、2005年に新聞広告を、2007年にテレビCMを開始することで、2007年の大ブームに繋がり、発売10年で3億枚を販売している。その後も2007年に「エアリズム」を発売し2010年にヒット、2008年に「ブラトップ」を発売し2017年に再ブレーク、2009年に「ウルトラライト

ダウン」を発売し 2012 年にブレークした。このように、商品の開発期間は長く、数年をかけて進化させている。品質が飛躍的に上がると、ユニクロは大々的な販売促進活動を行い、定番化を進めている。

（2） ユニクロのバリューチェーン

　ユニクロの継続的な開発を可能としたのが、専門企業との戦略的なパートナーシップである。例えば、「東レ（証券コード：3402）」はヒートテックやウルトラライトダウンなどの繊維を開発したが、戦略的なパートナーシップ契約を締結し、社員 200 人以上がユニクロを担当するだけでなく、多数が出向している。東レはカーボンやポリエステルの世界トップ企業であり、売上 2 兆円超、時価総額 1 兆円超であるが、「ユニクロ」向け売上は、2011 ～ 2015 年で8,000 億円、2016 ～ 2020 年で 1 兆円と、東レにとっても大きなものとなっている。2020 年末には 7 年越しに実現した 100%リサイクルのダウンジャケットを共同開発している。全自動一貫リサイクル設備を協同開発し、ユニクロ店舗で顧客から回収したジャケットを東レ（瀬田工場）で圧縮梱包・検品・裁断・分離し、80%以上のダウンを回収している。

　物流に関しても、2018 年に「ダイフク（同：6383）」と戦略的グローバルパートナーシップを結び、物流改革を実行している。ダイフクは、マテリアルハンドリング業界世界トップ企業で、2021 年度売上 5,122 億円、時価総額0.9 兆円弱の大手企業である。売上の用途構成比は、流通 30%、半導体・液晶29%、自動車 12%、空港 9%他で、地域構成比は、日本 36%、北米 27%、中国11%、台湾 10%、韓国 9%他に広がっている。1959 年にトヨタ自動車に自動車生産の搬送システムを納入、1984 年に半導体生産物流を開発、その後もネット通販や小売・空港など各業界のトップ企業を顧客として、各分野の一流顧客と共同で効率的な物流システムを構築してきた。

　ダイフクが多様な用途や地域で培ってきた物流のノウハウが、ユニクロの物流システムにも活かされている。ユニクロは、2016 年春に物流改革のために、東京有明に巨大物流倉庫を稼働させ、リアルタイムの販売状況に応じて出荷する「有明プロジェクト」を開始している。しかし、初期の物流システム

は混乱し、2016 年末には担当役員が退任したり、2017 年 11 月には EC（電子商取引）の自動システムが一時ストップするトラブルが発生したりしている。2018 年にダイフクとの協業で物流の自動化を加速し、倉庫で従来比 90％の人員削減を達成している。さらに、ダイフクの専門チームが、中国、タイ、オーストラリア、米国の東海岸と西海岸の施設にも入り、グローバル物流に協業は広がっている。

　製造に関しても、ユニクロは外部の協力企業（工場）に生産委託する一方で、全量買い取りに加え、大量ロットでの生産により原材料コストの引き下げも実現している。さらに、アパレルの企画、素材・テキスタイルも含めデザインを内製化し、生産委託の品質管理・生産管理に加えて技術指導も行っている。2000 年から「匠プロジェクト」として、編み、織布、染色、縫製などの工程ごとに、主に 30 年以上の経験を有する熟練技術者を国内で採用し、中国の協力工場に 1 ヵ月程度常駐させ専門的な技術指導を行っている。日本の繊維産業が衰退し、他社が事業を縮小したお陰で、ユニクロは優秀な日本の熟練技術者を多数採用することができた。2002 年以降は、生産技術だけでなく、ライン配置などの工場運営・生産管理の指導にも重点をおくことで、運営全般でも協業が進んでいる。

　このように、ユニクロは各バリューチェーンで内部と外部の知識を取り入れ、価値を生み出しているといえる（図表 7-4）。それぞれで任せきるのではなく、企画・生産・販売を一連のプロセスとしてコントロールしていることが特徴である。

図表 7-4　ユニクロのバリューチェーン

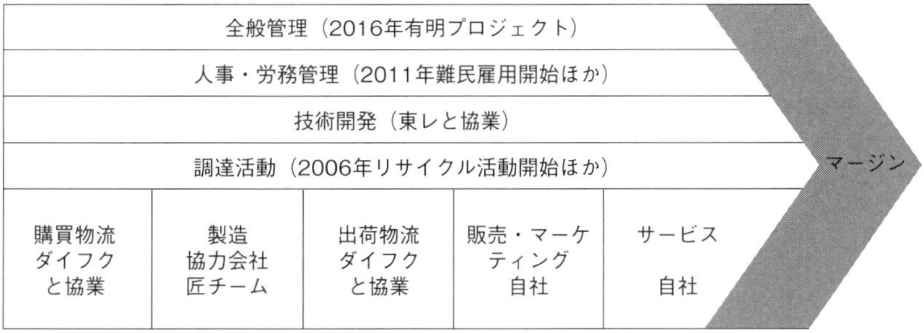

（3） しまむら

　しまむら（証券コード：8227）は、ユニクロと異なるバリューチェーンを構築し、国内2位のアパレル企業となっている。しまむらは、婦人服の「ファッションセンターしまむら」（店舗数 1,421 店、売上構成比 75%）や子供向け「バースディ」（同 310 店、同 12%）、若者向け「アベイル」（同 314 店、同 9%）等を国内 2,182 店、台湾 41 店で展開している。2022 年 2 月期売上は約 5,836 億円（2021 年 8 月期ファーストリテイリングは約 2.1 兆円）、売上原価率は約 66%（同 50%）ながら、営業利益率 8.5%（同 11.7%）と高水準である。しまむらの売上原価率はアパレル業界の中で突出して高いものの、効率的な管理・物流に加え、値引きなしで売れ残りを出さない仕組みにより、高収益を確保している。1953 年に設立され、一時期全身のコーディネートをしまむらで行う「しまラー」が女子高生の 2009 年の流行語となり、直近では「しまパト」（掘り出し物を求めて店舗をパトロールして SNS で報告すること）が一般的になっている。

　しまむらは、SPA ではなく、仕入型を追求することで、販売に専念している。自社生産は行わず、本社のバイヤー（商品部）が長期取引を基本として約600 社のサプライヤーとの商談を一括で行う「セントラルバイイング」形式を、1 号店出店時から取っている。多店舗展開の「スケールメリット」を活かして大量発注することで、仕入れコストの削減を図り、リーズナブルな価格での販売を実現している。しまむらは、一度仕入れた商品は返品なしの「完全買取」のため、サプライヤーはリスクが少なく、バラエティーに富む商品をそろ

図表 7-5　しまむらの財務諸表の「定型シート」（2022.2 期）

(8227) しまむら　　　　　　　　　　　　　　　　　発行済み株式数（＝Z）　3,675 万株

　　　　2022/9/30 付け株価（＝X）　　12,230 円

2022.2 期　損益計算書（連結、百万円）　　　貸借対照表（2022.2 期末、百万円、概算値）

A) 売上高	583,618	利益率	F) 総資産	474,811	G) 負債	63,816
B) 営業利益	49,420	8.5%＝B/A	＝G＋H		H) 純資産	410,995
C) 営業外収支	429	＝D−B				
D) 経常利益	50,567	8.7%＝D/A	ROE	8.6%＝E/H	I) 自己資本比率	87%＝H/F
E) 当期利益	35,428	6.1%＝E/A	ROA	7.5%＝E/F	J) 時価総額	4,495 億円

えることができるようになっている。

　しまむらは、仕入れた商品を機械化・自動化された高速の物流システムと自社運営で、荷物 1 箱あたり数十円の低コストで配送できることが強みである。国内 10 ヵ所に自社運営の商品センターを展開し、1 日 70 万個超の荷物を機械で仕分けから搬送まで高速で行っている。最大規模の東松山商品センターでは 1 日 14 万個超を約 370 店舗に配送するが、社員 4 名、M（パート）社員約 30 名で効率的に運営されている。午前中にサプライヤーから納品された商品は、午後に商品センターで店舗ごとに仕分けされた後、交通量が少ない夜間にかけて店舗へ毎日配送されている。すでに、都内の一部店舗への輸送に EV トラックが利用されている。また、中国の生産工場から出荷された商品が直接、しまむら商品センターに納品される直接物流も 4 割弱を占めている。

　しまむらの販売面では、コンビニ並の商品管理により、ロス率 0.5%、値下げ 5% までで商品を売り切ってきた。1 店舗当たり約 4 万アイテムを品揃えしながら、同じ商品の在庫は 1 アイテム 2 着までとし、顧客には「宝探し」のような楽しさを提供している。万が一売れ残った場合は、SKU（Stock Keeping Unit、色・サイズ・デザインなどに細分化した在庫管理の最小単位）ごとに管理された商品データを使って、色・サイズ・デザイン・地域別などさまざまな角度から商品動向を分析し、それぞれの商品について、売れていない店舗からより売れる店舗へ店間移送し、最後の 1 枚まで売り切っている。しまむらの IT 化は早く、コンピューター導入は 1975 年で、POS 導入はセブンイレブン導入の 1 年前の 1981 年である。

　店舗は 1.5 万世帯を対象とする小商圏で、ドミナント出店（特定の地域での集中出店）戦略をとっており、配送効率を高めている。さらに建築仕様も標準化し、スピーディに効率的に出店できる。運営は本部集中型オペレーションで、マニュアルに基づいて標準化が徹底され、店長 1 名と M（パート）社員 6 ～ 10 名程度という少人数での店舗運営を実現している。M 社員制度は、店舗で働くパート社員のために作られた制度で、有能な人材を店長として登用しており、現在の店長の約 7 割がこの制度から誕生している。なお、全社の従業員の 8 割以上が M 社員となっている。

　なお、ユニクロの低価格衣料の影響を受け業績不振となったSPAの無印良品（良品計画（証券コード：7453）が運営）は、2002年にしまむらの当時の社長の藤原秀次郎氏（1940年-）を社外取締役に招聘し教えを請うている。良品計画の社長や部課長が毎週のように「しまむら詣」を行い、物流や出店などの方法を学び、2006年に過去最高益を達成している。このように、しまむらは、物流と店舗運営を中心に独自のバリューチェーンを構築し、付加価値（マージン）を獲得している。つまり、SPAが唯一の最適解とは限らず、いかに他社との価値のある差別化を生み出すことができるかが重要な点であるといえる。

（4）インディテックス（ZARA）

　日本のアパレル業界トップは「ユニクロ」だが、世界では3位であり、1位は「ZARA」、2位は「H&M」である。日本では、ZARAに続き、2008年にH&Mが進出、2009年に「フォーエバー21」が初進出（2022年に再進出）し、ファストファッションブームとなったが、2015年以降は撤退するチェーンも多く、コロナ禍の2年でZARAは日本国内店舗を145店から86店に縮小したが、依然として世界のアパレルトップ企業である。

　ZARAなどを運営する企業は、スペイン・インディテックス（Inditex; Industria de Diseño Textil, S.A.：インダストリア・デ・ディセノ・テキスタイル、以下ZARA）である。海外企業の場合は、ロイター（REUTERS）やブルンバーグ（Bloomberg）などのホームページで証券コード‘ITX.MC’で検索できる。2022年1月期売上は約277億ユーロ、時価総額は約662億ユーロ（同日為替換算で約9.4兆円、世界で第190位）でユニクロを上回る（図表7-6）。

　ZARAは、2009年にGAPを抜き世界一のアパレル企業となっている。コロナ禍前までに店舗は95カ国で約6,600店、自国外（海外）売上は8割強と世界に広がっている。ZARAは、「つくったものを売る」（予測して大量発注する）ことを辞め、「売れるものをつくる」（売れすぎないようにする）ことを基本戦略としている。ユニクロが売り切り型ならば、ZARAは作り足し型と

図表 7-6　ZARA の財務諸表の「定型シート」（2022.1 期）

インダストリア・デ・ディセノ・テキス
タイル ITX.MC（ZARA）

発行済み株式数（Z）　311,243 万株

2022/9/30 付け株価（＝X）　21.28 EUR

2022.1 期　損益計算書（連結、百万ユーロ）　貸借対照表（2022.1 期末、百万ユーロ、概算値）

A）売上高	27,716	利益率		F）総資産	28,945	G）負債	13,212
B）営業利益	4,282	15.4%＝B/A		＝G＋H		H）純資産	15,733
C）営業外収支	− 83	＝D−B					
D）税前利益	4,199	15.2%＝D/A		ROE	20.6%＝E/H	I）自己資本比率	54%＝H/F
E）当期利益	3,243	11.7%＝E/A		ROA	11.2%＝E/F	J）時価総額	66,233 百万ユーロ

なる。欧州の流行を基にデザイン・生産した商品を企画段階から最短 2 週間で世界中に届け、売り切る（ユニクロや GAP の約 20 倍のスピードといわれる）。各シーズンの初めの投入量は 3 週間分のみ、1 つの商品は 1 色当たり 20 枚をワンセットとして、顧客の反応を見ながら、増産したり改良したりしている。同じものなら約 2 週間、デザインを変更するのなら約 4 週間で追加商品を投入できる。ZARA 愛好者は年平均 17 回（3 週間に 1 回、競合他社は年 4 回）来店するという結果に繋がっている。

　ZARA は、物流拠点をスペインに集中させ、スペインとポルトガルやモロッコなどの周辺国を含む約 1,500 工場で生産し、世界中に供給している。最強の物流システムを構築しており、欧州は 24 時間以内、アメリカは 48 時間で店頭へ納品できるといわれている。ZARA 製品は「生もの」であり、スピードを重視し、欧州以外では航空便を使用するため、地理的に遠くなると価格は高く設定されている。そのため欧米市場とアジア市場の受け止められ方（評価）には温度差があり、売上は欧米で 4 分の 3 以上（欧州で過半）を占めている。

　ZARA 創業者のアマンシオ・オルテガ氏（Amancio Ortega Gaona, 1936 年 -）は、義務教育終了後の 14 歳でシャツ店の雑用・商品配達を経験し、1963 年に兄とアパレル製造業 GOA を立ち上げている。オルテガ氏は 1975 年に ZARA の最初の店舗を開店し、「片手は工場に、もう一方の手は顧客にふれていなければならない」との考えで、SPA で ZARA の仕組みを作り上げ、7 兆円超の資産を築いた。ユニクロは販売から SPA に展開したが、ZARA は製造や卸売りから消費者の声を聞くために小売に展開し SPA になっている。

また、ユニクロの服は JIS 規格のサイズをベースに、ベーシックファッション
を多くの人が着用できるようにサイズは大きめに作られ多色展開をしている。
一方で、オルテガ氏の信念「世界中のすべての女性におしゃれになってほし
い」から、ZARA はトレンドファッションで着る人を美しく見せるために体
に合わせて程よくフィットするサイズで、原則 1 商品 1 色となっている。

（5）ユニクロの海外展開

　ユニクロは「世界 No.1 のアパレル情報製造小売になる」との目標を掲げて
きたが、海外展開も『一勝九敗』の繰り返しで、直近までの利益は国内が大半
であった（図表7-7）。2021 年 8 月期の営業利益構成比は、国内ユニクロの約

図表 7-7　ファーストリテイリングのセグメント情報

(単位：億円)

事業	(決算期)	2021.8	2020.8	2019.8	2018.8	2017.8	2016.8	2015.8	2014.8
国内ユニクロ	売上	8,426	8,068	8,729	8,647	8,107	7,998	7,801	7,156
	営業利益	1,232	1,046	1,024	1,190	959	1,024	1,172	1,063
	利益率	15%	13%	12%	14%	12%	13%	15%	15%
海外ユニクロ	売上	9,301	8,439	10,260	8,963	7,081	6,554	6,036	4,136
	営業利益	1,112	502	1,389	1,188	762	374	433	329
	利益率	12%	6%	14%	13%	11%	6%	7%	8%
うち中華圏	売上	5,322	4,559	5,025	4,398	3,464	3,328	3,044	2,081
	営業利益	1,002	656	890	737	501	365	386	248
	利益率	19%	14%	18%	17%	14%	11%	13%	12%
ジーユー	売上	2,494	2,460	2,387	2,118	1,911	1,878	1,415	1,075
	営業利益	201	218	281	117	135	222	164	68
	利益率	8%	9%	12%	6%	7%	12%	12%	6%
グローバルブランド	売上	1,082	1,096	1,499	1,544	1,490	1,407	1,538	1,437
	営業利益	−16	−127	36	−41	5	−127	−20	142
	利益率	−1%	−12%	2%	−3%	0%	−9%	−1%	10%
合計	売上	21,303	20,063	22,875	21,272	18,589	17,837	16,790	13,804
	営業利益	2,529	1,639	2,730	2,454	1,861	1,493	1,749	1,602
	利益率	12%	8%	12%	12%	10%	8%	10%	12%

(出所) 会社 IR 資料より作成（開示データより差し引きして作成し合計値のため
　　　全社数値と誤差が残る）。

49%と国内GUの約8%で国内が6割弱を占め、残りの約4割は中華圏（中国、台湾、香港の合計）でほとんど説明できる。

　2013年8月末のユニクロ店舗数は、国内853店（2014年8月期営業利益1,063億円）に対して海外446店（同329億円）だったが、2016年8月末には国内837店に対して海外958店（うち中華圏560店、韓国173店）に逆転している。さらに、2020年8月末には国内813店に対して海外1,439店（うち中華圏866店、韓国163店）と、国内よりも中華圏の店舗数が逆転している。ユニクロは2001年にロンドンに海外の第1号店を、2002年に中国初の店舗を上海に出店している。このように早い段階から海外展開を志向していたことに加え、欧州アパレルメーカーから地理的に遠いこともあり、早期の中華圏や韓国への積極的な展開で認知が広まり収益化に成功している。

　一見すると、海外ユニクロの利益の大半を中華圏で稼いでいるようにみえる。過去も韓国や東南アジアのユニクロが利益貢献をしているが、ZARAなどが強い欧米が赤字となり相殺する形となっている。特に米国事業は2005年に1号店を出店して以来、2021年まで一度も利益を出したことがなかった。この期間中にも、日本のマスコミやSNSでは「日本のユニクロが欧米で大人気」といったニュースが数多く流されているが、企業分析では印象的な情報だけでなく、定量数値とあわせて確認することが大切である好例といえる

　ユニクロは欧米市場での認知度の低さや人材不足から、海外ブランドを数多く買収し、セグメントの「グローバルブランド」に主に分類している。具体的には、2005年に仏「コントワー・デ・コトニエ」、2006年に仏「プリンセスタム・タム」、2009年に米「セオリー」、2012年に米「コンテンポラリー」などのブランドを運営する会社を買収している。これらの「グローバルブランド」自体は長期的に赤字傾向でリストラを続けながら、海外展開の試行錯誤を行ってきた。その経験も踏まえ、2022年8月期に米国事業が創業以来初めての黒字を達成する見込みである。それまで競合が多く認知度が低いものの、不採算店舗の縮小などで、米国43店舗、カナダ14店舗（2022年2月時点）で黒字化のメドがたっている。今後は、日本と同じ製品展開だけでなく、より北米市場のニーズにあった商品の発見・開発を進め、認知度を高めることで、

2027年8月期売上3,000億円達成を目指している。

【練習問題】

・しまむらとZARAのバリューチェーンを示し、ユニクロとの違いを説明せよ。

参考文献

1.
加藤鉱『非常識経営～業務スーパー大躍進のヒミツ』ビジネス社、2022年
2.
M.E. ポーター（土岐坤ほか訳）『競争の戦略（新訂版）』ダイヤモンド社、1995年
経済産業省『アパレル・サプライチェーン研究会・参考資料』経済産業省、2016年
日本経営協会監修『①経営学の基本（経営学検定試験公式テキスト）』（第6版、P118-120）中央経済社、2018年
小島健輔『アパレルの終焉と再生』新潮社、2020年
澤田直宏『ビジネスに役立つ経営戦略論』「第6章」有斐閣、2020年
3.
月泉博『ユニクロ vs しまむら』日本経済新聞出版、2006年
梛野順三『無印良品を復活させたしまむら商法』ぱる出版、2006年
柳井正『一勝九敗』朝日新聞出版、2006年
石原武政・竹村正明『1からの流通論』「第4・10章」碩学舎、2008年
吉川尚宏『価格戦略入門』「第2章」ダイヤモンド社、2009年
矢作敏行『日本の優秀小売企業の底力』「第7章」日本経済新聞出版、2011年
加藤健太・大石直樹『ケースに学ぶ日本の企業』「Case18」有斐閣、2013年
齊藤孝浩『ユニクロ対ZARA』日本経済新聞出版、2014年
嶋口充輝ほか編集『1からの戦略論〈第2版〉』「第3章」碩学舎、2016年
橘川武郎ほか『グローバル経営史』「第3章」名古屋大学出版会、2016年
三谷宏治『新しい経営学』「3章」ディスカヴァー・トゥエンティワン、2019年
矢部謙介『決算書の比較図鑑』日本実業出版社、2021年
足立武志『儲かる会社にはパターンがある！ 決算書の基本と読み解き方』ナツメ社、2022年
各社ホームページ・IR情報・有価証券報告書
日本経済新聞・日経BP・東洋経済データベース

第 **8** 章
サプライチェーン・マネジメント

1. ケンタッキー・フライド・チキンと三菱商事の関係

　日本で「ケンタッキー・フライド・チキン」を展開する日本 KFC ホールディングス（証券コード：9873、以下日本 KFC）は、日本の飲食業ランキング 8 位に位置づけられる（（図表 6-4）参照）。日本 KFC の 2021 年度売上は約 975 億円（営業利益は約 61 億円）だが、フランチャイズを含めた「ケンタッキー・フライド・チキン」店舗売上は約 1,536 億円となっている。

　同社は 1970 年 7 月に三菱商事（同：8058）と米国「KFC（Kentucky Fried Chicken corporation）」の折半出資によって設立された。三菱商事が KFC 創業者のカーネル・サンダース氏（本名 Harland David Sanders、1890 -1980 年）との 4 年に及ぶ交渉の末に、1970 年 3 月に大阪万博に実験店舗を出店し、合弁会社を設立した。2007 年には米国 KFC の持分を買取り三菱商事の子会社となったが、2015 年に一部株式を売却し、現在は約 35％を保有するグループ会社に位置づけられる。

　日本 KFC の「オリジナルチキン」の原料の国内産ハーブ鶏は、全国約 200 ヵ所の KFC 登録飼育農場で飼育されている。飼料に独自のハーブ原料を加えることで脂肪や鶏肉独自の匂いを抑えた上で、一般流通の生後 50 日前後（約 3kg）の鶏肉でなく、生後 38 日前後の「中雛」（約 1.7kg）を使用している。コンビニなどでは同じ部位のみを使用することが多いが、1 羽 1 羽を KFC 独自のカット規格（食材を無駄にしない 9 つの部位）で処理している。カット

された部位は、適切な温度管理の下で、毎日 1,100 店舗超に届けられる。KFC 独自の認定資格を毎年更新しているオリジナルチキンの調理担当者により、48 時間以内の調理が義務付けられている。その際に、専用の圧力鍋（最高 185 度で約 15 分）で調理し、使用する度にろ過した 100%植物油で揚げている。

　コンビニ各社が使用している輸入の冷凍大雛肉と比較すると調達コストは高いが、三菱商事は自社のネットワークを活用し、大量に仕入れることで、相対的にコストを抑えている。ただし、三菱商事の関与はそれだけに留まらず、穀物卸業を行う川上から外食事業の川下までの一貫したバリューチェーン（第7章参照）を構築している。具体的には、鶏のエサとなるトウモロコシ調達やカット肉処理・販売などの企業の多くに出資し、日本 KFC の「サプライチェーン（Supply Chain）」全体に関与し支えている（図表 8-1）。

　サプライチェーンは、商品が消費者の手元に届くまでの物やお金の流れである。日本 KFC のサプライチェーンの最初の「穀物集荷販売」では米国、オーストラリア、ブラジルに三菱商事の子会社があり、そこから仕入れた穀物から日本農産工業が「配合飼料」を供給している。さらに「鶏肉生産処理加工」企業にも出資しており、「食肉販売」を経由して、ローソン、ライフ、米久、伊藤ハムなどの三菱商事の出資会社に販売されている。なお各工程の企業は外部の顧客にも供給しており、市場での競争力も維持している。

　三菱商事は、食料・食品の流通における川上から川下まで、全てで自らが関

図表 8-1　日本 KFC のサプライチェーンにおける三菱商事の出資会社

穀物集荷販売	配合飼料	鶏肉生産処理加工	食肉販売	外食・小売
米 AGREX（100%出資）豪 RIVERINA（100%出資）	日本農産工業（100%出資）	ジャパンファーム（70%出資）ときめきファーム（計 100%出資）	フードリンク（99%出資）	日本 KFC（35%出資）
⇩	⇩	⇩	⇩	ローソン（50%出資）
他顧客				

（出所）平井（2015）、会社ホームページ等より作成

与できるシステムを構築している。サプライチェーン全てを管理下に置くことで、品質管理などの安全性を高め、高付加価値の商品を供給することを目指している。三菱商事は食品流通 DX（Digital Transformation、デジタルトランスフォーメーション）プラットフォームを構築し、あらゆる商流データを需要予測システムで分析するとともに、同社の持つ資源や機能と照らし合わせ新しい発想に基づく展開を探っている。競合の総合商社が、2022 年に食料部門を廃止したり、食料事業売却を進めたりする中でも、サプライチェーンを管理下におくことで三菱商事は食料事業に注力し、付加価値を生み出している。

2.　トヨタのサプライチェーン・マネジメント

　「サプライチェーン・マネジメント（Supply Chain Management、以下 SCM）」とは、企業が製品づくりに関わる工程から消費者にサービスが届くまでの事業活動の流れを最適化する経営手法（マネジメント）である。第 7 章でみた「バリューチェーン（価値連鎖）」は 1 社の事業活動の流れの価値連鎖に注目するのに対して、「サプライチェーン（供給連鎖）」は企業・組織の壁を越えて「調達 ⇒ 製造 ⇒ 流通 ⇒ 販売」のプロセス全体を把握する考え方である。SCM は、複数の企業で構成される事業活動の流れの連鎖を把握し、調達から最終顧客までのリードタイム短縮や部品等の安定供給の仕組みを構築する経営手法である。

　自動車 1 台に一般的に 2 ～ 3 万点の部品が必要になるため、トヨタ自動車（証券コード：7203、以下トヨタ）のサプライチェーンは巨大で複雑である。トヨタグループで完成車を製造する企業は 15 社あるが、それらの企業に直接的に部品等を供給するティア 1（1 次下請）は 6,380 社あり、ティア 1 企業に部品等を供給するティア 2（2 次下請）は 3 万 5,047 社ある（図表 8-2）。これらの企業には、自動車部品だけでなく、鉄鋼、非鉄金属、プラスチック・ゴム・ガラス、繊維などに加え、非製造業を含む多くの職種に広がっている。実際にティア 1 とティア 2 の合計 4 万 1,427 社を業種別に分類すると、最も多いのはソフト受託開発（296 社）で、2 位の自動車部分品製造（261 社）より多

図表 8-2　トヨタ自動車のサプライチェーンの例

以下、ティア3、ティア4、ティア5、と続く。

（出所）TDB（2021）より作成

い。3位は金型・同部品等製造（225社）、4位は産業用電気機器卸（200社）、5位は労働者派遣業（186社）など、自動車部品だけでなくIT、卸売、人材派遣などにも広がり、日本経済全体に大きな影響を与えている（詳細は第9章参照）。

　サプライチェーンには、ティア1とティア2以外にも、ティア3（3次下請）以下の膨大な数の企業が存在する。実際に2011年の東日本大震災では、自動車企業と直接取引のないティア3以下の工場が被災することで、日本の自動車企業の欧米にある工場まで部品不足で生産がストップした。その際にはトヨタが調達先の被災状況全体を把握するのに約3週間かかり、生産が正常化するまで約6ヵ月を要している。

　トヨタは東日本大震災の経験を踏まえ、仕入先情報を正確・迅速に可視化するための「RESCUEシステム」を開発し、代替生産の拠点調査も実施する体制を確立している。その結果、2016年の熊本地震では1.5日、2018年の西日本豪雨では0.5日で状況把握ができ、その後の生産体制の再構築にも寄与している。それでも、2022年5月のコロナ禍による上海ロックダウンでは中国からの部品供給が滞り、トヨタは日本国内8工場14ラインを最長6日間停止している。つまり、SCMに終わりはなく、常に社会・経済状況にあわせて見直

しを行ない、改善を進めていく必要がある。

3. アイフォンと中国と日本の関係（事例）

（1）Apple（アップル）

　Apple（証券コード：AAPL）のスマートフォンであるiPhoneを含め、Apple製品は全世界で16億台以上利用されている。2021年末時点15.4万人の正社員を雇用し、25ヵ国511の直営店を展開している。アウンコンサルティング（2022）によると、世界40ヵ国・地域のスマートフォンにおけるiOSシェアは約28%（Androidは約72%）となっている。主要国のiOSシェアは、米国が約42%（2017年スマートフォン普及率73%）、ドイツが約32%（同73%）、中国が約20%（同90%）、インドが約4%（同81%）、インドネシアが約9%（同85%）である（5ヵ国合計の人口は約35億人）。

　日本（同73%）のシェアは、iOS（iPhone）が約66%（Androidが約34%）である。日本の嗜好は「みんなと同じ」で「少しだけ変えられる」ことが喜ばれる傾向もあり、世界で最も「iPhone」シェアが高い国となり、米Appleの業績にも大きく貢献している。Appleの2021年9月期売上は約36百億ドル（2022年9月末為替換算で50兆円強）、営業利益率は約30%と高収益となっている（図表8-3）。iPhoneが売上の約半分を占め、Macが約10%、iPadが約9%、サービス売上（App Store、iTunes Store、Apple Payなど）が約19%他となっている。時価総額は約2.2兆ドル（同日為替換算で約321兆円、世界で第1位）であり、1社だけで日本の全上場企業4,000社弱の合計時価総額の

図表8-3　アップルの財務諸表の「定型シート」（2021.9期）

アップル			発行済み株式数（Z）		16,071百万株
	2022/9/30付け株価（＝X）	138.20 USD			
2021.9期　損益計算書（連結、百万ドル）			貸借対照表（2021.9期末、百万ドル、概算値）		
A）売上高	365,817	利益率	F）総資産	351,002	G）負債　287,912
B）営業利益	108,949	29.8%＝B/A	＝G＋H		H）純資産　63,090
C）営業外収支	258	＝D-B			
D）税前利益	109,207	29.9%＝D/A	ROE	150.1%＝E/H	I）自己資本比率　18%＝H/F
E）当期利益	94,680	25.9%＝E/A	ROA	27.0%＝E/F	J）時価総額　22,210億ドル

ほぼ半分に相当する金額となっている。自己資本比率を 18% まで低くし、主に借入金で運営することで、ROE は 150%（純資産よりも当期利益が約 1.5 倍大きい）に達している。

　魅力的な製品力からラインナップ（機種）を絞り込んでいることもあり、流動資産の棚卸資産（在庫）は約 66 億ドル（売上の 1 週間分以下）しかないことが特徴的である。機種が限られているため、専用ケースやストラップなどのアクセサリーの 1 機種当たりの種類は、多様な機種のある Android よりも豊富となってる。機種やソフトウェアは「みんなと同じ」ながら、アクセサリーで「少しだけ変えられる」ことが、日本の若年層向けの高いシェアに繋がっている（購入アンケートでも「豊富なアクセサリー」が主要因の 1 つとなっている）。

　Apple は、スティーブ・ジョブズ氏（Steven Paul Jobs、1955-2011 年）、スティーブ・ウォズニアック氏（Stephen Gary Wozniak、1950 年 -）ら 3 人で 1976 年に共同で創業された。ジョブズ氏は、ウォズニアック氏が開発したパソコン「Apple I」を販売するために、Apple を主導し、一時成功したが、1985 年に後続機種の販売不振や社内トラブルなどから、持ち株を売却し退職に追い込まれる。

　その後、Apple の経営は迷走し、企業売却を日欧米の大手企業（キヤノン、Philips、IBM など）に交渉するも上手くいかず、従業員 4,100 人の大幅リストラなどを行っている。1996 年にジョブズ氏が暫定 CEO として復帰したが、10 億ドル超の赤字を抱え 90 日以内に倒産という危機にあり、さらに大幅リストラや不採算事業の切り離しを進めていった。その後、2001 年に携帯音楽プレイヤー iPod を発売、2003 年に音楽配信サイトの現 iTunes Store を開始し、それまで圧倒的なシェアを持っていたソニー（証券コード：6758、詳細は第 11 章）の WALKMAN からシェアを奪取している。ソニーは音楽の著作権を保護するためユーザーのデジタルコピー・変換を制限していたが、iTunes Store では安価に台数の制限を受けることなく楽曲のダウンロードができるようになったためである。2007 年 1 月に Apple は「タッチコントロールでワイド画面の iPod」に携帯電話を付加した「iPhone」を発表し、大ヒットとなる（同時に社名をアップルコンピュータからアップルへの変更を発表）。なお

ジョブズ氏の CEO の基本給与は年 1 ドルで「世界でもっとも給与の安い最高
経営責任者」と呼ばれたが、2011 年にがんを患い 56 歳で死去する。その後、
CEO を引き継いだティム・クック氏（Tim Cook、1960 年 -）が、Apple を
世界的な大企業に育て上げている。

（2）　スマイルカーブを乗り越える鴻海精密工業

　Google（企業名 Alphabet、GOOG）は Android（OS）を外部企業に無償
提供している。多くの企業が自由に端末を開発・販売することで、コストパ
フォーマンスの高いスマートフォンが普及し、結果として Google の収益の大
半は広告収入からもたらされている。一方で、Apple はあくまでも端末販売
の利益とそこで囲い込まれるサービス利益が中心となっているため、端末販売
から高い収益を得ることが必要となる。

　Apple の投入した商品自体の多くは、すでに競合企業が販売しているもの
である。例えば、携帯音楽プレイヤーはソニーの WALKMAN が、スマート
フォンは 1996 年の Nokia9000 が先行していた。実際に、2008 年初の米国ス
マートフォンシェアは、RIM 社 BlackBerry が約 45%に対して、初代 iPhone
は約 19%であり、さらに同年 10 月以降に Android 端末が数多く販売されて
いる。そのためジョブズ氏は、高いデザイン性と使いやすさに徹底的な差別化
の追求を目指してきた。iPhone 発売時には、ジョブズ氏はアプリケーション（以
下、アプリ）の社内開発限定に拘りを持っていたが、アプリの貧弱さから社内
外の反対を受けて方向転換し、「App Store」のアプリ開発が公開され誰でも
開発販売できるようにした。有料アプリ代金の 3 割が Apple の利益となり、
iTunes Store と同様に収益源となっている。

　Apple のバリューチェーンの中で、自社だけで手掛けるのは、企画・部品
調達・物流・マーケティングなどである。端末の製造・販売やアプリケーショ
ン開発は外部企業に委託している。これらのバリューチェーンを、川上（企画
や設計等）、中間（製造等）、川下（販売やサービス等）を横軸にとり、縦軸に
収益性をとると、一般的に中間の収益率が低く、両端の上流と下流の収益率が
高くなることが多い（図表 8-4）。この曲線は人の笑顔の口元に似ていること

図表 8-4 スマイルカーブの例

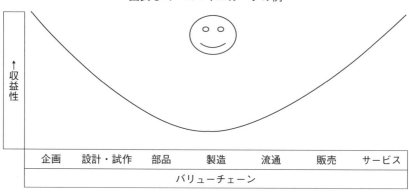

↑収益性							
企画	設計・試作	部品	製造	流通	販売	サービス
バリューチェーン							

から、「スマイルカーブ」と呼ばれている。2000 年以降のデジタル化に伴い、製造部門の収益性（付加価値）が低くなる傾向が顕著となり、大手電子機器企業も生産を外部委託することが一般的になってきている。

　Apple は、iPhone や iPad などの生産の約 6 割を台湾の鴻海精密工業（Hon Hai Precision Industry、TWSE: 2317、通称 Foxconn）に委託している。鴻海精密工業は、世界最大の EMS（Electronics Manufacturing Service、電子機器の受託製造サービス）企業である（世界 2 位の EMS は台湾和碩聯合科技（Pegatron、TWSE: 4938）で iPhone 生産の約 3 割を受託）。鴻海精密工業は、2016 年にシャープを買収したことで日本でも有名になったが、もともと世界的な巨大企業であり、2021 年 12 月期売上は約 27 兆円（2022 年 9 月末為替で換算）、時価総額は約 6.4 兆円（同換算）である（図表 8-5）。

図表 8-5 鴻海精密工業の財務諸表の「定型シート」（2021.12 期）

Hon Hai Precision Industry Co Ltd (2317.TW)　　　　　　　　　発行済み株式数（Z）　139 百万株

2022/9/30 付け株価（＝X）　102 台湾ドル

2021.12 期　損益計算書（連結、億台湾ドル）　　　貸借対照表（2021.12 期末、億台湾ドル、概算値）

A) 売上高	59,941	利益率		F) 総資産	39,089	G) 負債	25,284
B) 営業利益	1,486	2.5% = B/A		= G + H		H) 純資産	13,805
C) 営業外収支	450	= D-B					
D) 税前利益	1,936	3.2% = D/A		ROE	10.1% = E/H	I) 自己資本比率	35% = H/F
E) 当期利益	1,393	2.3% = E/A		ROA	3.6% = E/F	J) 時価総額	14,139 億台湾ドル

　鴻海精密工業の顧客は Apple だけでなく、DELL や HP などのパソコン企業、任天堂やソニーなどのゲーム企業、パナソニックや IBM、キャノン、アマゾン、マイクロソフトなどの世界的企業も全て顧客である。顧客に配慮し、鴻海精密工業はできるだけ目立たないように徹してきたが、鴻海精密工業なくしては世界の電気機器の製造は維持できない状況に至っている。2012 年には、主に中国に工場を保有し、従業員約 100 万人で、iPhone5 発売直後のわずか 3 日間で 400 万台を生産している。逆に、2022 年夏には中国内陸の水不足で鴻海精密工業の工場が 2 週間弱止まり、iPhone の出荷が滞ると他の企業では代替がきかなかった。

　鴻海精密工業の前身は、1974 年に郭台銘氏（Terry Gou、1950 年 –）が台湾で白黒テレビの「つまみ」部品製造のため従業員 15 名で創業した。約 3 年後に部品の金型を内製、約 5 年後に金属メッキも内製、約 7 年後にパソコン用コネクターも内製と川上に展開している。当時の台湾では物価上昇が激しく、収益で材料や土地を購入することが一般的であったが、金型やメッキなどの技術蓄積の先行投資を優先した。1988 年には中国広東省に進出し、従業員約 150 名でコネクターを製造し始めている（1992 年中国法人設立）。1995 年に米 DELL 社長の訪中をきっかけに、2000 年前後から Apple、HP、ソニー、ノキア、モトローラー、インテルなどの世界的企業の製造受託を受け、2004 年に世界最大の EMS に成長している。世界中の顧客からの受託による金型の設計情報データベースを形成し、同様の製品の金型設計を従来の 1 週間から 1〜2 日に短縮することができ、コストと時間の圧縮が可能となった。さらに、圧倒的な製造業の実績と実力を背景に、受託する企業に対して、有利な設計変更やコストダウンなどの提案を行っている。例えば 2007 年の iPhone 受注では、コスト削減提案を繰り返すことで、1 台あたり平均 227 ドルの製造コストを 1 年で 174 ドルまで 23% も引き下げている。

　スマイルカーブ上では「製造」の収益性（付加価値）は低いものの、「規模の経済」による生産性の高さに加え、世界中の大手企業が顧客のため、需要の変化やヒット商品の平準化（リスクが小さい）により相対的優位を保っている。さらに、金型、メッキ、コネクターだけでなく、液晶、プリント基板、マ

ザーボード、カメラモジュールに加え、機械加工やプラスチック成形、物流なども内製化を進めている。つまり、現在の鴻海精密工業はスマイルカーブの「製造」だけでなく、左側の「部品」や「設計・試作」等の部分も取り込むことで、付加価値を高めていると考えられる。一般的に不利といわれるポジションにおいても他社との差別化を作ることに成功している事例といえる。なお、鴻海精密工業の2020年代の自動車産業への取り組みは第9章で説明する。

（3）ファナックとアイフォンの関係

　Apple は、生産を外部委託しているが、部品調達は自ら行ない、調達先は6大陸40ヵ国以上に及ぶ。2020年に全体の調達額の98%を占めるサプライヤー200社を発表しているが、国・地域別内訳は、中国51社、台湾48社、日本34社、米国32社、ベトナム21社などとなっている（主要な日本のサプライヤーに関しては第12章参照）。

　Apple は大規模リストラを経験した後、機器生産は鴻海精密工業などに外部委託しているが、鴻海精密工業に製造装置を供給する主要企業が日本のファナック（証券コード：6594）である。ファナックの時価総額は約3.9兆円（日本で33位）であり、FA（Factory Automation、工場における生産工程の自動化を図るシステム）の総合サプライヤーとして、幅広い製品群を世界中に供給している（図表8-6）。ファナックは、工作機械の中核部品 NC（Numerical Control）装置の世界シェア約4割を持つだけでなく、これらの部品を内製する産業用ロボットでも世界トップ企業となっている。製品内訳は、NC やサーボモータを中心とする「FA」部門、ロボットシステムを含む「ロボット」部門、小型工作機械、射出成型機、放電加工機などを含む「ロボマシン」部門と、それら全てのサービス売上高である。なお、ファナックの主力の工作機械関連事業への取り組みは第13章で説明する。

　ファナックの主要事業の顧客は工作機械企業となるが、逆に顧客と競合にならない、顧客の手掛けていない小型工作機械（商品名「ロボドリル」）も製造している。「ロボドリル」は工作機械の一種の MC（Machining Center、マシニングセンター）で、基幹部品である NC、サーボモータ、スピンドルモー

図表8-6　ファナックのセグメントの地域別・製品別マトリックス

(単位：億円)

2021年度	FA	ロボット	ロボマシン	サービス	合計
国内	540	195	161	216	1,111
米州	43	994	117	343	1,497
欧州	174	565	199	271	1,208
中国	715	779	759	28	2,281
アジア（中国除く）	782	126	202	70	1,179
その他	8	26	8	8	54
連結売上	2,262	2,685	1,446	937	7,330

（注）中国のサービス持ち分会社の売上は含まない。
（出所）会社IR資料より作成

タ、アンプなどの部品を内製化している。「ロボドリル」は、金型加工から鋳物部品の仕上げ加工まで幅広く用いられ、小型の部品加工にも使用できる。iPhoneが世界的な拡大期に入る2010年代前半に、iPhoneの製造を受託する鴻海精密工業にも、大量のロボドリルが納入され、iPhoneの筐体（ケーシング）向けの鏡面加工（アルミニウムやマグネシウム合金など）にも使用されている。そのため、ファナックの営業利益でみても、2012年度は約1,848億円（売上高営業利益率37%）、2014年度は約2,978億円（同41%）を上げている。

　ファナックのセグメント内訳の「ロボマシン」は、射出成形機や放電加工機などの他の機械も含めたものであり、「ロボドリル」単体の売上は公開されていない。しかし、第4章でみた通り、単一の外部顧客への売上が10%以上である場合には、有価証券報告書で開示が義務付けられている。2012年度と2014年度のセグメント情報の「主要な顧客ごとの情報」によると、この2年のみ売上の10%を超える顧客に必要な個別の開示があり、2012年度は鴻海精密工業向け売上が約869億円（全社売上の約17%、2011年度は約524億円で同10%弱）、2014年度は韓国サムスンの子会社（SAMSUNG ELECTRONICS VIETNAM THAI NGUYEN）向け売上が約940億円（全社売上の約13%）と開示されている。これらの2社は、スマートフォンの筐体（ケーシング）向けの鏡面加工などを行うために、「ロボドリル」を大量に導入している。

iPhone 以前のスマートフォンはプレス加工で大量生産していたが、Apple は他のスマートフォンとの差別化のためにアルミニウム合金の塊を削り出す「切削加工」を志向した。「切削加工」は、加工精度が高く、かつ設計変更も容易で、筐体デザインの自由度が高まる。一方で、プレス加工であれば数秒で作れる形状が、切削加工だと1時間かかる場合もあった。そのため、アルミニウム合金の筐体加工を大量に行う方法として、生産性が高く、中高域トルクの大きい工作機械を新たに必要とした。

しかし、従来の機械では量産対応が困難なため、ファナックの「ロボドリル」が、Apple 等が委託する EMS 向けに大量採用されることになった。最初の主な設備納入先は、鴻海精密工業や富士康科技集団などの鴻海グループだったが、Apple の競合企業であるサムスン電子も競合上、2014 年よりスマートフォンに金属の筐体加工を採用している。このように、短期間に同じ大量の加工を行える生産性の高い「ロボドリル」があってこそ、見た目の美しいスマートフォンが世界中に供給可能となった。

世界的なスマートフォンの筐体（ケーシング）の機械加工向けの新規需要の規模は大きく、「ロボドリル」の出荷が急拡大したため、2012 年にはファナックが工作機械の主力機種であるマシニングセンターの国内シェアトップにいきなり躍り出ている。日本経済新聞社の推定によると、国内生産 4,654 億円に対するシェアは、ファナックが 30.8%（前年比＋8.0%）となり、2 位の森精機製作所（現 DMG 森精機、証券コード：6141）の 19.1%（同＋1.2%）、3 位のヤマザキマザックの 17.7%（同＋0.4%）を抑え、部品企業のファナックが主要な最終製品で国内トップ企業になっている。逆算すると、ファナックの工作機械（MC）売上の約6割が鴻海精密工業向けだったと推測される。

ファナックは製品内訳に加え、日本・アジア・欧州・米州・その他の売上を開示している。直近の 2021 年度の地域構成比は、概ね中国 31%、日本 15%、日中除くアジア 16%、米州 20%、欧州 17% 他となっている（図表8-7）。2016 年度以降はアジアの内数として中国、米州の内数として米国の売上も開示している。中国向け売上は 2015 年度以前の数値が公表されておらず、2012 年度と 2014 年度のアジア売上拡大の内訳は不明だが、前述の通りセグメント情報

図表 8-7　ファナックの地域別売上構成比の推移

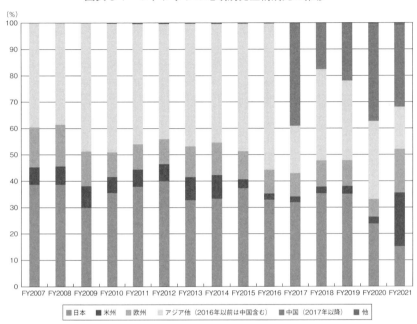

（注）中国・米国は 2017 年度以降の有価証券報告書から 2016 年度以降の数値が開示され
　　　ている。
（出所）有価証券報告書より作成

で、2012 年度は鴻海精密工業向け（最終需要地は主に中国）、2014 年度はサ
ムスン子会社向け（最終需要地は主に東南アジア）が拡大していることが分か
る。つまり、顧客や需要地域が変化しても、世界の最終需要の拡大に対応でき
れば、業績も伸ばせるとの事例と考えられる。

　ファナックの 2021 年度末の従業員数 8,675 名のうち、大半の生産を担当す
る日本（親会社）の占める割合が約半分 4,257 名（平均給与は約 1,248 万円）
である。iPhone の生産は主に中国で行われているが、筐体（ケーシング）の
工作機械「ロボドリル」は日本で製造されており、ファナックの業績に繋がっ
ている。このように、世界や日本で販売されている iPhone は、米国や日本で
は製造されていないが、サプライチェーンが世界中に繋がっており、世界中の

多くの企業の関わりにより開発され、供給されている。

【練習問題】

・Apple のサプライチェーンの図を書き、自社と他社の役割分担を説明せよ。また、ファナック以外で iPhone のサプライチェーンに貢献する日本企業を調べて説明せよ。

参考文献

1.

平井岳哉「日本ケンタッキー・フライド・チキンの成長と三菱商事」獨協経済 97 号（P65 ～ 77）、2005 年 12 月

宮本又郎・岡部桂史・平野恭平『1 からの経営史』「第 14 章」碩学舎、2014 年

2.

林隆一「自動車電装品市場は本当にバラ色か？」日経エレクトロニクス、2006 年 6 月 5 日号

井原久光ほか『経営学入門キーコンセプト』（P82 ～ 83）ミネルヴァ書房、2013 年

TDB「トヨタ自動車グループのサプライチェーン、AI などのソフトウェア産業が製造業を抑え 1 次下請でトップに」帝国データバンク PRTIMES、2021 年 6 月 3 日

トヨタ自動車「Sustainability Data Book」2022 年 8 月更新

3.

伊藤宗彦・高室裕史『1 からのサービス経営』「第 10 章」碩学舎、2010 年

伊丹敬之・西野和美編『ケースブック経営戦略の論理〈全面改訂版〉』「第 5・8 章」日本経済新聞出版、2012 年

松田久一『戦略ケースの教科書』（CASE11・16）かんき出版、2012 年

東北大学経営学グループ『ケースに学ぶ経営学第 3 版』「第 8 章」有斐閣、2019 年

澤田直宏『ビジネスに役立つ経営戦略論』「第 9 章」有斐閣、2020 年

田中道昭『くらべる！ 決算書図鑑』宝島社、2021 年

林隆一『工作機械・ロボット産業のエコシステム』晃洋書房、2021 年

矢部謙介『決算書の比較図鑑』日本実業出版社、2021 年

アウンコンサルティング「世界 40 カ国、主要 OS・機種シェア状況」2022 年 5 月

林隆一『財務分析』「財務分析（応用）・第 5 章セグメント情報」証券アナリスト（CMA）試験テキスト、2022 年

各社ホームページ・IR 情報・有価証券報告書

日本経済新聞・日経 BP・東洋経済データベース

第 9 章
グローバリゼーション

1. 日本の貿易・経常収支

　グローバリゼーション（Globalization）、つまり産業の地球規模化によりヒト・モノ・カネの流動性が高まり、国家や地域などの境界を越えた活動が拡大している。

　第2章でみたように、日本の少子高齢化と世界の人口増、AIやロボットによる仕事の置き換えと新しい需要創造が、今後30年単位でも進んでいくことが予想されている。逆に言えば、日本国内のみに依存する産業は多くが縮小していき、海外でも受け入れられる製品やサービスを提供している日本企業の成長余地は逆に大きくなっている。今後の各産業や企業は世界で求められる製品やサービスを提供できるかどうかにより、極めて大きな影響を受けることになる。まずはスタート地点としての現状を確認するため、日本のマクロデータから各産業の海外需要への対応度合いを把握する必要がある。

　日本の貿易を過去四半世紀でみると、輸出入はそれぞれ2倍以上に増加している。2022年上期の貿易収支は、エネルギー価格上昇もあり約7.9兆円の赤字（輸出45.9兆円と輸入53.9兆円の差）となっているが、過去四半世紀の長期トレンドでは輸出・輸入ともに大きく拡大している（図表9-1）。

　日本経済全体への影響を考える場合には、外国人観光客によるインバウンドの経済効果やその後のコロナ禍による縮小などもテレビや身近な経験による感覚ではなく、定量的に比率を確認する必要がある。サービス収支に含まれ

図表 9-1 日本の経常収支推移

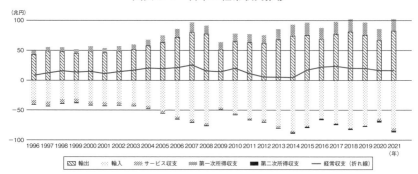

（出所）財務省「国際収支統計」より作成

る旅行収支は、海外からのインバウンド需要増加により2015年にプラスに転じ、2019年には約2.7兆円まで拡大したが、2022年には収支均衡レベルに戻っている。同様にサービス収支に含まれるIT他のサービス収支が2020年には約4.6兆円の赤字まで拡大している。サービス収支の金額規模は小さく（図表9-1）ではほとんどみえないが、過去四半世紀黒字化したことはなく、2021年は4.2兆円の赤字となっている。

　一方で、海外生産を進めた日本の自動車産業や電気産業は、世界全体の需要を取り込み、高い成長を実現させているケースが多い。それらの海外子会社の収益の一部は、（図表9-1）でみた第一次所得収支として日本に還元されているため、第一次所得収支は一貫して拡大しており、2021年には20兆円超に達している。グローバリゼーションの影響としては、インバウンド需要よりも企業の海外展開の方がかなり大きいことになる。

　グローバリゼーションが進む中でも産業ごとに影響度は異なる。日本の輸出・輸入の内訳をみると、海外で競争力のある製品や逆に競争力の弱い製品を定量的に把握できる。2021年の主要輸出商品は、一般機械の約16.4兆円（構成比20%）、自動車関連（含む部品）の約14.3兆円（同17%）、半導体等電子部品の約4.9兆円（同6%）が、世界に対して相対的に競争力を持つ製品といえる（図表9-2）。主に本章・第10章（自動車）、第12章（部品）、第13章（機械）等で、これらの輸出を支える中心的な日本企業の事業展開や戦略を取

図表 9-2　日本の輸出・輸入の主内訳（2021 年）

主要商品別輸出（世界）　（単位：兆円、%）

品　名	金額	構成比	前年比
輸出　総額	83.1	100	22
1　食料品	1.0	1	26
4　化学製品	10.6	13	24
有機化合物	2.0	2	27
医薬品	0.9	1	3
プラスチック	3.0	4	23
5　原料別製品	9.9	12	32
鉄鋼	3.8	5	48
6　一般機械	16.4	20	25
原動機	2.5	3	16
電算機類（含周辺機器）	0.3	0	8
電算機類の部分品	1.0	1	16
半導体等製造装置	3.4	4	33
7　電気機器	15.3	18	19
半導体等電子部品	4.9	6	18
音響・映像機器	0.4	1	13
（映像記録・再生機器）	0.3	0	13
（テレビ受像機）	0.1	0	13
8　輸送用機器	16.2	20	12
自動車	10.7	13	12
自動車の部分品	3.6	4	24
航空機類	0.2	0	-45
船舶	1.0	1	-8
上の項目以外	19.2	23	-

主要商品別輸入（世界）　（単位：兆円、%）

品　名	金額	構成比	前年比
輸入　総額	84.8	100	25
1　食料品	7.4	9	11
2　原料品	6.9	8	48
3　鉱物性燃料	17.0	20	51
原油及び粗油	6.9	8	49
石油製品	2.1	3	72
液化天然ガス	4.3	5	34
石炭	2.8	3	62
4　化学製品	9.7	12	24
有機化合物	1.8	2	8
医薬品	4.2	5	31
5　原料別製品	8.3	10	26
鉄鋼	1.1	1	51
6　一般機械	7.7	9	9
電算機類（含周辺機器）	2.4	3	-1
7　電気機器	13.6	16	20
半導体等電子部品	3.4	4	34
音響映像機器（含部品）	1.4	2	8
通信機	3.3	4	17
（電話機）	2.0	2	24
8　輸送用機器	3.3	4	25
自動車	1.4	2	18
航空機類	0.6	1	40
上の項目以外	10.9	13	-

（注）「前年比」は対前年伸率（%）を示す。
（出所）財務省「国際収支統計」より作成

り上げる。

　一方で、2021 年の主要輸入商品では、石油や発電用の液化天然ガスなどの鉱物性燃料の約 17.0 兆円（構成比 20%）、電気機器の約 13.6 兆円（同 16%）、食料品の約 7.4 兆円（同 9%）、医薬品の 4.2 兆円（同 5%）などとなっている。もともと日本は多くの医薬品を輸入していたが、新型コロナワクチンを全て輸

入しているため輸入金額が増加している。食料品に関して、「日本食料品が世界で大ブーム」などのキャッチフレーズも定量数値を確認する必要があり、輸出金額は輸入の7分の1以下の約1兆円である。緩やかな増加傾向ではあるが、輸出食品の品目の上位は、「お酒」「醤油」「清涼飲料水」などであることには注意が必要である。第8章でみたとおり、携帯電話（スマートフォン）の国内生産は大幅に縮小しており、2021年の輸入の携帯電話等も約2兆円に達している。

2. 海外事業拡大が進む日本企業

（1）海外売上・生産比率の推移

　現在では企業活動が世界中で展開され、企業経営の「グローバリゼーション」が進んでいる。企業も自国や過去の常識に拘りすぎることなく、多様な他者（受け手）の見方や需要を踏まえて、新しい変化に対応していくことが求められている。グローバリゼーションにより、経済や文化などに相互連鎖関係が複雑に構築され、自ずから「ダイバーシティ（多様性)」の必要性も高まっている。

　日本はかつて電気機器の完成品を多く輸出していたが、現在では部品を中心に輸出し、多くの完成品を輸入するようになっている。日米貿易摩擦により日本企業が米国に対して、1977年にカラーテレビを、1981年に自動車を、自主輸出規制を行うことになり、日本の電機・自動車企業の米国生産が始まった。さらに1985年のプラザ合意による急激な円高により、製造業拠点の海外シフトが加速した。1990年代後半はバブル崩壊やアジア経済危機、円安基調で海外シフトはペースダウンしたが、2000年代以降は、為替対応だけでなく現地需要に対応するための海外生産が進んでいる。国際協力銀行の調査によると、日本企業の海外売上比率が拡大するに伴い、やや遅行しながら海外生産比率を高め、それにより海外売上が増加する循環がみられる（図表9-3）。

　直近ではコロナ禍などの影響もあり、海外生産比率はやや低下しているが、各社の3年後の中期計画では再度拡大させる見込みとなっている。日本の

図表9-3　製造業の海外生産比率、海外売上高比率の推移（国際協力銀行調査）

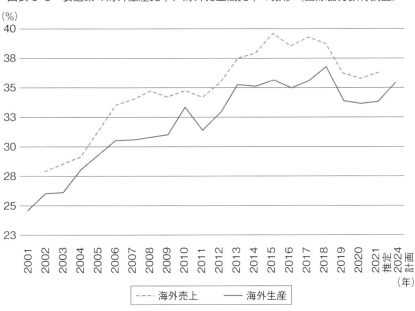

（注）海外売上の2003年と2005年は未調査のため前後の平均値としている。
（出所）国際協力銀行（2021）より作成

部品企業は日本の自動車・電機の完成品企業の海外拠点に加え、海外企業にも
多くの部品を供給することで世界的な大企業になっている例も多い（具体例は
第12・13章参照）。

（2）　マキタの海外展開事例

　マキタ（証券コード：6586）は海外生産の先駆的企業であり、電動工具企
業として米B&D（BLACK&DECKER、ブランド名：DeWALT）と欧州
ボッシュ（Bosch）と並ぶ世界トップ3の一角を占める企業である。海外売上
比率は約84%、海外生産比率（台数）は約93%、海外従業員比率は約84%で
ある。直営拠点が50ヵ国350拠点以上あり、約170ヵ国で販売することで、
日本以上に世界中で「マキタ」ブランドが有名となり、欧州でもブランドが認
知されている数少ない日本企業でもある。

　2022年3月期の売上が約7,393億円、営業利益が約917億円、時価総額が約7,600億円超、従業員数が2万人強である。売上の製品構成比は、電動工具57%、園芸・家庭用26%、部品アクセサリー等17%である。販売の地域内訳は、国内1,181億円、欧州3,525億円、北米1,122億円、アジア492億円、中南米418億円、オセアニア516億円、中近東アフリカ140億円と世界中で幅広い製品を販売している。生産面では、生産台数5,005万台のうち、国内351万台、欧州1,176万台、北米143万台、アジア3,148万台、中南米187万台で、もともと中国生産中心であったが、ルーマニアやタイでも生産拡大を進めている。

　マキタは、モータの販売修理会社として1915年に創業したが、戦後の経営不振の起死回生の策として「電動工具の企業」に転換している。日本の高度成長期の電動工具には、大工以外にも、電気・左官・タイルなど幅広い建築全般に関わるニーズが広がる時代でもあり、それに対応し、1965年に20機種、1970年には約100種類にラインナップを拡充していった。

　さらに1970年には米国に初めての海外法人を設立し、海外展開を進めたが、1985年6月に米国での日本の半導体企業のダンピング（不当廉売）と特許侵害が提訴され、1987年3月に日本の電動工具も含めた15品目に対して100%の報復関税が発表された。日米協議で15品目は3品目に削減されたが、コンピュータ類、カラーテレビと並んで電動工具も対象に含まれた。1992年5月に米国競合企業からダンピング提訴され、1993年6月に本裁定がなされ、業務用切断作業用電動工具に対して54.52%のダンピング課税が課された（1999年にダンピング課税は撤廃）。それに対して、マキタは、現地生産比率を約15%から2年間で70%弱まで拡大して対応したが、北米売上は低調な推移が続いた。

　北米向けが低調な中、欧州の顧客の声を元に製品開発を進め、2001年3月期には欧州売上が北米売上を逆転し、拡大していった。一般的に欧州では住宅建築に石材が用いられ、粉塵環境・高負荷作業でモータやけ破損も多い上に、石材加工ドリルは振動による健康障害が多発していた。マキタの開発した電動ハンマドリルは、振動を30%低減させ、許容作業時間を2倍以上延長させた。

これにより、技術的に遅れていた石材中心の欧州電動工具市場での認知度が高まり、欧州市場でも売上拡大が進んでいる。

　1990 ～ 2000 年代には日本が世界最先端のパソコンや携帯電話を開発していたため、それらで開発された新技術も、電動工具業界に取り入れ、世界各地の需要開拓を進めてきた。1997 年に初めて、環境汚染に配慮するためカドニウムを使用しないニッケル水素電池を搭載した 12V 充電ドライバ（コードレスドライバ）を発表している。さらに 2005 年には、業界に先駆けたリチウムイオン電池を搭載した充電式インパクトドライバの販売を開始している。リチウムイオン電池に加え、マキタオリジナルの希土類ボンド磁石の 4 極モータの採用により、従来比 40%の小型化に成功した。2006 年の米国の見本市で大きな話題となり、普及が進むことで、北米地域の業績・シェア回復が進んでいった。充電工具を中心に米国の最終消費者からも高い評価を得て、売上を拡大してきた。

　同じ電動工具でも、日本はプロ（職人）向けの木材加工用が多く、北米では木材加工（2×4）でも日曜大工など DIY（Do It Yourself）が主流で一般人向けが多い。一方で、欧州はプロ向けも石材加工が多いなど、地域により使用される工具や条件が大きく異なる。そのため、マキタは各国で異なる需要に対応して地道に潜在的な顧客ニーズを吸い上げ、新製品開発を進め、顧客層を拡大してきた。また生産では、世界中の競合とサプライヤーが集中する中国一極生産を進めてきたが、現在では地域分散を進め、よりグローバル化を進めている。

3.　グローバル自動車産業の事例

（1）　国内自動車生産と日系自動車企業の違い

　自動車産業は、日本全体の輸出構成でも 2 割弱を占める上に、着実に海外生産を進めることで現地需要を取り込み、日本の基幹産業となっている。「2022 年度版日本の自動車工業」によると、自動車産業の国内出荷額等は約 60 兆円で製造業全体の 2 割弱を占め、同様に設備投資で 2 割強、研究開発で 3 割弱を

占めている。また自動車関連産業の就業人口は約552万人で全産業の1割弱を占めている。日本国内における2021年の自動車（四輪）生産は約785万台（うち乗用車は約662万台）、約17.7兆円（同14.5兆円）である。

　しかし、企業側の視点でみると、国内の自動車産業は一部に過ぎないことが分かる。2021年の日本の乗用車企業8社集計の販売台数は約2,491万台（うち国内は約402万台、海外は約2,089万台）で、国内比率は約16%である（図表9-4）。また、同様に生産台数は約2,355万台（うち国内は約739万台、海外は約1,616万台）で、国内比率は約31%である。つまり、自動車企業にとっては、国内の販売、生産、雇用等は主要な比率を占めていないことが分かる。このため「日本経済」と「日本企業」の動向は大きく異なり、「日本企業」の中でも海外展開を行う企業とそうでない企業で全く違う業績となっていることには注意が必要である。

　国内シェア約4割のトヨタ自動車（証券コード：7203、以下トヨタ）は全販売のうち約85%を海外で販売するが、全生産のうち約66%しか海外生産していないため、国内生産の約61%に相当する176万台を輸出で対応している。これは、トヨタが国内の下請け企業も含めた雇用や研究開発を考慮して、国内生産300万台体制をメドとして考えてきたためである。そのため、国内生産体

図表9-4　日系自動車企業の生産台数と海外生産比率（2021年）

（単位：売上・利益は億円（2022年3月期）、販売・生産・輸出は万台（2021年暦年））

	売上	営業利益	利益率	販売	シェア	内海外	海外比率	内国内	生産	内海外	海外比率	内国内	輸出	輸出比率
トヨタ自動車	313,795	29,956	10%	962	39%	814	85%	148	858	571	66%	288	176	61%
本田技研工業	145,526	8,712	6%	449	18%	391	87%	58	414	352	85%	62	7	11%
日産自動車	84,245	2,473	3%	407	16%	361	89%	45	359	309	86%	50	28	56%
スズキ	35,683	1,914	5%	276	11%	216	78%	61	287	199	69%	87	21	24%
マツダ	31,203	1,042	3%	129	5%	113	88%	16	107	34	32%	74	62	84%
SUBARU（スバル）	27,445	904	3%	86	3%	76	88%	10	74	27	36%	48	39	83%
三菱自動車工業	20,389	873	4%	92	4%	84	92%	8	105	61	58%	44	25	56%
ダイハツ工業	–	–	–	92	4%	34	37%	57	152	64	42%	88	0	0%
合計	658,286	45,874	7%	2,491	100%	2,089	84%	402	2,355	1,616	69%	739	337	46%

（注）トヨタ、本田、スバルはIFRS適応で売上相当値、輸入等を考慮せず各比率は概算値のため、厳密な比較はできない。ダイハツはトヨタの子会社

出所：日刊自動車新聞（2022年1月29日）集計、各社決算情報より作成

制を維持しつつ、生産拡大部分をほぼ海外増産で対応してきており、トヨタは為替変動による業績への影響を大きく受ける構造となっている。結果として、1円／ドルの為替変動で年間の利益が約450億円（2022年度ベース）変動すると試算されている。例えば、1ドル125円が135円に円安方向に10円／ドル変化すると、1年間の利益が約4,500億円増加する（円高の場合は同額減少する）影響があるということである。

　一方で、本田技研工業（同：7267、以下ホンダ）や日産自動車（同：7201、以下日産）の海外生産比率は85%前後で販売比率に近い水準となっている。両社の国内生産は、それぞれ中国や米国の生産台数よりもかなり小規模となっている。現地生産することで、為替の影響を軽減するとともに、現地需要に迅速に対応しやすくなるメリットがある。その結果として、両社の国内の生産規模や比率はトヨタより小さくなっている。

　その他の自動車企業は差別化戦略をとりつつ、トヨタ等の系列となっている。トヨタは、ダイハツ工業（出資比率100%）と日野自動車（同50.1%）を子会社とし、トヨタブランドの自動車をOEM（Original Equipment Manufacturer、相手先ブランド名製造）として生産委託もしている。また、マツダ（同約5.1%）、スバル（同約20%）、スズキ（同約4.9%）は独立性をたもちつつ緩やかなグループとなっている。マツダは1967年に世界初のロータリーエンジンを開発し、スバルは1966年から水平対向エンジンを特徴とし、それぞれ自社ブランドの個性的な自動車を設計・販売している。一方で、遅れている海外生産や電動化ではトヨタのサポートを受け、将来のリスクを回避していると考えられる。

　スズキは、1981年に他社が注目しなかったインドに先駆けて進出し、軽自動車の技術を現地需要に適応させ、合弁会社「マルチ・スズキ」のインド市場シェアは約48%（2020年度）で圧倒的なトップ企業となっている。しかし、インド政府も2030年に新車販売の3割をEV（Electric Vehicle）とする目標をたてている。スズキは、2019年にトヨタと資本提携しグループ入りし、2025年までにトヨタと共同開発するEVをインドで発売する見込みである。トヨタにとっても、長年苦手だったインド市場（シェア約3%）でのスズキと

の連携に期待していると考えられる。

　ホンダは、1946 年に本田宗一郎氏（1906-1991 年）が設立し、1949 年に二
輪車製造を開始し、1963 年に初めて四輪車を発売している。自社技術に重き
を置き、1972 年にアメリカ大気浄化法（マスキー法）を世界で初めてクリア
した独自技術 CVCC エンジンを開発し、一躍、米国での認知度を高め、大手
の自動車企業に成長した。自動車産業は過去から厳しくなり続ける環境規制
との戦いで、いち早く環境対応に先行した企業が飛躍するケースが多かった。
2021 年末の生産能力 510 万台（5 年前比で 1 割縮小）を保有するが、2040 年
にガソリン車を全廃し、環境対応車に全面的に切り替える方針である。米ゼネ
ラルモーターズ（以下 GM、詳細は第 11 章参照）と電動化や自動運転の技術
で提携し、ソニーとも EV の開発を進めている。なお、ソニーの他の事業展開
については第 11 章で、自動車業界の第 3 位の日産については第 13 章で詳し
く説明する。

（2）　世界の自動車産業の動向

　2020 年の世界の四輪車の販売台数は約 7,797 万台だが、上位 5 ヵ国は、中
国が約 2,531 万台、米国が約 1,445 万台、日本が約 460 万台、ドイツが約 327
万台、インドが約 294 万台である。同様に、生産台数は約 7,762 万台のうち上
位 5 ヵ国は、中国が約 2,523 万台、米国が約 882 万台、日本が約 807 万台、ド
イツが約 374 万台、韓国が約 351 万台である。ここからも推測できるように、
中国はほぼ国内生産品を国内で販売しているが、米国は日本や韓国などから自
動車を多く輸入している。2020 年の日本の輸出 374 万台のうち、北米向けが
約 153 万台、欧州向けが約 68 万台、アジア向けが約 59 万台、豪州他向けが
約 36 万台、中近東向けが約 33 万台などとなっている。なお、全世界の四輪
車の保有台数約 15 億台（2019 年末）の上位 3 ヵ国は、アメリカが約 2.9 億台、
中国が約 2.5 億台、日本が約 0.78 億台で、上位 3 ヵ国で世界中の四輪車の 4 割
強を保有していることになる。

　世界自動車販売を企業ランキングでみると、トヨタは、2020 年に 5 年振り
にドイツのフォルクスワーゲン（Volkswagen、以下 VW）を抜き世界一とな

図表 9-5　自動車販売ランキング（2021 年・2020 年）

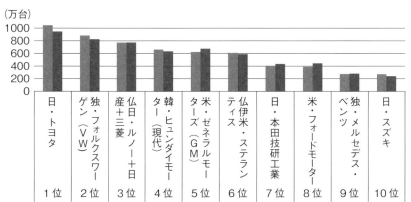

（注1）企業名の前の「日」は日本、「独」はドイツ、「仏」はフランス、「米」はアメリカ、「韓」は韓国、「伊」はイタリア系の企業であることを示す。左が2021年、右が2020年。
（注2）グループの販売台数であり、連結決算の数値とは異なる。
（出所）日本経済新聞（2022年1月29日）、決算資料等より作成

り、2021 年も世界一を維持している（図表 9-5）。2007 年まで米 GM が 77 年間に亘って世界一を維持していたが、その後はトヨタと VW が首位を競っている。第 3 位のルノー・日産・三菱自動車はグループ合計として規模の経済を目指している（第 12 章参照）。

　世界一を争うトヨタと VW は得意地域を棲み分ける形となっている。トヨタは日本（シェア約 40％）、北米（約 15％）、東南アジア（タイ・インドネシアが約 30％、ベトナムが約 25％、フィリピンが約 45％）で高いシェアを持つ。特に、2021 年には米国の新車販売 233 万台で史上初めてシェア 1 位（それまで米 GM が約 90 年間トップだった）となっている。一方で、VW はトヨタの高いシェアの地域では大きなシェアを持っていない（米国は約 8％、日本は約 1％）。VW の 2021 年販売構成のうち欧州が約 39％（うちドイツが約 11％）、中国が約 38％、南米が約 5％で高いシェアを持っている。例えば、2021 年のドイツ国内の乗用車シェアは、VW が約 19％、ダイムラーが約 8.6％、BMW が約 8.5％とドイツ勢が高いのは当然だが、トヨタは上位 10 位に

も入っておらず、シェア約 2.7% に留まっている（韓国の現代自動車は第 9 位の同 4.1%）。

　世界最大の自動車市場である中国でも、ＶＷ系がトップ企業となっている。中国は輸入車に高い関税が掛けられているため、中国販売を伸ばすためには現地生産が必要となる。2021 年末まで外資が中国国内で乗用車を製造する合弁会社の出資比率を最大 50% に制限し、合弁会社数も原則 2 社までと定めてきた（電気自動車（EV）など新エネルギー車の規制は 2018 年で撤廃し、乗用車も 2022 年に撤廃済み）。ＶＷは海外企業として最初の合弁企業を、中国の有力企業の第一汽車（China FAW Group）と上海汽車（SAIC Motor）の両社と設立し、2017 年には特別に 3 社目の合弁も認められている。2021 年の中国の乗用車シェアは、一汽ＶＷが約 8.8% で 1 位、上汽ＶＷが約 7.2% で 2 位となっており、2 社合計で約 324 万台（シェア約 16%）を保有している。ちなみに日系トップは、日産と東風汽車の合弁である東風日産の約 5.6%（第 5 位）で、次が一汽トヨタの約 4.2%（第 9 位）、広汽トヨタの約 4.2%（第 10 位）となっている。トヨタは合弁設立が 2000 年と遅かったこともあり、2 社合計は約 169 万台（シェア約 8.4%）でＶＷシェアの約半分に留まっている。

（3）　立ち上がる世界の電気自動車市場

　EV（Electric Vehicle、電気自動車）は、二次電池を動力源に、モータを駆動源とした自動車で、地球温暖化の原因の 1 つである CO_2 を走行中に排出しない。ノルウェーは 2025 年に、その他の欧州の多くの国は 2030 年代までに、ガソリン車等の販売禁止を打ち出している。対応が遅れていた米国も、バイデン大統領が 2030 年に新車販売に占める EV 比率を 50%（ハイブリット車を除く）に高める大統領令を発令し、北米で生産された EV に最大 100 万円程度の補助金の普及促進策がとられている（トヨタは EV を北米でほとんど生産しておらず対象外）。特に先進的なカリフォルニア州（日本の販売台数の約半分相当）では、2026 年に自動車企業は新車販売の 35% 以上を EV に切り替え、2035 年までにガソリン車（ハイブリッド車含む）を全面的に禁止することを 2022 年に発表している。

　2020 年 10 月、中国政府も新たなロードマップを発表し、2035 年を目処に従来のガソリン車を廃止し、新車で販売するすべての自動車を EV 等の環境適応車とする方針を示している。実際に環境適応車の購入補助金、ナンバープレート交付制限・走行規制免除、充電インフラ整備を進めている。2021 年の中国市場の NEV（New Energy Vehicle、新エネルギー車）販売台数は前年比 2.6 倍の 352 万台（うち EV291 万台）に達し、2022 年前半では新車販売のうち 2 割以上が NEV となっている。2021 年の世界全体の EV の約 6 割が中国で生産され、約 50 万台の EV を欧州等に輸出するなど中国が世界最大の EV 輸出国となっている。2021 年の世界の EV 自動車ランキングでも上位を中国企業が占めるに至っている（図表 9-6）。

　第 2 位の上海汽車は自社 EV「MG・EP」でタイの EV 市場の約 5 割シェアを持つ。さらに、米 GM との合弁会社で「宏光 MINI EV」を 2020 年 7 月に発売し、約 50 万円からの低価格でも補助金なしで利益を上げている。最大航続距離を 170km に絞ることで、中国の地方都市などで電動バイクの代替「代歩車」として新しい需要を生み出している。一方で、第 4 位の BYD（比亜迪）は、1995 年にパソコンの電池事業で創業し、2003 年に自動車事業に参入し、2020 年に投入したセダンタイプ EV「漢（Han）」が 400 万円前後の価格でヒットし、2022 年には高級ブランド「騰勢（Denza）」も投入している。

　環境規制に加え、顧客の意識の変化も顕著で、自動車企業の EV シフトが進んでいる。NRI（2021）によると、「電気自動車を買いたいと思いますか？」の質問に対して「買いたい」と答えた割合は、2021 年の中国では 83%（同 2017 年調査 73%）、ドイツでは 41%（同 36%）、米国では 42%（同 26%）、日本では 27%（同 26%）と日本を除く国の購買意欲が高まっている。同様の質問を年代別で調査したところ、20 ～ 30 代では、中国 85%、米国 62%、ドイツ 57% と肯定的な意見が多くなっている（日本は 29% に留まっている）。

　中国では 2018 年には環境適応車の現地合弁の規制撤廃があり、2019 年に EV 専業の米テスラは全額出資子会社を設立し、中国で生産を始めている。2020 年には VW が EV 合弁会社の出資比率を 50% から 75% に引き上げ、2030 年までに約 70 車種の EV を揃え、新車販売の半分を EV とすることを

図表9-6　電気自動車（EV）シェア・世界ランキング（2021年）

	企業名	国	EV（万台）	EV比率
1位	テスラ	米国	93.6	100%
2位	上海汽車	中国	59.6	21%
3位	VW	独	45.2	5%
4位	BYD	中国	32.0	43%
5位	ルノー・日産・三菱	仏日	24.8	3%
6位	現代	韓国	22.3	3%
7位	ステランティス	仏伊米	18.2	3%
8位	長城汽車	中国	13.5	11%
9位	広州汽車	中国	12.0	29%
10位	浙江吉利	中国	11.0	8%
10位	BMW	独	11.0	4%
12位	メルセデス・ベンツ	独	9.9	4%
13位	奇瑞	中国	9.8	10%
14位	小鵬	中国	9.8	100%
15位	長安汽車	中国	9.6	4%
16位	上海NIO	中国	9.1	100%
17位	東風汽車	中国	7.1	6%
27位	ホンダ	日本	1.5	0.3%
29位	トヨタ	日本	1.4	0.1%

（注）プラグインハイブリッド車（PHEV）を含まない。
（出所）日本経済新聞（2022年3月18日）より作成

計画している。全世界のＶＷブランドで2026～2028年に新規エンジンの開発を終了し、2030年には欧州販売の70%をEV化する予定である。米GMも2035年までにガソリン車の生産・販売を全廃することを発表している。

　一方で、日本企業の出遅れが目立っていたが、トヨタは2021年5月に2030年までにEVの200万台販売の目標を発表し、2021年末には同数目標を350万台（新車全体の約3割）に上積みしている。研究開発や設備投資に約4兆円を投資し、高級車ブランド「レクサス」を2035年までに全面EV化する見込みである。2022年には、スバルと共同開発した初めての量産型EV「bZ4X」

を立ち上げ、両社で開発した共用の部品も量産車で初めて採用している。

（4）　自動車産業の変革を狙う鴻海「MIH」

　第 8 章でみた iPhone などを受託生産する鴻海精密工業は、EV の受託生産体制の構築も進めている。2020 年 10 月、鴻海精密工業は「MIH」と呼ぶ車台を開発し、EV メーカーに無償で提供する代わりに車両生産を受託する事業モデルを発表している。具体的には、車両開発の骨格となるシャーシ（車体）の規格に加え、自動運転などに使う高速通信規格「5G」などのスペックは鴻海精密工業が詳細を決めるだけでなく、生産も全て引き受ける見込みである。

　EV の部品点数はガソリン車の半分（1.5 万点）程度に減少する一方で、ソフトウェアなどの構成比が高まると考えられている。車両開発全体の約 8 割をカバーし、各 EV メーカーが外観デザインなど残りの約 2 割を開発すれば EV が完成する。この「MIH」車体構築のため、マイクロソフトやアマゾン、サムスングループなど 2,200 社以上のサプライヤーから協力を取り付けており、EV サプライチェーンの構築を進めている。日本企業では約 100 社が参加している。デンソーやブリジストンなどの既存の自動車部品企業に加え、東芝や三菱電機などの素材・電機企業、日本電産（第 14 章参照）や村田製作所（第 12 章参照）などの有力電子部品企業、NTT や総合商社なども参加している。鴻海精密工業は、2027 年に EV の世界シェア 10% を目標としており、概ねトヨタや VW と同規模の自動車生産体制の構築を進めていると考えられる。

　鴻海精密工業が進める EV プラットフォーム「MIH」は、スマートフォンの Google が提供する Android（OS）に類似している。Android の無償提供で、新興メーカーがスマートフォンに続々と参入し、世界中に安価なスマートフォン端末が供給されるようになったのと同様に、EV でも世界的な供給拡大を目指していると考えられる。EV の受託生産が可能となれば、自動車開発の参入障壁は大きく下がる。車体の設計や生産をほとんど全て委託し、自社の得意とする開発などに特化できる。すでに、（図表 9-6）の EV ランキングの 16 位に位置づけられる上海蔚来汽車（NIO）も、既存の自動車企業の安徽江淮汽車集団（JAC）に生産を委託している。

　さらにEVの新規参入を目指す企業が世界中で名乗りを挙げている。日本のソニーも、2020年に試作EV「ビジョンS」をオーストリアのマグナ・シュタイヤー（Magna Steyr）に生産委託したことを発表している。ソニーは開発・設計は行うが、工場を持たず、製造はEMSに委託する考えで、2022年にホンダと合弁会社を設立し、2025年にEVを発売する予定である。さらに、中国のアリババ（Alibaba）集団や百度（Baidu、バイドゥ）、スマートフォン大手の小米（Xiaomi、シャオミ）もEV参入を表明しており、AppleもEV参入のため受託先を模索しているといわれている。一方で、アマゾンもEV新興リヴィアン（Rivian）に出資し配送用車両を開発している。また中国のファーウェイ（HUAWEI）は自動車のソフトウェアとセンサーを組み合わせたユニットを供給し、採用したEV企業は「ファーウェイ・インサイド」の認証をアピールしている。

　以上みてきたように、現在の自動車産業は世界的な電動化・自動化による「100年に1度の大変革期」といわれている。その中で、各企業は新しい機会とリスクを踏まえ、自社の戦略を大きく変え、いろいろな方法で関与を強めており、自動車産業に直接関係していない日本経済全体にも大きな影響を与える可能性が高い。

【練習問題】

・日本でグローバル化している自動車以外の主要産業の産業構造を説明せよ。
・自動車産業構造において、自動車の電動化によりどのように変化する可能性があるかを説明せよ。

参考文献

1.
財務省「国際収支統計」財務省
2.
マキタ100年史編集委員会『マキタ100年の歩み』マキタ、2015年
林隆一「資本財企業による先進国の需要開拓 ─ 電動工具企業のマキタの事例研究 ─」神戸学院経済学論集49-3（P227-245）、2017年

琴坂将広『経営戦略原論』「第 11 章」東洋経済新報社、2018 年

日本経営協会監修『①経営学の基本（経営学検定試験公式テキスト）』（第 6 版、P273 ～ 284）
　中央経済社、2018 年

国際協力銀行「わが国製造業企業の海外事業展開に関する調査報告 — 2021 年度海外直接投資
　アンケート結果（第 33 回）—」国際協力銀行、2021 年

伊丹敬之・加護野忠男『ゼミナール経営学入門（新装版）』「第 6 章」日本経済新聞出版、2022
　年

3.

吉原英樹ほか編『ケースに学ぶ国際経営』「第 1・8 章」有斐閣、2013 年

嶋口充輝ほか編『1 からの戦略論〈第 2 版〉』「第 2 章」碩学舎、2016 年

GB 自動車業界研究会『自動車業界のしくみとビジネスがこれ 1 冊でしっかりわかる教科書』
　日本自動車工業会、2022 年

日本自動車工業会『2022 年度版日本の自動車工業』日本自動車工業会、2022 年

日本自動車工業会『2021 年度版乗用車市場動向調査』日本自動車工業会、2022 年

NRI「世界各極での EV シフトに対する消費者動向分析」2021 年 10 月 4 日

JETRO「2021 年の乗用車市場（ドイツ）」2022 年 7 月 28 日

日刊自動車新聞 2022 年 1 月 29 日

各社ホームページ・IR 情報・有価証券報告書

日本経済新聞・日経 BP・東洋経済データベース

第 10 章
トヨタ生産方式

1. トヨタ生産方式の誕生

　トヨタ自動車（証券コード：7203、以下トヨタ）は自動車産業で世界トップに登り詰めた企業である。しかし、戦後の 1949 年にはトヨタは破綻寸前であり、自動車の技術水準も極めて低かった。当時の日本（通産省）は自動車産業の保護のため、海外企業の参入を禁止し、国内企業のレベルアップのため欧米企業からの技術提携を推奨した。第 9 章でみた中国の自動車産業では 2021 年末まで外資が中国国内で乗用車合弁会社の出資比率を最大 50%に制限されていたのと同様の状態であった。ただし中国は多くの内外企業の合弁が激しい競争を繰り返し、業界全体のレベルアップに繋がったが、当時の通産省は 1952 年に「国民車育成要項案」を発表し、生産する企業を 1 社に絞り、国が主導しようと考えていた。

　これに対して、トヨタは独自に「国産大衆車」を開発しつつ、まずは経営を維持するためトラックを競合のいない場所を探し輸出してきた。現自衛隊向けに開発した四輪駆動トヨタ・ジープ BJ 型（最終的にウィリス・ジープが採用されトヨタ製は落選）の名前は商標権で使用できないため、他社の「ランドローバー」にちなんで「ランドクルーザー（LAND CRUISER）」と改名し輸出している。欧米企業と競合が少ない中南米、中東、東南アジアなどに展開し、1957 年には前年比 4.7 倍の 4,000 台超を 47 ヵ国に輸出し、日本車全体の輸出台数の 63%をトヨタ車が占めつつ、輸出で経営を維持してきた。

　1955 年に純国産設計「クラウン」を開発し、外国車が輸入規制されている
国内では好評を得る。一方で、1957 年に国内の小型タクシー向け乗用車「コ
ロナ」を開発するが、馬力・耐久性などが劣り販売は伸び悩んだ。同年に米国
トヨタを設立し初輸出すると、「クラウン」は米国の 100km／時の高速走行
では予期せぬ故障が続出し、急遽「コロナ」（輸出名ティアラ）を投入するも
トラブル続きとなった。結局、乗用車輸出を中止し、海外輸出車を持ち帰る屈
辱的な大失敗となった。当時の自動車ボディのプレス部品では半数近くが不良
品のため、手作業の板金で修正するなど設備も技術も低水準であった。1962
年時点でも、米 GM と比較すると、トヨタの売上は約 32 分の 1、販売台数は
約 18 分の 1 に留まり、圧倒的に規模が小さかった。

　そこで、1959 年に日本初の乗用車専用工場（元町工場）を完成させ、日本
初の大規模プレスライン、最新の溶接・塗装ライン、組立コンベヤーなど現在
の基礎となる最新設備を導入した。「クラウン」の販売が月 2,000 台に対して、
元町工場の生産計画は月 5,000 台と将来を見越した大胆な投資を行っている。
この工場で後述の「トヨタ生産方式（Toyota Production System、TPS）」
が生み出され、現在の形に発展していく。

　1961 年には改良を続けた新しい大衆車「パプリカ」を発売し、さらに「コ
ロナ」の耐久性改善も進め、1963 年には 4 年ぶりに国内乗用車シェアでトヨ
タが首位となっている（約 12.9 万台）。また、輸出も 1962 年から増加し始め、
1966 年には改善された「コロナ」の本格的な米国輸出が拡大し、1969 年には
米国において独 VW に続く第 2 位の外国輸入車企業に、1975 年には第 1 位と
なっている。また、これまで「ランドクルーザー」で開拓してきた中南米、中
東、東南アジアなどでも「コロナ」が輸出され、1968 年には商社を除く日本
最大の輸出企業になっている。一方で、多岐に亘る輸出先の気候や使用方法が
異なるため、同じ車種でも仕向地別に細かい仕様の調整を行うことが生産現場
（工場）で求められ、長年掛かって対応を進めてきた。

　1979 年に第 2 次オイルショックが発生し、米国で燃費の良い小型車中心の
日系自動車企業のシェアが 2 倍強の 20％台に上昇した結果、日米貿易摩擦が
激化する。日本政府は北米向け乗用車輸出の自主規制として 1981 年度は 168

万台（前年実績 182 万台）に制限している（自主規制は 1993 年まで継続）。
輸出が制限される中で、米国での現地生産をするため、いち早くホンダは
1982 年に、日産は 1983 年に工場を稼働させている。一方で、トヨタは 1984
年に米 GM と合弁会社（NUMMI）を立ち上げたものの（当工場が現在のテ
スラ・ファクトリー）、単独進出は 1988 年と遅かった。しかし、このケンタッ
キー工場の立ち上げでは、日本の堤工場をマザー工場として、日本人従業員を
約 70 名配置して、トヨタ生産方式を改めて体系化し現地に定着させている。

　その後の海外需要の拡大に伴い、トヨタのモノづくりの考え方や高水準の
技能を迅速に海外生産事業体に展開するため、教育方法の統一標準化を確立
している。これに基づき、2003 年に元町工場にグローバル生産推進センター
（Global Production Center、GPC）を設立した後、2005 年にタイ（アジ
ア・パシフィック担当）、2006 年に英国（欧州担当）と米国（北米担当）にも
GPC を開設し、各地域での現地生産スタッフの育成が可能となっている。ト
ヨタは中国展開も 2002 年と日産やホンダよりも遅く、海外展開全般も決して
早くないように、市場動向やトレンドなどに素早く対応した訳ではない。しか
し、地道に改善を進める人材を全世界に広げることで、トヨタは自動車の世界
トップ企業に登り詰めている。

2.　トヨタ生産方式の特徴

（1）　トヨタ生産方式の成り立ち

　トヨタの最大の強みは「トヨタ生産方式（TPS）」である。トヨタ生産方式
は、工場における「徹底したムダの排除」を目指した生産活動の運用方式であ
る。トヨタ生産方式は、世界中の製造業・非製造業でも取り入れられ、ムダ
のない「リーン（Lean）生産方式」として各種のアレンジが加えられる過程
で、「KAIZEN（改善）」は全世界の生産現場で通用する言葉となっている。

　トヨタ自動車創業者の豊田喜一郎氏（1894-1952 年）が唱えた「物を造る場
合の理想的な状態は、機械、設備、人などが全くムダなく付加価値を高めるだ
けの働きをしている」という考えを実現するために、本社工場長の大野耐一氏

(1912-1990 年) がトヨタ生産方式を体系化した。「ムダ」とは、在庫、不良品、(付加価値を生まない) 作業などであり、それぞれの要素が複雑にからみ合い、ムダがムダを生むと考え、「ムダを減らす」ことを徹底的に実践した。「最も短い時間で効率的に造る」ことを目的に、「異常が発生したら機械をただちに停止して、不良品を造らない」と「各工程が必要なものだけを、流れるように停滞なく生産する」ことを徹底している。

　1950 年代の米国の自動車産業では、大型コンピューターを導入した MRP (Manufacturing Resource Planning) を用いた生産方式が主流で、多くの在庫を持つことで安定的な生産を実現していた。米国の自動車の大量生産では、ベルトコンベアや標準化された互換性部品、専用機械、作業の標準化により、大幅な生産性向上と安定的な品質を実現していた (詳細は第 11・13 章参照)。

　しかし、当時のトヨタでは大型コンピューター導入できる資金も技術もない上に、米国企業の大量生産と異なり、多様な地域に輸出するための多品種の複雑な生産を行う必要があった。そのため簡易的な方法として、1950 年代当時の日本にはなかったが、米国で普及していたスーパーマーケットの方式を導入した。つまり、スーパーマーケットの「棚」に陳列されている商品を、店員が見回り、棚に空きが出たら補充する方式である。この方式で後工程が前工程に部品を受け取りに行くときに発行する帳票 (当初は長方形のビニールに入った紙切れ) を「かんばん」と称したことから、この方式は「カンバン方式」とも呼ばれる。トヨタ生産方式では、複雑な問題をコンピューターなどによる複雑な制御を行うことではなく、解決するべき問題の本質を見極め、なるべく単純化して本質的な解決を求めている。そのために、以下のように「自働化」と「ジャスト・イン・タイム」を徹底し、「多能工」が品質を工程で作り込むことで継続的に「KAIZEN (改善)」することを重視している。

(2)「自働化 (ニンベンのついた自働化)」

　当初の「オートメーション (Automation)」では「止まらない」機械がほとんどであった。初期の自動機械では調整がずれても止まることなく動き続けるため、多くの不良品を作り続けることになる。しかし、現在の一般的な自動

車工場の生産ラインが1分間止まると約200万円の損失が出るといわれ、生産ラインを直ぐに止めることは簡単ではない。

　一方で、トヨタでは、少しでも異常が発生したら機械を止め、作業者全員が原因を考え、手作業（現場主義）で再発防止することを重視している。まず人が手作業でラインを作り込むことで、モノづくりの原理原則を知り、改善を積み上げて作業を簡単・単純にしていく。そして、最終的には誰がやっても同じ作業になるようにした上で、実際の量産ラインに織り込んでいく。これを繰り返すことで、機械は簡単な仕組みで低価格になり、またメンテナンス費用や時間も低減する。これを徹底的に進めていくことで、生産量やトラブルの変化にも柔軟に対応できる「シンプル・スリム・フレキシブル」なラインとなる。トヨタでは、従業員の人間性やインセンティブ（労働意欲）を重視し、トヨタ式の自動化の事を「自働化（ニンベンのついた自動化）」（大野耐一氏の造語）と呼んでいる。

（3）「JIT（Just In Time、ジャスト・イン・タイム）」

　「ジャスト・イン・タイム（Just In Time）」とは、「オンタイム（適時に）」ではなく、「まさに間に合う」、つまり、必要なものを、必要なときに必要な量だけ造るという意味である。生産現場の「ムダ・ムラ・ムリ」を徹底的になくし、効率的に短時間で造ることで、過剰人員、過剰設備、過剰在庫の3つのムダを排除することを目指している。トヨタ生産方式の自動車組立ラインでは、使用した部品を使用した分だけ、前工程（その部品を造る工程）に引き取りに行く。前工程では、全ての種類の部品を少しずつ取りそろえておき、後工程に引取られた分だけ生産している。

　第8章でみたようにサプライチェーン・マネジメントでは、前工程と後工程の二段階ではなく、部品企業も含めた多段階の工程に対して連鎖的に適応する必要がある。前工程で使用した部品の情報を部品企業等（ティア1）に共有し、部品企業は使用した分だけ供給する。トヨタグループのティア1は6,380社あり、ティア1に部品等を供給するティア2は3万5,047社ある。さらなるティア3以下全ての企業が、ジャスト・イン・タイムに連携・対応すること

で、初めて本来の意味でのジャスト・イン・タイムが可能となる。

（4）　多能工化

　トヨタ生産方式の「自働化」と「ジャスト・イン・タイム」により、それまで主流だった「大量の在庫を備蓄しておく」方式（第 11 章でみるフォード生産方式など）と比較して、工場面積や生産工程を最小化（コストダウン）できる上に、情報や問題の共有化も実現できる。一方で、現場レベルでのきめ細かい対応や工程・企業間の緊密な連携などが必要となる。そのためトヨタ生産方式を導入するためには、複数の異なる作業や工程の技術・業務を身に付けた多能工化が前提となっている。製造ラインの各工程での仕事量を平準化・省人化したり、工程間を跨がる自働化を進めたりするためには、1 人の作業者が複数の工程の作業を理解しておくことが必要不可欠となる。そのため、トヨタ生産方式には、従業員に対して権限移譲や信頼関係構築（チームワーク）による「自働化」と「ジャスト・イン・タイム」を強いることで、結果的に人材育成（メリット）や過剰労働（デメリット）に繋がりやすくなる両側面もある。

3.　建設機械産業の事例

（1）　コマツの事業展開

　トヨタ生産方式や「KAIZEN」は、世界中のサプライチェーン全体の数多くの自動車関連企業が導入・連動しているだけでなく、自動車産業以外の多くの日本企業にも波及している。第 2 章でみた業種別業績や時価総額ランキングでも、製造業の構成比が諸外国と比較しても高い背景として、トヨタ生産方式が製造業全般に広がっていることがあると考えられる。自動車産業から機械産業への好影響の具体的な事例として、世界中でブランドが知られる小松製作所（証券コード：6301、以下コマツ）を以下に取り上げる。

　コマツは建設機械（以下、建機）で世界第 2 位の企業である。コマツの建機売上は約 2.6 兆円で、地域別構成比は、日本 12%、北米 23%、中南米 15%、アジア 12%、オセアニア 10%、欧州 9%、CIS（ロシア・ウクライナなどの

旧独立国家共同体）7%、アフリカ 5%、中国 4%、中近東 2% でほぼ全ての地域で安定的なシェアを持っている。生産拠点は世界 76 拠点（海外生産比率 61%）、販売拠点 54 拠点、販売・サービス代理店 148 カ国 211 社に展開し、社員数は 61,564 名（うち日本 32%）で、地域別と機能別の 2 軸の「マトリックス組織」（詳細は 12 章参照）を組んでいる。現在では最もグローバル化の進んだ日本企業の 1 社だが、最初から海外展開ができた訳ではない。

　コマツは 1921 年に創業され、1931 年に国産初の農耕用トラクター開発依頼を受け、トラック用エンジンを転用し開発した際には、オーバーヒートし実現できなかった。翌年、エンジン開発を手掛け、それまでの米国企業品を代替し、日本陸軍などに納入している。戦後は日本の高度成長期に必要とされた建機の製造を開始している。当時は輸入規制で海外企業は日本に参入できなかったため、コマツは国内シェア 5 割超のトップ企業となっている。ただしオーバーホールまでの稼働時間が、世界トップ企業の米キャタピラー（Caterpillar、以下 CAT）製品の 5,000 時間に対して、コマツは 3,000 時間で大幅に品質水準が低かった。

　1960 年の日本の輸入規制の撤廃（貿易・為替自由化の大綱）により、CAT が日本参入を意図したものの、コマツは通産省への認可反対運動で合弁許可を遅らせ、製品発売は 1965 年となった。コマツはその間に、「Ⓐ対策」（社内最優先対策の意味でトランプのエースから命名）で自社のブルドーザーの徹底的な品質改善を行ない、1963 年に対抗車「スーパー車」を投入した。さらに第 2 次「Ⓐ対策」として、米国の大手エンジン企業カミンズ（Cummins）にコマツの建機向けエンジン開発を依頼し国内生産を実現させ、一部を除き同等の品質に追いつき、国内でのシェアを維持している。

　ただし、コマツの建機は安定性が低く故障も多いため、1960 年代の主な輸出先は、米国企業が輸出できない共産圏（ソ連・東欧）や中国などに限られていた。1967 年に欧州に初の海外法人を設立しているが、米国企業より販売価格は 3〜4 割低く販売する状態であった。さらに、1973 年の第 1 次オイルショックをきっかけに国内のブルドーザー需要が激減し、コマツも一時帰休と東南アジア輸出などで乗り切っている。1972 年に「マル B 対策」（海外向け

主力の大型ブルドーザーの信頼性向上活動）を行い、その後も「マル C 対策」（ホイールローダー）、「マル D 対策」（油圧ショベル）、「マル Q 対策」（ダンプトラック）などのモデル数の拡充とともに品質改善を継続的に進めている。

　コマツは 1980 年代初めまで、ホイールローダーや油圧ショベルのライセンス契約を海外企業と結んでいたため、輸出制限等の制約があったが、技術提携契約を打ち切り、自社開発に切り替えている。しかし 1985 年のプラザ合意の円高不況で業績が落ち込み、バブル経済で一時的に業績・収益性を回復するものの、1990 年代を通じて営業利益率も 1 ケタ前半（5%以下）で低迷が続いた。1990 年代には、エレクトロニクス事業や新分野開拓への注力を掲げつつ、「地球環境憲章」や「情報武装 k-ing」、取締役会改組などの「コーポレートガバナンス体制の強化」などの取り組みを次々に行ったが、IT バブル崩壊で 2001 年度は史上初の赤字に転落している。

　コマツはリストラを断行し、非中核事業（エレクトロニクス事業など）の事業整理や固定費削減を行い、事業の統廃合で 300 社あった子会社を 2 年間で 110 社減らしている。また、それまでの顧客の要望に応じて製品開発を行ってきた結果、建機のベースマシンで 160 機種、モデル総計で 750 種類以上に拡大しているが、日本でしか売れないものは廃止し、ベース数を 10%減、モデル数を半減させた。それまでは競合製品との全ての側面での比較を行い、細かい開発を行ってきた結果、特徴のない製品が増えていた。そのため、「ダントツ」商品と称して、差別化するポイントを絞り（一部の機能を捨て）、他社が追いつくのに数年以上かかり、原価低減が 10%以上できる「尖った」商品開発を行った。また今後の成長が期待できる新興国を「戦略市場」と定義し、経営資源の集中を図った。「戦略市場」の成長により業績は V 字回復し、営業利益率は 2005 年度に 10%（27 年振りの 2 ケタ利益率）を超え、2007 年度には約 15%に達している。リーマン・ショックの悪影響で営業利益率は 2008 年度 8%、2009 年度 5%に落ち込むが、2010 年代の 10 年間の世界市場は横ばい圏ながら、コマツの平均営業利益率は 12%前後と安定的に高収益を維持している。

（2）油圧ショベル市場動向と海外主要企業の比較

　建機の中では元来、ブルドーザー（Bulldozer）が主流であったが、1976 年以降の日本では油圧ショベル（Excavator）がブルドーザーの生産額を抜き、最大の機種となっている。油圧ショベルは、掘る・運ぶ・吊るといった作業を 1 台でこなす万能機械であり、狭い工事現場が多く、高度成長期で素早い工期が必要な日本に適していた。1947 年にフランスで発明され、日本では 1961 年にフランス企業からの技術導入で国産機が生産されている。エンジンを動力に油圧ポンプでアームや走行装置（クローラ）を動かすため、動力の油の量を調整するバルブが、建機の能力や品質に直結する。当時の油圧システムは未熟で細かい作業はできなかったが、東京オリンピック（1964 年）前後の旺盛な国内需要に対応し、多くの企業が参入・競争を行った結果、機械の精度が高まり、ブルドーザーを使った工法を代替してきた。

　コマツは 1968 年の海外企業からの技術提携は後発であったが、1977 年には国内トップとなり、1980 年にはブルドーザーの売上を抜いて、それ以降の主力製品となっている。その後の日本のバブル崩壊による余剰の油圧ショベルの中古車が輸出されたこともあり、中国を含むアジアでは油圧ショベル中心の建機市場が展開されている（図表 10-1）。

　世界の油圧ショベル市場のうち、日本だけで 1990 年には 6 割弱を、2000 年

図表 10-1　油圧ショベル世界需要推移

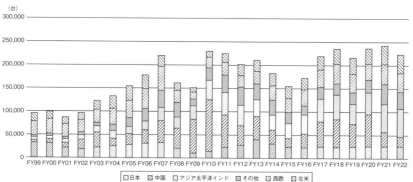

（台）

（出所）日立建機 IR 資料より作成

でも約 1/3 を占め、日系企業の世界シェアもピークで 7 割に達している。一方で、中国の構成比は 2000 年まで 1 割未満だったが急成長し、2007 年には 2 割強となり、さらにリーマン・ショックを経て、2009 年以降は世界需要の約半分を占めるに至っている。そのため、世界中の建機企業が中国に参入し、シェアを奪い合った結果、2010 年にはコマツが中国内シェア約 15% のトップ企業となっている。当時の中国ローカル企業合計のシェアは 3 割弱だったが、製品品質を向上させ、2020 年には中国企業のシェアは約 7 割まで高まっている。冒頭でみたように、2021 年度のコマツの建機売上のうち中国の構成比は 4% まで低下している。直近の世界全体のトップ 3 の建機企業は、CAT、コマツ、三一重工となっている（図表 10-2）。

　世界トップの米 CAT の 2021 年 12 月期売上は約 5.6 兆円、営業利益は約 7,600 億円、時価総額は 13 兆円弱（2022 年 9 月末為替換算、世界で 129 位）、従業員数は約 10.8 万人である。売上の地域別内訳比率は、北米が約 43%、EAME（European African Middle Eastern）が約 24%、南米が約 10%、アジア太平洋が約 23% となっている。前述の通り、当初の日本市場へは日本企業（三菱重工）との合弁で展開していたが、2008 年に出資比率を引き上げ、2012 年から完全子会社として展開している。油圧ショベルは日本市場が中心

図表 10-2　世界トップ 3 の建機企業の比較

（億円：為替換算済み）

企業 国 決算期		キャタピラー 米国 2021 年 12 月期	コマツ 日本 2022 年 3 月期	三一重工 中国 2021 年 12 月期
売上	（億円）	55,960	28,023	18,189
営業利益	（億円）	7,648	3,170	2,360
利益率		14%	11%	13%
時価総額	（億円）	114,351	27,494	23,503
建機シェア		13%	10%	8%
換算レート		109.8 円／ドル	－	17.0 円／人民元

（出所）業績は各社決算、シェアは増井（2022）、為替は 2021 年期中平均の IMF 値

に発展してきたため、CAT も油圧ショベルに関しては世界全体の「開発本部」や「マザー工場」を兵庫県明石市の拠点に置いている。中国企業が台頭する直近まで、世界中の油圧ショベルの基本設計のほとんどが、日本キャタピラーも含めて日本（企業）で行われていたことになる。

　CAT は 1925 年に設立され、第 2 次世界大戦で米国政府から専属企業に指定され、政府費用で供給網を構築した。世界 193 カ国に販売網を広げ、160 代理店（うち米国が 44）を構築し、補修部品の在庫管理を行うことで、世界中どこでも 24 時間以内に駆けつけることをアピールしてきた。ブルドーザーなどの走行装置を当社の商標（キャタピラー）で呼称することが一般的であるほど世界中で普及している。主要部品のエンジンなどを内製するとともに、エンジンの外販企業としても世界的な企業となっている。

　中国最大手の三一重工（Sany Heavy Industry、600031.SS）の 2021 年 12 月期売上は約 1.8 兆円、営業利益は約 2,400 億円、時価総額は約 2.5 兆円（同換算）。である。中国内売上が約 77% を占め、中国での油圧ショベルのシェアは約 30%（約 7.8 万台）で 11 年連続トップである。売上構成比は、油圧ショベルが約 39%、コンクリート機械が約 25%、クレーンが約 20%、杭打機などその他が約 16% である。2021 年 9 月に三一重工の北京工場（パイルドライバ）は、重工業として世界で初めて、世界経済フォーラム（World Economic Forum）により、世界で新たに 21 の「ライトハウス（Lighthouse、灯台）工場」（世界で最も先進的な工場）の一つに認定されている。AI ロボットを導入し、熟練工（匠）の経験のパラメータ化・ソフトウェア化を行うことで、多品種少量生産の生産サイクルを従来の 30 日から 7 日に短縮している。

　三一グループ（SANY Group）は中国湖南省長沙市で梁穏根氏（1956 年 -）らが起こし、1989 年にベンチャー企業を正式に法人化し、建機の中核企業として 1994 年に設立されている。社名は 3 つ（企業・人材・貢献）の一流を目指す意味である。コンクリート機械やクレーンで中国国内トップシェアを確立し、2006 年より油圧ショベルに展開してきた。エンジンや油圧部品等は日本製が中心だが、内製化を進めている。

　なお、2011 年の東日本大震災における福島原発事故では、原子炉のメルト

ダウンによる緊急対応で日本の総力を尽くしたが冷却はかなわず、最終的にドイツ製と三一重工製の 62m の高さのコンクリートポンプ車で冷却水を上から散布し安定を得ている。日本製は最大 36m しかないため、梁氏は日本のために、ギネス記録も持つ三一重工のコンクリートポンプ車（1.5 億円相当、55t）を、福島に無償で送ることを即断した。販売先だったドイツの顧客と交渉（変更）し、機械も仕様変更し、工場から陸路 1,000km 超先の上海港に送り、技術者とともに大阪港に届け、千葉で操作トレーニング・改造をしたのち福島まで自走させ、原発に 9 日で届けている（現在も緊急稼働可能な状態で福島原発敷地内にある）。このことからもすでに 10 年前の時点での決断・技術・対応・実行力を垣間見ることができる。

（3）　コマツの競争力の源泉

　2010 年代に日本企業の多くが海外市場でシェアを落とす中で、逆にコマツが中国市場でトップシェアとなった成功要因として、マスコミ報道や事例研究の多くで、「KOMTRAX」の活用が挙げられることが多い（ハーバード・ビジネス・スクール（2010）、伊丹・西野（2012）、長内・榊原（2012）、伊丹（2013）、沼上（2016）、東北大学経営学グループ（2019）など）。「KOMTRAX（Komatsu Machine Tracking System、コムトラックス）」はコマツが開発した機械稼働管理システムで、GPS の位置情報に加え、エンジンや油圧ポンプの稼働情報を集めることで、建設機械の位置情報や稼働状況を取得できるシステムである。CAT もほぼ同時期に同様のサービス（Product Link）を行っているが、コマツは 2004 年にいち早く中国で標準装備した。

　コマツは中国 31 省市に 1 つずつの代理店を設立し、KOMTRAX で需要予測し、債権回収、事前の保守サービスに加え、建機の稼働率アップなどの顧客へのソフトサービスが行えるため、ハード（建機）以外の他社への差別化ができているという意見が多かった。一方で、CAT はアジアなどの 5 つの華僑系代理店を中心に中国展開を行ったため、きめ細かい情報を活用できないという見方が流布していた。当時は中国市場で CAT よりコマツのシェアが高く、中国市場で『コマツは競争優位を発揮していくという点については、疑いない』

とのコメントに説得力があると考えられていた。また『競合が一朝一夕に真似できるようなものではない』ともいわれていたが、実際にはそれから10年足らずで中国でのシェアは5分の1以下に急落している。直近の中国シェアは、三一重工が約3割、米CATが約1割、韓国企業合計が1割弱、日本企業は4社合計でも約1割に留まり、コマツはCATにも抜かれている。

　コマツは中国での優位性を失ったものの、むしろ世界全体では業績を伸ばしており、製品の競争力自体を失った訳ではない。建機は自動車と比較して、世界生産台数は約100分の1程度だが、1台が「大型・大重量」であり、加工時間も数十倍かかるものもある。工場や設備も重量物に耐えうるものが必要となる。コマツは、トヨタ生産方式を取り入れ、「大型・大重量」にもかかわらず、1人の作業員が40数種の車種を組み立てる「混流生産」も実現している。さらにコマツは「大型・大重量」の生産能力を発展させ、一般的な建設機械よりも巨大な鉱山機械を手掛け、2021年度の鉱山機械関連売上は10,823億円で中核事業となっている。以前より露天掘り向けの超大型油圧ショベルやダンプトラックなどを自社開発してきたが、内堀りの鉱山機械企業（米国ジョイグローバル）を2016年に約29億米ドルで買収し、総合鉱山機械企業ともなっている。

　コマツの強みとして柔軟な生産能力が根底にあると考えられる。CAT同様にエンジンを含む主要部品を内製する一方で、原価の約3割を占める基幹部品「Aコンポ」を日本で生産し、品質とコスト、フレキシビリティを確保しつつ世界の拠点に供給している。コマツは主要部品の多くを内製しているが、日本では多くの油圧ショベル企業が競争を繰り返し続けてきたため、油圧のサプライチェーンが存在する。代表的な企業として、第4章で紹介した川崎重工業が挙げられ、主要部品である油圧モータや油圧ポンプでは世界トップシェアを占める。それ以外にも、ナブテスコ（証券コード：6268）、KYB（同：7242）、不二越（同：6474）など多くの日本企業が重要な油圧機器を世界中の建機企業に供給している。さらに部品企業だけでなく、日本製鉄（同：5401）や化学などの素材企業も、自動車企業向けに開発してきた技術蓄積があり、それらを応用し建機企業にも素材を供給している。これらのサプライチェーンの技術

基盤を背景に、コマツなど日本の建機企業の新しい開発にも大きな好影響を与えてきた。なお直近では、コマツはホンダと共同開発で電動マイクロショベル「PC01E」も投入している。

　また、コマツは多くのサプライヤーの中から協力組織「みどり会」を約 160 社で組織し、調達額の約 7 割をカバーしている。コマツは自社の生産工場と「みどり会」の 100 カ所を結ぶシステム「KOM-MICS」で、機械加工機約 1,000 台と溶接ロボット約 500 台のリアルタイムの加工状況を接続し、柔軟な生産体制を築いている。コマツは、みどり会の企業には海外進出に必要な資金提供や支援を行ない、海外でのサプライチェーンも強化している。一方で、海外進出した「みどり会」企業は現地企業と半分ずつの供給をすることで競争原理も維持している。

　コマツの強みは、KOMTRAX など IT 技術もあるが、他社がキャッチアップできない本質的なものとしては、協力会社や部品企業も含めたサプライチェーン全体の生産・開発の柔軟性にあると考えられる。当時の中国現地でのヒアリングによると、2010 年前後の標準仕様（22t）の油圧ショベルの販売価格は、コマツ製品（当時の中国内シェアは約 15%）を 100 とすると、CAT（同 6%）は 130 ～ 140、三一重工（同 8%）は 70 ～ 80、日系 2 位企業は 95 前後であった。中国市場が急拡大し、建機の供給が優先される時代には、素早く供給体制を整えたコマツがシェアを高めた一方で、CAT はより高い価格でブランドを維持していたと考えられる。

　2010 年当時のコマツの同製品の日本の価格を 100 とすると、中国では 120 前後、米国では 140 前後、南米では 180 前後であり、コスト面では日本を 100 とすると、中国は約 110、欧米は 120 以上と推測される。為替や固定費、ローン条件などが異なる場合もあり、厳密な比較ではないが、販売価格とコスト差である収益性から、日本は低く、米国は高く、中国は中程度であったと推測される。しかし、その後に中国市場の拡大が一巡し、中国ローカル企業との品質格差も縮まると、中国企業が約 7 割のシェアを取得し、一部のプレミアム市場で CAT は約 1 割まで逆にシェアを高めた。一方で、コマツなどの日本企業は大半のシェアを失ったが、競合の少ない他の地域や鉱山機械向けに柔軟に生

産体制を振り向けることで、会社全体の業績成長を成し遂げていると考えられる。

【練習問題】

・トヨタの世界市場での成功事例を、時系列でコマツと比較し、類似点・相違点をそれぞれ挙げよ。

参考文献

1.
伊丹敬之ほか『企業家精神と戦略』「CASE7」有斐閣、1998年
伊丹敬之・西野和美編『ケースブック経営戦略の論理』「第7章」、日本経済新聞出版、2004年
加藤健太・大石直樹『ケースに学ぶ日本の企業』「Case8」有斐閣、2013年
吉原英樹ほか編『ケースに学ぶ国際経営』「第1章」「第8章」有斐閣、2013年
東北大学経営学グループ『ケースに学ぶ経営学（第3版）』「第12章」有斐閣、2019年

2.
大野耐一『トヨタ生産方式』ダイヤモンド社、1978年
トヨタ生産方式を考える会『トコトンやさしいトヨタ生産方式の本』日刊工業新聞社、2004年
井原久光ほか『経営学入門キーコンセプト』ミネルヴァ書房、2013年
宮本又郎・岡部桂史・平野恭平『1からの経営史』「第12章」碩学舎、2014年
中瀬哲史『エッセンシャル経営史』「第4章」中央経済社、2016年

3.
小松製作所『小松製作所五十年の歩み』小松製作所、1971年
ハーバード・ビジネス・スクール『ケース・スタディ日本企業事例集』「第5章」ダイヤモンド社、2010年
高橋宏幸ほか『現代経営入門』「第4章」有斐閣、2011年
伊丹敬之・西野和美編『ケースブック経営戦略の論理〈全面改訂版〉』「第4章」日本経済新聞出版、2012年
長内厚・榊原清則『アフターマーケット戦略』白桃書房、2012年
伊丹敬之編『日本型ビジネスモデルの中国展開』「第3章」有斐閣、2013年
林隆一「製品アーキテクチャの視点から見たイノベーションにおける資本財産業の研究—その2—」神戸学院経済学論集45-3（p241-284）、2013年
生田正治「油圧ショベルの技術の系統化調査」国立科学博物館、2015年
沼上幹『ゼロからの経営戦略』「ケース7」ミネルヴァ書房、2016年
東北大学経営学グループ『ケースに学ぶ経営学第3版』「第6章」有斐閣、2019年

小松製作所『小松製作所 100 年の歩み』小松製作所、2021 年

重化学工業通信社『産業機械工業年鑑』重化学工業通信社、2022 年

増井麻里子『図解即戦力建設機械業界のしくみとビジネスがこれ 1 冊でしっかりわかる教科書』
　　技術評論社、2022 年

各社ホームページ・IR 情報・有価証券報告書

日本経済新聞・日経 BP・東洋経済データベース

第4部

組織と人

第 11 章

組織は戦略に従う

1. 「経済人仮説」と「社会人仮説」

第 4 部では「組織」と「人」のあり方が企業活動に与える影響を考える。1962 年にアルフレッド・チャンドラー氏（Alfred Chandler, 1918-2007 年）は、米デュポンや米 GM などの研究に基づき「組織は戦略に従う」との命題を導いた。本章では、米国での自動車産業の成り立ちなども踏まえて「伝統的組織論」と「人間関係論」の関係をみていく。

（1） テイラーの「科学的管理法」

「組織」と「人」の関係を本格的に研究したのが「科学的管理法の父」と称されるフレデリック・テイラー氏（Frederick Taylor、1856-1915 年）である。それまでのマネジメントは、経営者の経験や勘、好き嫌いなど主観的な手法が中心であり、「仕事量」や「賃率」などは恣意的に変更されていた。そのため、「組織的怠 業（たいぎょう）」、つまり出来高・成果を達成すると「賃率」が引き下げられることを恐れ、労働者が示し合わせて怠ける（サボタージュ、「サボる」の語源）ことが横行していた。そこで、テイラー氏は、科学的な根拠に基づき、作業の細分化・単純化と作業方法の標準化・客観化を行う方法を提唱し、科学的管理法を確立した。当時は機械化による大量生産が始まり、徒弟制度だけで未熟練の労働者を教育することが限界となっていたという背景があった。

テイラー氏は 1874 年に機械工見習いから、職場の組長として工作機械の改

良や作業工程の改善で成果を発揮し、いくつかの企業で工場管理を行った後、コンサルトとして独立している。コンサルタントとして担当したテイバー社は、6 年間で生産高が 3 倍となり、製品価格（コスト）は 27%低下した一方で、賃金は 37%上昇するなどの成果を発揮した。これらの経験を踏まえ、「科学的管理法」を体系化し、1911 年に「科学的管理の原理」を出版している。

　科学的管理法により、個人の努力や成果に対して報酬を与えることを目指し、①「労使協調」による「高賃金・低労働費」、②「科学主義」で「最善の方法」、③「業績主義」を追求した。科学的管理法では、客観的基準を導入し、公正な賃金を定めた。つまり、各職場で成果を上げている「一流の労働者」（the first class man）の 1 つひとつの作業を観察し、無駄のない最適な時間を設定した上で、労働者が一日に成し遂げるべき作業量「課業（タスク）」を科学的に決定する。さらに「差別出来高給制度」として、「課業（タスク）」を達成できた労働者には高い賃率を適用した。賃金は職種や職位に対してでなく、個人の努力に対して支払われるべきであるとした。ただし当時は、作業員を課業のみに専念させることは、労働者の権利を一部制限するとして、米国労働組合はテイラー氏を厳しく批判している。

（2）　ホーソン実験と「人間関係論」

　20 世紀に入り、産業の工業化が進む中で「科学的管理法」による生産管理の成果が注目を集め、より詳細に作業条件と従業員の作業能率の関係の調査が行れるようになった。有名な「ホーソン実験（Hawthorne Experiments）」は、1924 〜 1932 年に米ウェスタン・エレクトリック社（Western Electric）のホーソン工場で行われている。

　最初に照明実験が行われ、照明度と個人の作業能率の関係を調べたところ、当初の予想に反して照明を明るくした場合だけでなく、照明を暗くしても作業能率は上昇した。さらに、リレー（継電器）組み立て実験が行われ、6 人の女性従業員グループに、賃金、休憩時間、軽食、部屋の温度・湿度などの条件を変えたが、条件の変化と関係なく生産性が上昇した。

　これらの予想外の現象を解明するために、ハーバード大学の研究陣が実験

に加わり、実験に選ばれた従業員の誇りや仲間意識がポジティブに影響したとの仮説を提唱した。また従業員への面接により、従業員の態度は感情の体系によって支配されていると主張した。組織には明文化された公式の組織に加え、自主的な非公式組織が存在し、それらの「作業仲間に迷惑をかけない」という規範が働き方に大きく影響していると考えた。

　これらの研究は知名度こそ高いものの、手法や結果の解釈に対する異論も多い。しかし、これらの主張に対する一般的な説得力があり、「人間関係論」の基本的理念が確立されている。「科学的管理法」が前提とする「経済人仮説」（人間は合理的）に基づく経済的動機による賃金だけでなく、「人間関係論」は「社会人仮説」（人間は連帯的・感情的）に基づく社会的動機によるモラルによっても影響を受けているとした。つまり、労働者の作業能率は、職場における個人の人間関係や目標意識に左右されるとの考えが広く受け入れられるようになっている。

　「経済人仮説」と「社会人仮説」はどちらか一方が正しいわけではなく、実際の人間の一側面により注目した視点ということができる。つまり、企業の置かれている事業環境や課題などに応じて、どちらの側面をより重視し、対策や改善を施していくかを決定していく必要がある。

2. 組織の基本形態

（1）基本的な組織

　テイラー氏は管理者のパフォーマンスも管理対象とし、組織面では「職能的職長制度」を提唱した。管理者の機能をいくつかの専門「職能」に分割し、職長毎に「課業」を設定した。管理者は自分の担当分野が限定されるため、負担が軽減され、管理者の段階的な育成も可能となる。「組織の管理原則」の「専門化の原則」、つまり業務を専門化することで習熟度が向上し、専門性を高めることで生産性の向上を図ることを目的としている。「職能的職長制度」は、各部門がそれぞれの専門機能について他部門を指揮する「ファンクショナル組織」の代表的なものとなっている（図表11-1）。

図表 11-1　ファンクショナル組織（職能別組織）のイメージ

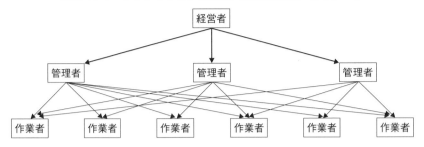

　一方で、「ファンクショナル組織」は、「組織の管理原則」の「命令一元化の原則」、つまり命令・指示は「直接の上位者一人」から受けるべきという原則は満たしていない。組織の規模が小さければ問題は小さいが、規模が大きい場合に 2 人以上の管理者から命令されるため、トラブルが生じたときなどに活動の調整が難しいというデメリットがある。つまり、管理者の権限と責任があいまいとなりがちでもあり、現在の大規模な企業での採用は限定的である。

　「ライン組織」（軍隊式組織）は「命令一元化の原則」を満たす代表的な組織である。「ファンクショナル組織」を学校に喩えると、教師が自分の専門科目を担当する中学・高校に該当する。教師の専門性を重視する組織である。一方で、小学校のように 1 人の教師が全科目を担当するのと同等の組織が「ライン組織」である。「ライン組織」は、最上位層（社長）から最下位層（社員）まで指示命令系統が 1 つのラインで結ばれる組織形態である（図表 11-2）。「ライン組織」では、全てを統括する管理者（部長など）の負担は大きくなるが、

図表 11-2　ライン組織のイメージ

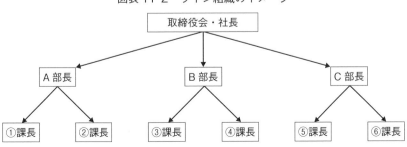

図表 11-3　ライン・アンド・スタッフ組織のイメージ

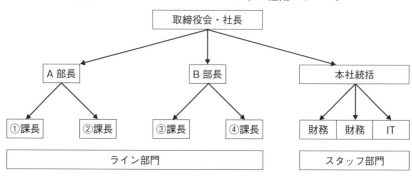

「命令一元化の原則」や「権限と責任の原則」を満たし、命令系統の混乱は生じにくいメリットがあり、現在の多くの組織でも取り入れられている。

　「ライン・アンド・スタッフ組織」は、「ファンクショナル組織」と「ライン組織」の長所を併せ持つ組織である（図表11-3）。管理者をライン管理者とスタッフ管理者に分け、ライン組織に専門家としてラインを支援するスタッフ部門を付け加えた組織である。一般的なスタッフ部門として、総務部、経理・財務部、IT情報部、人事部、経営企画などがある。「命令一元化の原則」を維持しつつ、「専門化の原則」や管理者の育成も機能しやすい組織であるため、一定規模以上の企業で一般的に採用されている。それでも、ライン管理者とスタッフ管理者の両方の管理が行れるため、両部門間のコミュニケーションが重要となる。

（2）　事業部制・カンパニー制（ソニーの事例）
　企業が多角化したり、グローバル化したりすると事業展開が複雑化し、本社部門がすべての事業に関する意思決定を行うことは困難となり、「事業部制」を導入する大企業が増えている（図表11-4）。事業部制には、製品別、地域別、顧客別などに編成する場合がある。「事業部制」は、事業ごとに編成された組織（事業部）を配置し、全社に跨る人事や財務などは本社が統括する組織である。後述の通り、歴史的には1920年代に米デュポンが採用し、米GMが

図表 11-4　事業部制組織・カンパニー制組織のイメージ

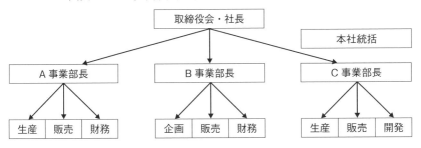

導入したものが本格的な事業部制の始まりであり、日本では1933年に松下電器産業（現パナソニック）が独自に導入したのが初めてとされている。

　事業部制のメリットとして、事業部ごとで迅速な意思決定・行動ができ、権限と責任も明確化しやすく、事業部運営で経営者の育成がしやすい点がある。逆にデメリットとして、事業部間でコミュニケーションが不足がちで、事業部の予算配分や賞与などの格差があると社内対立も起こる可能性がある。また、全社レベルでは経営資源の重複が生まれやすい。

　「カンパニー制」は、「事業部制」をさらに徹底した組織であり、あたかも独立した会社のように経営資源を分配した上で、各プレジデント（カンパニー長）にさらなる権限を譲渡し、独立採算制で経営を行う。厳密な定義はないが、一般的に「事業部制」は事業部の損益計算書に責任を持つ一方で、「カンパニー制」は損益計算書に加えて貸借対照表にも責任を持つことが多い。メリット・デメリットは「事業部制」と同じ項目がより強くなるが、各プレジデント（カンパニー長）は資産や設備投資に対しても権限を持つため、将来の経営者育成がしやすいといわれている。

　第4章でみた川崎重工業は2001年に、第9・10章でみたトヨタは2016年に「カンパニー制」を導入している。トヨタの主なセグメントは自動車関連だが、製品群ごとに7つのカンパニー体制へ移行し、製造から開発まで一体となった「もっといいクルマづくり」の実践を掲げている。

　欧米では古くから「カンパニー制」が導入されていたが、日本ではソニーグループ（証券コード：6758、以下ソニー）が初めて導入した。ソニーは、

図表 11-5　ソニーのセグメント別利益内訳の推移（単位：億円）

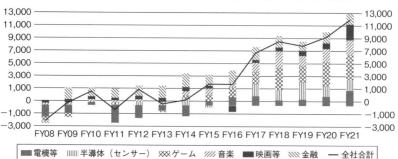

（注）ソニーのセグメント内訳は随時変更されており、統一的に把握することはできない
　　　ため、概ね現在のセグメント内訳にあわせる形で過去に遡り、部門ごとの利益を集
　　　計した。その他部門・連結消去が対象の14年間で約1兆円の赤字となっているが、
　　　表示していない。
（出所）ソニー IR 資料より作成、一部推定

　1994年の赤字転落をきっかけに業績改善の目的で事業部制からカンパニー
制へ移行し、不振だったテレビ事業を分社化し大幅コスト削減を行うことで
1997年には当時の最高益を達成した。しかし2005年には重要領域における事
業本部間の連携を強化するためにカンパニー制を廃止し、エレクトロニクス事
業を横断的に見る5つの戦略会議を設置し、事業部制へ移行した。実際には、
その後の携帯電話やパソコンなどの不振で2008年度と2011年度に大幅な全
社赤字に落ち込んでいる。2009年度以降、金融（ソニー生命、ソニー銀行、
ソニー損保など）と音楽（ソニーミュージックなど）が安定的に収益を稼ぎ続
け、他の事業再編の資金的な源泉として事業再編を成し遂げ、その後の収益改
善を実現している（図表11-5）。
　ソニーは、携帯電話やパソコン、2次電池事業の売却など電機関連事業のリ
ストラを進める一方で、成長事業への経営資源集中で成長を加速している。
過去10年でほとんど黒字化できず累計で大幅な赤字となっていたゲーム事業
では、PS4の投入などで2014年度以降は収益事業となっている。また、ハ
ンディカムやデジタルカメラの技術を応用し、車載カメラやスマートフォン
（iPhoneなど）のカメラ向けセンサー（半導体）で世界トップシェアの部品

が高収益を挙げるように育て挙げた（第 12 章参照）。しかし、現在でも事業再編は継続的に行れている。ゲーム事業では 2022 年にオンライン事業を約 10 億ドルで売却し、ゲーム会社「バンジー」を約 36 億ドルで買収している。一方で、かつての金融事業は非コア事業として株式を売却し上場していたが、2020 年に金融事業をコア事業として約 4,000 億円をかけてグループの中核に取り込んでいくことを発表している。

　2021 年度のソニーの売上は約 9.9 兆円、営業利益は約 1.2 兆円、時価総額は約 11.5 兆円（日本ではトヨタ、NTT に続く第 3 位の企業）となっている。このようにソニーは、それぞれの時代での状況に応じて、「カンパニー制」と「事業部制」を使い分け、事業構造の立て直しを行ってきた。つまり、一概に新しい「カンパニー制」が優れているということではなく、その企業の置かれている状況とその運営自体に依存しているといえる。

　<u>「持株会社（Holding Company）」</u>は、株式の所有によって事業主体である傘下企業を支配する組織である。「カンパニー制」や「事業部制」はあくまでも同じ企業内で運営され、法的にも同じ法人だが、「持株会社」は法的にも別会社として独立的に経営される。戦前の日本では、財閥が持株会社としてグループ企業を支配していたが、戦後の財閥解体後に独占禁止法で禁止されていた。1997 年の金融改革の一環として「持株会社」が解禁されたが、2002 年の連結納税制度の導入による節税メリットが顕在化して以降、日本でも「持株会社」が増加傾向にある。「持株会社」を導入した企業には、セブン＆アイホールディングス、ソフトバンクグループ、LIXIL グループ、大和証券グループ本社、近鉄グループホールディングスのように社名変更した企業だけでなく、イオンやキッコーマンのように社名変更していないケースもある。

　「持株会社」のメリットとして、傘下企業ごとに雇用形態や労働条件を変えることができ、各子会社の売却・撤退がしやすいことが挙げられる。独立した企業が出資により「持株会社」の傘下企業になることも、特定事業（傘下企業）がグループ企業から外れることも容易になる。つまり、従業員にとっては大きなグループへの帰属（意識）は稀薄になる。

3.　自動車産業の成り立ちの事例

（1）　T型フォード（ドミナント・デザイン）

　人類が陸空海で初めて時速 100km/h を超えたのは、1899 年の米国の電気自動車（以下、EV）「ジャメ・コンタント」号である。1900 年には自動車（道路運送車）の米国生産台数のうち 4 割弱が EV でガソリン車の約 2 倍、販売額もガソリン・蒸気自動車の合計額を上回っていた。そのため、トーマス・エジソン氏（Thomas Edison、1847-1931 年）は EV が輸送機関の主流と考え、ニッケル・鉄系「エジソン電池」を使用した EV 3 台を設計している。

　1896 年にエジソン商会の技師を務めていたヘンリー・フォード氏（Henry Ford、1863-1947 年）は、独力でガソリン・エンジン車の開発に成功した。その後に創業したガソリン車企業は倒産するも、1903 年に出資者を募り、フォード・モーター（以下フォード社）を設立した。当時は EV や蒸気自動車が主流で、ガソリン・エンジン車は騒音や排ガスなどの多くの問題もあったが、始動や整備が容易で長距離運行による実用性が高いと判断し、ガソリン・エンジン車を選択したと考えられる。A型からアルファベット順に 8 つの試作を重ね、1908 年に発売した「T型フォード（Ford Model T）」は、1,500 万台超を生産する大ベストセラーとなっている（1921 年のピークには北米シェア 5 割を超えている）。

　T型フォード以前の自動車は、富裕層向けの高級車やレーシング・ホビーの競争車が中心であり、フォード社の出資者は高級車志向であったが、フォード社はT型で、家族が乗れる安価で小型な自動車を志向した。それまで右ハンドルが主流だったが、米国の右側通行で同乗者たちが安全に乗降できる左ハンドルを採用したことから、他社も追随し現在に至っている。セミ・オートマチック的な単純な操縦方法の導入も、その後の主流となっていった。ちなみに、日本でも大正時代には通常の自動車用免許「甲種」と別に、オートバイおよびT型フォード専用免許の「乙種」があったほど簡単な操作であった。また、それまでの試行錯誤を踏まえ、単一鋳造ブロックの 4 気筒 20 馬力の磁石

発電機点火式エンジンを前方に搭載し、英国で開発されたばかりの「バナジウム鋼」を採用した。これにより悪路での耐久性と修理の単純さが実現でき、農村や地方都市での普及が始まった。

　このように T 型フォードは、その後の自動車の基本コンセプトを確立させた「ドミナント・デザイン（Dominant Design）」といえる。ドミナント・デザインとは、その後の標準的な仕様となるような支配的な製品設計であり、第 8 章でみた初代 iPhone やカップヌードル（カップ麺）などもドミナント・デザインの事例と考えられる。ドミナント・デザインが確立すると、革新的な製品イノベーションの発生率は低下するが、コストダウンなど生産の工程（プロセス）イノベーションの発生率が上昇し、コストダウンが進むといわれている。

　フォード社は、ファミリーカーとなる低コスト実現のために、製品を単純な構造に設計し、単純な規格部品に細分化し、塗装も黒一色とし、単一目的の専門機械・工具を使用した。生産ラインも作業手順と所要時間によって単純な作業となるように細分化（流れ作業化）し、結果、未熟練労働者も作業を行うことを可能とした。さらに、1914 年にはベルトコンベア（Belt Conveyor）による移動組立法を導入したことで、標準生産高の測定が可能となり、生産性に応じた賃金率を実施した。労働時間を 1 日 9 時間から 8 時間に短縮し、生産性上昇による「利潤分配制」として平均賃金は倍増した。基幹的な労働者の定着に加え、フォード社の従業員が T 型フォードを購入できる賃金を目指した。

　デトロイト近郊などに部品の専門工場を、全米に組立工場を建設し、組立工場に部品の緩衝在庫を置くことで組立生産が滞らないサプライチェーンを構築した。さらに鋼材を自給するために鉄鋼工場を建設し、鉱山を買収し、1925 年には従業員 15 万人に達している。このように T 型フォードの単一車種を安価に大量生産する「フォード生産方式（Ford System、フォード・システム）」が確立されている。

　価格の引き下げによる需要拡大が大量生産に繋がる好循環により、1921 年に全米シェアは 5 割を超えている（第 5 章の「経験曲線効果」参照）。T 型フォード（ツーリング・カー）の価格は、1908 年の発売時に 850 ドルだった

が、1910年780ドル、1912年600ドル、1914年490ドル、1916年360ドル
まで、10年弱で半分以下に下がった。生産性上昇により他社比3分の1の低
価格で乗用車を販売したが、従業員の賃金を従来比2倍に引き上げた。良質の
労働者を確保すると同時に、労働者への利益の還元を積極的に行った。結果的
に、テイラー氏が提唱した「科学的管理法」の成功事例としてみることが出来
る。

（2） GMの事業部制

T型フォードは1925年までの累積生産量が約1,200万台となる大成功で、
米国の全世帯の約8割が自動車を保有するに至っている。それ以降は、自動車
を初めて購入する人はわずかで、買い換え需要が中心となり、新しい車種や色
などの差別化が求められるようになった。また、T型フォードを投入した時に
は、道路舗装がされていなかったため、座席の高い軽量車体を未舗装路で低速
走行することが求められたが、自動車の普及に伴い道路整備が急速に進展し、
エンジン馬力も重視されるようになった。1920年代、高性能車は6気筒から
8気筒、12気筒といった多気筒エンジンが主流となり、フォードは急速にシェ
アを低下させている。

それに対してシェアを伸ばしたのは、「持株会社」のGM（General Motors
company）であり、2007年にトヨタに首位を明け渡すまで77年間に亘って
世界一を維持することになる（米国内では2020年までトップシェアを維持）。
GMは全米最大の馬車製造業者だったウィリアム・デュラント氏（William
Durant, 1861-1947年）が、T型フォードを発表した1908年に設立した。デュ
ラント氏は、1904年に創業2年目で経営破綻の自動車企業ビュイック社の経
営を請け負い、1908年には全米シェア約14%（8,847台）の主要企業に育て上
げた。さらに、将来の自動車産業のポテンシャルをにらみ、持株会社としてG
Mを設立し、オールズモビル、キャデラック、エルモア、オークランド（後の
ポンティアック）など2年間で小規模な自動車会社や部品企業など20社を買
収している。しかし、デュラント氏は1910年に資金繰りが行き詰まり、銀行
の支援を受けて一旦は立ち直るものの、1920年に株式を売却し社長を退任し

た。

　GM の支配権は、組織先端企業であるデュポン（Du Pont）に移る。デュポンは、1802 年に火薬製造企業として設立され、1903 年には火薬企業 100 社超を傘下におさめ、約 3 分の 2 のシェアを獲得している。多くの企業の集まりを管理するために「職能別組織」への組織改革を行った。また、ダイナマイトの作業工程の細分化による個別作業の専門化・標準化を進め、職位における系列を明確にし、工場ではラインとスタッフの役割分担の配置を行った。一方で戦後の火薬需要減少を見据えて、人造皮革、化学薬品、セルロイド、塗料などに多角化を進めたが、火薬とは販売や製造の方法や考え方が全く違うため、同業他社のように収益化ができなかった。組織体制が問題であるとの認識から、1921 年に 5 つの「事業部制」を生み出し、世界で初めて採用した。5 つの事業部長には日常の業務遂行の戦術的決定権限が付与されたことで、各事業の収益改善が進むとともに、1938 年には世界的な大発明であるナイロンの実用化に繋がっていく。

　このデュポンから GM の経営を託されたのが、アルフレッド・スローン氏（Alfred Sloan Jr. 1875-1966 年）である。スローン氏は、デュラント氏が 1916 年に買収した部品会社のマネジャーだったが、1923 年に GM の社長に就任する。GM の事業を「あらゆる財布と目的にあった」6 車種に整理し、「事業部体制」を構築した。

　それまでの GM は多くの企業を買収した連合体であり、各製品系列の価格帯が重複している状態であった。そのため、スローン氏はまず統一方針を確立した上で、各車種を統廃合し、「フルラインナップ」戦略を展開した。T 型フォードに対抗するシボレー（510 ドル）を大幅値下げするとともに、オールズ（750 ドル）、オークランド（後のポンティアック、945 ドル）、ビュイック（4 気筒 965 ドル、6 気筒 1,295 ドル）、キャデラック（2,985 ドル）の価格帯を設定し、消費者のあらゆる需要に対応した。それぞれの基準価格は、80% の「標準生産高」に見合う標準経費と標準販売経費に利益額を加え算定された。その上で、各事業部を独立した利益責任単位として業績評価が行われた。各ブランドが責任をもって計画を立案し、本社が全体の状況を判断して体系的で統

一的な管理を行う体制を整えている。

　黒一色でオープン・カーであったT型フォードに対して、シボレーはスタイリッシュなカラーの上に、屋根付きのクローズド・カーへの導入を進めた。1924年以降にデラックス・クローズド・カーの需要拡大が急激に進み、1920年代末には全米の9割がクローズド・カーとなっている。T型フォードは後付けでクローズド・ボディを取り付けて対応したが、もともとの基本設計が軽量を前提としていたため十分に対応できなかった。また米国の自動車需要の大半が買い換え需要となることを見越し、1919年にGMは販売金融会社（GMAC）を設立し、オートローンやクレジットを整備している。GMACは、中古車の下取制度を整備し、より高級車への買い換えを可能とした。さらに定期的なモデルチェンジを行い、消費者の買い換え意欲を促進した。

　フォード社はT型フォードを生産停止し、1928年にモデルA型の生産転換を図るまで時間が掛かった。結局、フォード社の全米シェアは1924年には50%超に達していたが、1930年には20%弱まで低下している。1945年にヘンリー・フォード氏が社長を退任し、1946年に事業部制組織が採用されている。一方でGMの同シェアは1924年の20%弱から1940年には50%弱まで拡大している。1930年にフォード社を抜き世界一となり、1950年代には全米最大の会社、世界最大の自動車メーカーとして君臨する。しかし、1984年には日本企業などの台頭に対抗するために、「小型車」（CPC）と「中・大型車」（BOC）の2グループに集約する組織に変更している。それぞれのグループで低価格から高価格帯までラインナップ化されており、製品別事業部制を変革させることになっている。最終的には、リーマン・ショック後の2009年に連邦倒産法第11章適用（倒産）・国有化し、2013年末に再建し国有化解消で再スタートを切っている。

【練習問題】

・ソニーの事例を、PPMの分析フレームワークで説明せよ。
・フォード社とGMの成功・失敗要因を、製品ライフサイクル理論（第5章）を援用して、環境変化を踏まえて説明せよ。

参考文献

1.

大橋昭一・竹林浩志『ホーソン実験の研究』同文館出版、2008 年

F.W. テーラー（有賀裕子訳）『|新訳|科学的管理法』ダイヤモンド社、2009 年

中瀬哲史『エッセンシャル経営史』「第 3 章」中央経済社、2016 年

日本経営協会監修『①経営学の基本（第 6 版）』「第 3・4 部」中央経済社、2018 年

2.

ポール・ミルグロムほか（奥野正寛ほか訳）『組織の経済学』NTT 出版、1997 年

楠木建「ソニー」一橋ビジネスレビュー Vol.48-3、2000 年

小田切宏之『企業経済学』「11 章」東洋経済新報社、2010 年

高橋宏幸ほか『現代経営入門』「第 3・5・11 章」有斐閣、2011 年

井原久光ほか『経営学入門キーコンセプト』「第 4 章」ミネルヴァ書房、2013 年

加藤健太・大石直樹『ケースに学ぶ日本の企業』「Case10」有斐閣、2013 年

沼上幹編『戦略分析ケースブック vol.2』「第 6 章」東洋経済新報社、2017 年

日本経営協会監修『①経営学の基本（第 6 版）』「第 3 部」中央経済社、2018 年

伊丹敬之・加護野忠男『ゼミナール経営学入門（新装版）』「10・15 章」日本経済新聞出版、
　2022 年

3.

井原久光『ケースで学ぶマーケティング』「第 4 章」有斐閣、2001 年

安部悦生ほか『ケースブックアメリカ経営史』「Case6・7」有斐閣、2008 年

東北大学経営学グループ『ケースに学ぶ経営学（第 3 版）』「第 3 章」有斐閣、2008 年

加護野忠男・吉村典久『1 からの経営学〈第 3 版〉』碩学舎、2021 年

廣田幸嗣『トコトンやさしい電気自動車の本第 3 版』日刊工業新聞社、2021 年

各社ホームページ・IR 情報・有価証券報告書

日本経済新聞・日経 BP・東洋経済データベース

第 **12** 章
戦略は組織に従う

　第4章で言及したイゴール・アンゾフ氏（H. Igor Ansoff, 1918-2002 年）は、チャンドラー氏の「組織は戦略に従う」の命題に加えて、1979 年に組織能力の向上を新しい戦略に結びつける「戦略は組織に従う」ことの重要性を指摘している。

1.　日産クロスファンクショナルチーム

　2018 年 11 月に日産自動車（証券コード：7201、以下日産）の代表取締役会長だったカルロス・ゴーン氏（Carlos Ghosn、1954 年 -）は、東京地検特捜部に役員報酬に係る不正の容疑で逮捕され、大きなニュースとなった。ゴーン氏は、3 つの自動車企業の戦略的パートナーシップ「ルノー・日産・三菱アライアンス」（Alliance、同盟・連合）を統括し、社長兼最高経営責任者（CEO）を務めていた。「ルノー・日産・三菱アライアンス」は、トヨタと独 VW とともに年産 1,000 万台を超える世界 3 大自動車グループの一角となっていた。

　しかし、1990 年代には日産は経営危機に陥っていた。負債総額は、すでにバブル崩壊時の 1991 年度末には約 5.2 兆円となっていたが、業績不振は続き、1997 年度末には約 6.6 兆円まで拡大している。メインバンクが救済を諦めたため、日産は国内外企業に救済を求めたが、ダイムラー・ベンツやフォードとの交渉が不調となり、長期債の格付けは「投資不適格」に格下げされ、株価も急落した。1999 年に仏ルノー（RENAULT）による 8,000 億円超の資金提供を受け、直前で破綻を免れたが、日産の 46 モデル中 43 モデルが赤字の非常事

態であり、経営改革や対外交渉を行うリーダー人材はいなかった。そのため、当時のルノーのエース人材であり、上席副社長であったゴーン氏に、日産の最高経営責任者（COO）として再建が託された。

　日産の官僚主義的な縦割り型の問題を打破するために、ゴーン氏は 1999 年 7 月に、再生のために必要となる 9 つの課題に対する機能横断型チームである CFT（Cross Functional Team、クロスファンクショナルチーム）を組織している。CFT は、特定の全社的な経営課題を解決するために、複数の部門（製造、営業など）から選出されたメンバーによって構成されるチームである。複数の部署から選抜されたメンバーによるタスクチーム（task team）として、部門横断的なテーマの検討、解決策の提案をミッションとした。9 つの課題（「事業の発展」「購買」「製造・物流」「研究開発」「マーケティング・販売」「一般管理費」「財務コスト」「車種削減」「組織と意志決定プロセス」）に関して、各 10 人程度で編成された CFT では、3 ヵ月の活動期間中に合わせて約 2,000 件ものアイデアが検討されている。

　CFT の結果を元に、1999 年 10 月にゴーン氏は「日産リバイバルプラン（NRP）」（2000 〜 2002 年度）を発表している。3 つの目標として、① 2000 年度の連結黒字化、② 2002 年度の売上高営業利益率 4.5%以上、③ 2002 年度末までに実質有利子負債を 1 兆 4,000 億円から 7,000 億円への削減が掲げられ、1 年前倒しして達成された。その後もリーマンショックの 2008 年度を除いて、高い収益性に「コミット」し、有利子負債も 2003 年 6 月には全額返済している。

　実は、日本企業では昔から部門を超えて全社的に課題解決に向けて動く傾向があり、「部門を超えた全社的な協力体制が日本の国際競争力の向上に繋がっている」と米国企業が考え、CFT 導入してきたものであった。「日産リバイバルプラン（NRP）」の大成功を踏まえ、その後の日本企業でも問題解決のために公式的な採用を行うケースが増加している。CFT は、トップダウンの改革を推進する際に用いられ、改革に対するトップの意図が明確化されている場合は成功しやすいが、トップのコミットメントが過不足の場合は CFT が機能不全に陥る場合も多いといわれている。

　その後、ゴーン氏は日産とルノーのトップを兼任し、両社の間でシャーシ（車体）やエンジン、トランスミッションなどの部品の共通化、購買の共同化などを通じて両社のコストダウンを行ってきた。2008年には、早くも電気自動車（EV）と中国などの新興国への経営資源集中を打ち出している。第9章でみたように、2021年の中国市場でも、日産の合弁会社（東風日産）が日系企業ではトップシェアを維持している。同様に、2021年の電気自動車（EV）世界シェアでも、「ルノー・日産・三菱アライアンス」が日系企業トップの5位（トヨタは29位）となっている。

　2016年にゴーン氏が三菱自動車工業（出資比率34%）の買収を決断し、日産・ルノー・三菱の3社で戦略的なアライアンスを組み、共同購買・シャーシ（車体）や部品の共用化を開始している。ゴーン氏がいなくなった2022年でも、日産・三菱共同プロジェクトによる軽自動車の新型EV「ekクロスEV」（補助金使用で約180万円）を国内発売し、米国を除く主要市場でガソリンエンジンの新規開発を終了することを発表している。

2.　組織の諸形態

　第11章では、「ファンクショナル組織（職能別組織）」「ライン組織」「ライン・アンド・スタッフ組織」「事業部制」「カンパニー制」などの伝統的な組織をみたが、日産の復活を導いた「クロスファンクショナルチーム」は特定目的の一時的な組織である。さらにユニークな組織として、世界中で採用されている「マトリックス組織」と「アメーバ組織（ネットワーク組織の1つ）」を取り上げる。

（1）　マトリックス組織

　プロジェクト・チーム（Project Team）は、特定の目的を実現させるプロジェクトのために、それぞれの専門家を動員し、一時的に組織される集団をいう。日産の「クロスファンクショナルチーム」も、その1つといえる。

　プロジェクト・チームを常態化した組織が「マトリックス組織」である。職

能部門制の専門マネージャーの命令系統に、事業部制などのプロジェクトマネジャーの命令系統を組み合わせる網の目型の組織形態である（図表 12-1）。職能の専門性と事業部の適応性の両方のメリットを取り入れた組織である。

　一方で、下位者（メンバー）は、2 人以上の上位者（マネジャー）から命令を受ける、ツー・ボス・システム（Two Boss System）のため、「命令一元化の原則」に反する。つまり、権限と責任があいまいになり、命令間の混乱が生じやすいため、組織運営の調整を上手くできるかどうかでパフォーマンスが大きく変わってくる。また、異なる事業部で、共通性の高い経営資源を利用する場合や各事業でのシナジー効果が大きい場合には、マトリックス組織により、事業横断的な判断が可能になる。

　マトリックス組織の発端となったのが、米国 NASA による人類初の月面着陸のアポロ計画である。マトリックス組織により、巨大で複雑なプロジェクト管理を実行し、1961 ～ 1972 年に月面着陸を 6 回成功させている。その後、スイスの重工業企業の ABB（旧名称 Asea Brown Boveri、アセア・ブラウン・ボベリ）が採用し、世界中に知られるようになった。ABB はピーク時にはグローバルで約 1,000 子会社に従業員数 21 万人超を抱え、約 140 カ国で約 50 の製品事業を展開している。最終的に 50 人程度に分割された権限・損益責任が与えられた小規模組織で、当事者意識を高め、巨大企業でありながら機動的な事業展開を行っている。しかし、2000 年以降の大きな経済変動にグループ全体として対応できず、アスベスト集団訴訟などもあり、2002 年には破綻寸前

図表 12-1　マトリックス組織のイメージ

となり、大幅なリストラに追い込まれている。

　第1章でみたネスレは、7商品群と世界3地域のマトリックス経営体制をとり、世界最大の食品・飲料企業となっている。2,000ブランド以上を保有するが、2ヵ国以上で展開するものは80程度で、大半がローカルブランドとして多様な展開を行っている。1980年までネスレの業績は低迷していたが、本社スタッフを削減し、顧客に近い各組織に権限移譲を行ったことで、M&A（第14章参照）で取得した多くの地域ブランドが活性化し、業績が拡大している。欧米ではGEやシェル石油、ダウコーニングなどが、日本では第10章でみたトヨタやコマツがマトリックス組織を導入し、グローバル展開を行っている。トヨタは、2016年に車両タイプ7つのカンパニーと地域別のビジネスユニットを組み合わせたマトリックス組織を導入している。コマツは本社の機能別組織（開発・生産・販売・財務）がグローバル戦略を発信し、地域別の事業オペレーションが実行に責任を持つマトリックス経営を行っている。

（2）ネットワーク組織（アメーバ組織など）

　ネットワーク組織（Network Organization）は、組織内のコミュニケーションの円滑化を促す組織である。「ピラミッド型組織（階層型組織)」では、組織が大きくなるほど階層も増え、情報伝達に時間が掛かるなどの課題がある。これらを克服するために、緩やかな提携関係で結ばれている多様なネットワーク組織が存在する。ネットワーク組織にも、①内部組織、②組織間（自動車の系列など)、③情報システム活用（IT活用による疑似組織）などが考えられるが、ここでは①内部組織の事例として、「アメーバ組織」をみていく。

　「アメーバ組織」は、アメーバ経営で生み出された組織である。「アメーバ経営」は、京セラの実質創業者の稲盛和夫氏（1932-2022年）が1965年に考案し、京セラ、およびKDDI、JALなどで適用されている管理会計手法である。アメーバ経営は、組織をアメーバ（細胞）に見立てて、5～10人程度の小集団に細分化し、小集団のリーダーに権限・責任を与え、独立採算制で運営する経営管理手法である。アメーバごとに「時間当たり採算＝（売上－経費）÷労働時間」を算出し、時間当たり採算の最大化を図る。目標値を月次、年次で策定

し、労働時間短縮や売上増加策を実行に移して目標達成を目指すものである。集団の採算や仕事量がバランスを失った場合に、柔軟に人員を増減させ、形を変えていく様子がアメーバ（細胞）に似ていることから、名付けられている。なお、現在では採算だけで評価が難しい小集団や10人単位で収まらないケースも出てきており、AI技術も使用した新しい採算管理のあり方を模索しており、まだ進化中である。

　アメーバ経営は、①全員参加経営の実現、②経営者意識を持った人材育成、③市場に直結した部門別採算制度の確立を目的にしている。一方で、各アメーバのリーダーには経営者並の裁量と自由度が与えられるため、各アメーバがバラバラに動き、会社が意図する目標とは異なる方向に進んでしまう可能性がある。そのため、アメーバ経営には、独立採算のアメーバ組織とセットで、企業にとって何が大切なのかの「フィロソフィ（哲学）」を導入することでバランスをとっている。「フィロソフィ」は、行動を決定する根拠となる価値観やルール、行動規範に近い概念で、自社に適した「フィロソフィ」を定義することで、会社全体の統一性を確保できる。

　アメーバ経営の導入企業には、京セラ、KDDI、JALグループ以外に、カプコン、鳥貴族ホールディングス、ディスコ、コマニー、MTG、ワタベウェディング、ちよだ鮨などがある。アメーバ経営コンサルティングを行う京セラコミュニケーションシステムによると、2022年の時点で正式な導入企業だけで892社あり、業種構成比は、製造業46%、非製造業43%、介護医療関係11%の構成となっている。アメーバ経営を学ぶために、1983年に日本中の若手経営者から稲盛氏への依頼で始まった「盛和塾」は、2019年の閉塾時に国内56塾、海外48塾、塾生数1.5万人の経営者にまで拡大している。第14章でみるソフトバンクグループの孫正義氏も「盛和塾」で学んでいる。企業規模に依存せず導入が可能なため、中国や北南米など世界中で独自導入している企業が数多くある。なお、稲盛氏の経営指南書などの著書は世界中での累計発行部数が2,200万部を超えている。

3.　村田製作所と京セラの事例

　第8章でみたように、AppleのiPhoneは台湾の鴻海精密工業などに生産委託されているが、その部品は世界中から集められている。2020年11月21日付けの日本経済新聞によると、「iPhone12」の推定原価は373ドル（4万円強）であり、原価の国別構成比は、韓国27.3%、米国25.6%、日本13.2%、台湾12.1%、中国4.7%他となっている。韓国企業は部品原価総額の約2割を占める有機ELパネルやフラッシュメモリー、米国企業は通信用半導体やアナログ半導体など高単価の部品を供給している。一方で、日本企業では、第11章で説明したソニーの画像センサーでも原価全体の約2%であり、全体的に低価格の部品を数多く供給している。一般電子部品は世界シェアの4割近くを日本企業が保有し、第10章でみたように、日本の主力輸出品の一つとなっている。その中でも電子部品企業を代表する村田製作所と京セラの両社は、ユニークな組織で世界的な電子部品企業となっている。

（1）　マトリックス組織の村田製作所

　マトリックス組織を活用し、日本を代表する企業となったのが村田製作所（証券コード：6981）である。村田製作所の2021年度売上は約1.8兆円、営業利益は約4,240億円（営業利益率23%）、時価総額は約4.2兆円（日本で自己株式含むベースで31位）、期末従業員数77,581名である（図表12-1）。

　電子部品専業で、売上構成比は、コンデンサが約43%、圧電製品が約8%、その他コンポーネントが約25%、モジュールが約24%である。製品は世界中のあらゆる製品に使用されている。売上の用途構成比は、通信が約43%、コンピュータが約20%、カーエレクトロニクスが約19%、テレビ・ゲーム機等（Audio Visual）が約4%、家電他が約15%である。地域構成比は、日本が約9%で、米州が約11%、欧州が約9%、中華圏が約55%、アジア他が約16%である。なお、iPhoneのように中華圏で生産されても、最終的に世界中で使われている機器が多いため、村田製作所の地域別売上は最終的に製品が使用され

図表 12-2　村田製作所の財務諸表の「定型シート」（2022.3 期）

(6981) 村田製作所　　　　　　　　　　　　　　発行済み株式数（Z）　63,449 万株
　　　　2022/9/30 付け株価（＝X）　6,632 円
2022.3 期　損益計算書（連結、百万円）　　　貸借対照表（2022.3 期末、百万円、概算値）
SEC 基準

A) 売上高	1,812,521	利益率		F) 総資産	2,809,171	G) 負債	545,259
B) 営業利益	424,060	23.4%＝B/A		＝G＋H		H) 純資産	2,263,912
C) 営業外収支	8,642	＝D-B					
D) 税前利益	432,702	23.9%＝D/A		ROE	13.9%＝E/H	I) 自己資本比率	81%＝H/F
E) 当期利益	314,124	17.3%＝E/A		ROA	11.2%＝E/F	J) 時価総額	42,080 億円

ている地域ではないことには注意が必要である。

　村田製作所は、主力のセラミックコンデンサ（Ceramic Capacitor）で世界シェア 40％を持つ。コンデンサ（キャパシタ、蓄電器）は、電気を蓄えたり放出したりする役割を持ち、電圧の安定化やノイズ除去に必要不可欠な電子部品である。セラミックコンデンサは、一般的に 1 台当たりスマートフォンで約 1,000 個、ノートパソコンで約 800 個、自動車で約 8,000 個が搭載されている。それ以外にも、白物家電やテレビ、エアコン、人工衛星などあらゆる機器に、セラミックコンデンサが大量に使用されている。村田製作所は概算で年間 1 兆個生産し、累積生産数は 9 兆個（1608 サイズ換算で地球と月を約 18 往復できる数量）に達している。

　当初の携帯電話であるフューチャーホン（いわゆるガラケー）では 1 台当たり約 200 個のコンデンサが搭載されていたが、高機能化により 1 台当たりの搭載が増加し、最新のスマートフォンでは約 1,000 個が使用されている。また、電気自動車（EV）では 1 台で約 1 万個が必要といわれ、世界の機器生産よりも速いペースで成長している。経済産業省「生産動態統計」によると、2021 年のセラミックコンデンサ国内生産の個数は約 1.4 兆個（金額は約 7,500 億円）であり、全世界生産の半分以上が日本で生産され、世界中に輸出されている。

　村田製作所は 2021 年度のコンデンサ売上だけで約 7,853 億円（コンポーネントの平均利益率 32％より高収益性で利益は 3,000 億円前後と推測）となっている。業界平均単価は 1 個当たり 0.5 円強と安価だが、精密で高品質な部品を大量に供給できる企業は限定されると考えられる。一般的にセラミックコンデンサの生産工程は、誘電体セラミックスと添加物を混合し、シート状に 1 ミク

ロン（上質紙の100分の1の厚さ）以下で均一に薄く伸ばし、電極パターン
をスクリーン印刷で1,000以上積層し圧着した上で、1,200℃前後の焼成炉で
焼き固め（セラミック化）、外部電極をメッキする。電気の技術だけでなく、
非常に長い生産工程において、材料、積層、印刷、焼成、表面処理、精密加
工、パッケージングなどの幅広い技術や工程が必要となっている。電極パター
ンのシート厚を薄くすれば、積層数を増やせるため、現在は0603サイズ（0.6
×0.3mm）や0402サイズ（0.4×0.2mm）まで小型化が進み、1個当たりのコ
ストが下がり続けている。また、同サイズであれば、1980年以降で1,000倍
以上の大容量化が達成され、用途先が広がり、世界中で生産数が爆発的に増加
している。小型化・大容量化による「経験曲線効果」（第5章参照）でコスト
が下がる好循環が続いてきた。

　村田製作所はセラミック材料に着目し、研究開発を積み重ね、材料から製
品までの一貫生産体制を構築している。現在も研究開発費は年1,000億円超
で、新製品比率は3割超となっている。セラミックの技術を応用し、コンデン
サ以外でも、スマートフォン1台当たり最大70個使用されるSAW（表面波）
フィルタやEMI除去フィルタでは世界シェア35〜50%、各種機器に使用さ
れるBluetoothモジュールや無線LANモジュールでは世界シェア5〜6割を
持つ。逆に言えば、村田製作所が、顧客が必要とする高い機能を満たす部品を
開発・供給してきたからこそ、現在のスマートフォンなどが実現できたといっ
ても過言ではない。

　村田製作所は村田昭氏（1921-2006年）が京都で創業した。村田昭氏は病
弱な子供時代を過ごす中で「感謝」の心を強く意識することで「病気のデパー
ト」を抜け出し、18歳で父親の陶器屋（清水焼）の営業を手伝う。しかし、
受注見積もりは職人の経験と勘に基づくものであったため、半年掛りで作業
時間や歩留まり等の計測を行ない、素人でも品種別・工程別の見積もりをでき
るように「科学的管理の実践」を行った。その上で、新規顧客獲得を提案す
るが、父親から価格を下げて受注するのであれば競合も困るし、自社も収益
が出ないと諭され、同業がやっていない「独自の製品」のみ営業を許可され
ている。電波兵器用ステアタイト（絶縁体）受注のため、1944年に村田製作

所を創業したが、他社が受注したため、酸化チタン磁器コンデンサの依頼を受ける。コンデンサ（電子部品）は門外漢のため、京都市立工業研究所の助言を得て開発し、戦後も京都大学教員との共同開発で「技術を錬磨」し、現在のチタン酸バリウム（BaTiO3）のコンデンサ開発に繋がっている。品質のバラツキを改善するためマテリアル事業部を設立し、「良い部品は良い素材から」を徹底している。一方で、資金や労働力不足から自社だけでは充分な生産ができず、多くの地方都市での「協力者」と工場を立ち上げ、顧客からの需要に応じている。「信用の蓄積」を経て、設備・研究投資不足を解消するために1976年にシンガポール市場で（アジア市場）世界初の時価発行増資を行うなど10年で1,300億円超の資金調達にも成功している。これらの経験から、村田昭氏は1954年に「社是」（経営理念）を制定し、現在でも全世界の社員が共有している（図表12-3）。

　「技術を錬磨し」「科学的管理を実践し」「独自の製品を供給して」などの社是を実践するために生み出されたのが、当社の「マトリックス経営」である。1973年に工程別管理を導入し、1979年に事業部制の考え方を組み合わせ、各子会社の同工程を抜き出している。その後、「コンデンサ」などの製品別を縦軸に、「調合」「成形」などの工程別組織を横軸に、本社・開発・営業などの機

図表12-3　村田製作所の社是

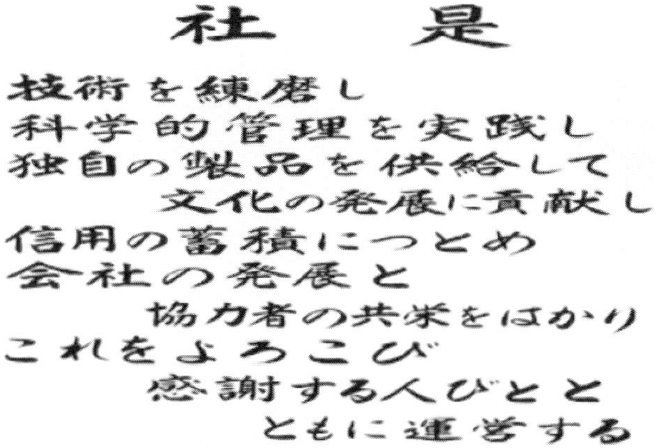

社　　　是

技術を練磨し
科学的管理を実践し
独自の製品を供給して
　　文化の発展に貢献し
信用の蓄積につとめ
会社の発展と
　　協力者の共栄をはかり
これをよろこび
　　感謝する人びとと
　　　ともに運営する

（出所）村田製作所ホームページ

能スタッフを含めて「三次元マトリックス組織」を編成している。

　このように独立採算の事業体に業績管理を行う「マトリックス経営」で経営管理単位をできるだけ細分化し、製造工程で重複する作業をカットし、間接業務を一本化しコスト削減を常時行える体制をとっている。当社独自のルールとしてグローバルで統一された緻密な費用計算を行うことで、各工程や外部価格との収益性比較が可能となっている。一方で、「マトリックス組織」のデメリットである部門間でのコンフリクト（対立・葛藤）が起こったときも、定量データを元に客観的な判断をしやすくなる。また、歴史的にも定量的な分析に基づき課題解決に当たる組織風土を醸成している。緻密に定量管理を行うことで、急変する市場の中でも積極的に投資を行い、世界のスマートフォン向け需要に応え、現在の地位を得ることになったと考えられる。

（2）アメーバ組織の京セラ

　前述の通り、世界中に広がった「アメーバ組織」を生み出したのが京セラ（証券コード：6971）である。京セラの2022年度売上は約1.8兆円、営業利益は約1,489億円、税引前利益は約1,989億円、時価総額は約2.6兆円（日本で49位）、期末従業員数83,001名である。素材・部品から完成品まで幅広い製品群を世界中に供給している。売上の地域構成比は、日本が約33%、米国が約19%、欧州が約18%、アジアが約26%、その他が約3%である。製品内訳は、コアコンポーネント（セラミック関連）、電子部品、ソリューション（機器）など多岐に亘るが、各セグメントで安定的に10%前後の収益性を確保していることが特徴である（図表12-4）。

　「コアコンポーネント」（売上構成比約29%）は、セラミック技術を応用して多様な用途向けに展開しているが、半導体・液晶向けが中核となっている。もともと1965年に米フェアチャイルド（Fairchild、技術者がスピンアウトしてのちのインテルなどの誕生につながる企業）等の外国企業へのセラミックビーズ受注から始まっている。1966年に米IBMの半導体セラミック基板を1.5億円受注（当時の京セラの売上の3割相当）するが、要求された技術水準が厳しすぎ、要求精度を測定する機器の購入から始め、従業員が工場の寮に泊まり

図表 12-4　京セラのセグメント内訳（2022.3 期）

（2022 年 3 月期、単位：億円、人）	売上	利益	利益率	従業員数	製品例
コアコンポーネント	5,279	616	12%	17,001	
産業・車載用部品	1,729	199	11%	−	ファインセラミック部品他
半導体関連部品	3,277	442	13%	−	セラミックパッケージ他
その他	273	− 25	−	−	人工関節、宝飾・応用商品他
電子部品	3,391	479	14%	19,419	コンデンサ、水晶他
ソリューション	9,837	687	7%	41,969	
機械工具	2,511	272	11%	−	切削工具、電動工具他
ドキュメントソリューション	3,667	333	9%	−	プリンタ、複写機他
コミュニケーション	2,623	153	6%	−	通信機器、通信サービス他
その他	1,036	− 71	−	−	ディスプレイ、エナジー他
その他	178	− 146	−	1,104	新規事業 GaN デバイス開発他
本社：調整・消去等／本社損益等	− 296	353	−	3,508	
合計（税引前利益）	18,389	1,989	11%	83,001	

（出所）有価証券報告書より作成

込み、7 か月で要求水準を満たしている。これが世界標準機となる IBM のコンピュータ（第 13 章参照）に組み込まれ、京セラの技術水準が世界中で認知された。あらゆる環境で使用されている半導体は、外部からの湿気や強い光などに対して極端に弱いため、電気を通さないセラミックで保護する必要があるが、京セラが半導体パッケージを試作し、米国の半導体企業等に採用されたことで、現在のように半導体が世界中で使用されるきっかけとなった。

　日本では実績主義で採用実績がなければ採用されにくいが、米国 NASA などが評価したことで、日本でも採用されるようになった。多くの日本企業が継続的な改良やコストダウンに注力する傾向があるが、京セラは海外企業からしか受注できなかったことから、新しいイノベーションを生み出すことの重要性を認識し、半導体だけでなく、液晶、産業用、自動車などで求められるセラミック部品を世界中に供給している。現在では、人工関節・人工歯根等、宝飾品（再結晶宝石）、応用製品（セラミックキッチン等）まで用途が広がっている。

　「電子部品」（同約 18%）は、セラミックコンデンサではシェアが 6% と低い

ものの、タンタルコンデンサで世界トップシェアとなっている。また水晶振動子・発振器の主要企業であり、水晶用セラミックパッケージでもトップ企業である。水晶（石英）に電圧をかけた固有振動数は他に類を見ない精度を持つため、「時間」の基準として、クォーツ時計、通信機器、コンピュータなど、現代のほとんど全ての機器に入っている。半導体同様に外部からの影響を遮断する京セラのセラミックパッケージが採用されている。

　「ソリューション」（同約54％）は、複写機、プリンタ、携帯電話（2021年国内シェア3位）、電動工具などの最終製品が中心である。最大規模のドキュメントソリューションは、1998年に負債総額2,000億円超で倒産した三田工業の支援で始めたものである。その他も多くの買収や譲渡を受けた企業・事業がベースとなっており、高いシェアを持っている事業は少ないが、京セラグループに入りアメーバ経営導入後に収益性が高まっている場合が多い（詳細は第14章）。

　京セラ（京都セラミックから1982年に社名変更）は実質的に稲盛和夫氏が1959年に京都で創業して以来、現在まで黒字経営を継続している。稲盛氏は鹿児島出身で受験も、就職も上手くいかず、ようやく就職できた京都の企業も辞め、「自分たちの技術を世に問う」ためだけに創業した。しかし創業3年目に前年に入社した高卒社員11名から「生活の保障」を求められたが、稲盛氏は企業の存続さえ危うい中で安易に「生活の保障」もできず、三日三晩話をして、会社経営とは、将来にわたって社員やその家族の生活を守り、幸福を目指すことが必要と思い至る。さらに、企業は長期的に発展するためには、社会に貢献することが必要と考え、経営理念「全従業員の物心両面の幸福を追求すると同時に、人類、社会の進歩発展に貢献すること」を掲げることになる。

　創業5年で従業員300名を超え、製造工程も複雑になった。稲盛氏は、パナソニックの事業部制（第11章参照）を参考にして、「時間当り採算制度」で異なる部門間の経営状態を公平な尺度で評価するという独自の方法を考案する。「時間当り採算」をベースに、社員一人ひとりがそれぞれの立場で工夫する「全員参加経営」のアメーバ経営を確立している。

　アメーバ経営は京セラだけでなく、KDDI（証券コード：9433、時価総額約

9.8 兆円、日本で第 5 位）の創業に繋がっている。1984 年に日本の電気通信事業が自由化されたが、それまで 1 社独占の国営企業だった電電公社（現在の NTT）が巨大なインフラ・技術等を保有しており、新規参入を表明する民間企業はなかった。しかし、当時の日本の通信費用は国際比較でも非常に高く、電話機の種類も限定されており、稲盛氏は京セラ社内の反対を押し切って参入を決断する。稲盛氏は「通信事業を始めようとする動機は善なのか、そこに私心はないのか」を自分自身に問い続け、消費者のために京セラを中心に民間初の DDI（第二電電）を設立する。通信の技術もインフラもない中、アメーバ経営でゼロから通信事業を展開し、2000 年設立の KDDI の母体となっている。京セラは KDDI 向けに携帯電話端末を開発し、現在も京セラは KDDI の 15% の株式を保有する大株主である。

　アメーバ経営は倒産した JAL（日本航空、証券コード：9201、時価総額約 1.1 兆円）の立て直しでも成果を上げている。負債総額 2.3 兆円超で JAL が倒産した後、2010 年に公的資金を注入した政府からの要請で、稲盛氏は会長に無報酬で就任する。アメーバ経営を導入し、社員の意識改革に取り組み、3 年後に公的資金を全額返済し再上場させている。

　このように独立採算を重視するアメーバ組織は、各アメーバのコスト意識を高めることで経営効率に大きく貢献する一方で、自分のアメーバだけを優先し、組織（企業）全体の最適を考えなくなるリスクがある。そのため京セラでは、企業にとって何が大切なのかの「フィロソフィ（哲学）」を導入することでバランスをとっている。経営理念に基づく「京セラフィロソフィ」では、「人間として何が正しいか」を判断基準として、人として当然持つべき倫理観、道徳観、社会規範にしたがって、誰に対しても恥じることのない公明正大な経営、業務運営を行っていくことの重要性を説いている。アメーバ経営は、独立採算の「アメーバ組織」と「フィロソフィ」の両方が両輪となって初めて上手く機能すると考えられる。

　ここでみた村田製作所と京セラは、同じ 1950 年代に、京都で、セラミックス技術を基に、電機業界で起業され、厳密な採算管理を徹底し、世界的な電子

図表 12-5 村田製作所と京セラの共通点・相違点

企業名	村田製作所	京セラ
本社地	京都	京都
設立	1950 年	1959 年
コア技術	セラミックス	セラミックス
組織体制	マトリックス組織	アメーバ組織
経営の考え方	科学的管理	京セラ・フィロソフィ
事業	電子部品	多様な製品群

部品企業となった点で共通点が極めて多い（図表12-5）。しかし、「マトリックス組織」と「アメーバ組織」という2つの異なる仕組みを導入した結果、現在の事業展開が、電子部品専業と多様な事業展開と大きく異なっている。組織体系だけで事業展開が全て決まる訳ではないが、「戦略は組織に従う」ことを示した事例と考えられる。

【練習問題】

・「戦略は組織に従う」の視点から、日産、村田製作所、京セラの事例を説明せよ。
・村田製作所と京セラの共通点・相違点をより具体的な事例を挙げて説明せよ。

参考文献

1.

ハーバード・ビジネス・スクール『ケース・スタディ日本企業事例集』「第2章」ダイヤモンド社、2010年

浜田和樹「日産自動車におけるクロスファンクショナル・チーム（CFT）の活動」関西学院大学商学論究60巻1/2号（P307-331）、2012年

2.

デイビッド・ベサンコほか（奥村昭博ほか訳）『戦略の経済学』「第3部」ダイヤモンド社、2002年

加護野忠男・吉村典久『1からの経営学』「第9章」碩学舎、2006年

高橋宏幸ほか『現代経営入門』「第 5 章」有斐閣、2011 年

ジェイムズ・ブライディング（北川知子訳）『スイスの凄い競争力』（第 8 章）日経 BP、2014 年

日本経営協会監修『①経営学の基本（第 6 版）』「第 3 部」中央経済社、2018 年

伊丹敬之・加護野忠男『ゼミナール経営学入門（新装版）』「10 章」日本経済新聞出版、2022 年

3.

村田昭『不思議な石ころ』日本経済新聞出版、1994 年

林隆一「6981 村田製作所〜今、メタモルフォシス（完全変態）の時期を迎える」NOMURA 証券調査レポート、1999 年

林隆一「半導体パッケージ：実装のカンブリア紀が到来」NOMURA 証券調査レポート、2000 年

林隆一「3.　電子部品の業界団体・業界構造」（村田製作所の例）（田中國昭・脇野喜久男監修『電子部品大辞典』所収）工業調査会、2002 年

稲盛和夫『稲盛和夫のガキの自叙伝』日本経済新聞出版、2004 年

稲盛和夫『生き方』サンマーク出版、2004 年

稲盛和夫『働き方―「なぜ働くのか」「いかに働くのか」』三笠書房、2009 年

ハーバード・ビジネス・スクール『ケース・スタディ日本企業事例集』「第 10 章」ダイヤモンド社、2010 年

伊丹敬之・西野和美編集『ケースブック経営戦略の論理〈全面改訂版〉』「第 6 章」日本経済新聞出版、2012 年

小樽商科大学ビジネススクール『MBA のための起業家精神講義』「第 6 講」同文館出版、2012 年

稲盛和夫『京セラフィロソフィ』サンマーク出版、2014 年

日経ビジネス『日経ビジネス』2022 年 9 月 12 日

経済産業省「生産動態統計」

各社ホームページ・IR 情報・有価証券報告書

日本経済新聞・日経 BP・東洋経済データベース

第 **13** 章
製品アーキテクチャ

1. 世界の生産基盤を支える日本の工作機械産業

　機械振興協会経済研究所（山本（2022））は、世界の機械産業主要12業種（自動車、自動車部品、情報・通信機器、半導体・同製造装置、コンピューター・事務機、重電・産業機械、家電・映像機器、航空・宇宙機器、建設・農業・鉱山機械、医療機器、造船・海洋設備、工作機械）について、日本、北米、欧州、アジアの4地域に本社を置く企業の競争力分析を行っている。4地域ごとの売上トップ5社の財務諸表をもとに分析しているが、2020年度で日本が売上高シェアで1位となったのは「工作機械産業」（日本のシェア44%）のみであった。ちなみに、日本が4地域中2位だったのは、自動車（トヨタ、日産など）、自動車部品、家電・映像機器（ソニーなど）、建設・農業・鉱山機械（コマツ、クボタなど）の4業種だった。

　あらゆる機器・機械の部品は工作機械を通じて作られるため、工作機械は「機械を作る機械」もしくは「マザーマシン（母なる機械）」といわれている。工作機械は精密で複雑な部品を正確かつ効率的に作るが、マザーマシンの精度を超える製品・部品をつくることができないという「母性原理（Coping Principle）」から、産業全体への波及効果も大きい。工作機械は英国の産業革命で発明されたが、米国の南北戦争をきっかけに、小銃や機器などの「互換性部品」（Interchangeable Parts）の製造のため「専用工作機械」が次々に開発された。工作機械によって、機械や機器の部品寸法の標準化を行う「互換性部

品」が生産され、大量生産と安定的な品質向上が可能になった。ミシンやタイプライターに続き、第11章でみたように自動車産業でも「互換性部品」により、同一規格の大量生産が可能となった。逆に、戦後の日本の自動車や電機産業などの製造業の拡大が工作機械発展の原動力になってきた。1981年に日本の自動車生産台数が世界一になったこともあり、工作機械生産でも1982年から2008年まで27年間、世界一となった。

　その後、中国市場が急拡大し中国生産が世界一となったものの、依然として日本はドイツと並んで多くの工作機械を中国や米国に輸出している（図表13-1）。2021年の世界の工作機械市場は851億ドル（9兆円強）で国別シェアは、1位が中国30％、2位が日本12％、3位がドイツ12％である。市場としては中国が世界最大で消費額は約279億ドル（輸出53億ドル、輸入75億ドル）で、第2位の米国の消費額は約108億ドル（輸出15億ドル、輸入48億ドル）に留まるが、純輸入額では米国（約33億ドル）が第1位となっている。輸出額の世界1位はドイツの約77億ドルだが、純輸出では輸入の少ない日本（約65億ドル）が第1位となっている。2021年の中国は消費額の約27％を輸入

図表 13-1　世界の国別工作機械生産・消費額・純輸出

（切削＋成形）　　　　　　　　　　　　　　　　　　　　（百万ドル）

	2021 暦年	生産額	構成比	消費額	構成比	純輸出	対消費比率
1	中国	25,800	30%	27,930	35%	−2,130	−8%
2	日本	10,639	12%	4,150	5%	6,490	156%
3	ドイツ	10,626	12%	5,310	7%	5,317	100%
4	米国	7,509	9%	10,781	13%	−3,272	−30%
5	イタリア	6,726	8%	4,735	6%	1,991	42%
6	韓国	4,500	5%	3,429	4%	1,071	31%
7	台湾	3,577	4%	1,831	2%	1,746	95%
8	スイス	2,666	3%	906	1%	1,760	194%
	その他	13,086	15%	21,127	26%	−8,040	−38%
	60 ヵ国合計	85,130	100%	80,197	100%	−	−

（注）「消費額」は各国の生産高から輸出額を引き、輸入額を加えて推定している。

（出所）日本工作機械工業会（2022）データより作成

しており、輸入元は日本が約41%、ドイツが約20%である。同様に米国は消費額の約45%を輸入しており、輸入元は日本が約32%、ドイツが約18%である。つまり、米中の生産基盤「マザーマシン」は日独の工作機械輸出が支えていることになる。

工作機械の最終用途は自動車向けが最も多いと推測される。自動車は、過去に投資され設置された工作機械によって生産されるため、一国における1年間の自動車生産の量（フロー）は、過去に設置された工作機械の量（ストック）と相関性が高いと推測される。そのため、各国の過去20年（1999～2018年）の工作機械消費金額（平均値）と各国の2019年の自動車生産台数を比較した（図表13-2）。工作機械の耐久年数にはバラツキがあるが、フル生産に活用される年数は経験的に概ね20年程度と考えられる。中国では、過去20年間の平均消費台数の世界全体に占める比率は30%で、2019年の自動車生産台数の世界シェア28%と概ね一致している。米国では工作機械の20年累積消費における構成比の約10%に対して自動車生産の構成比は約12%となっている。

図表13-2 工作機械消費と自動車生産の関係

工作機械消費（1999～2018年平均）と自動車生産の関係

	機械・過去20年単純平均設置金額		2019年構成比工作機械消費	自動車生産台数（2019）	
	（百万ドル）	構成比		（千台）	構成比
中国	20,471	30%	27%	25,720	28%
米国	6,992	10%	12%	10,880	12%
ドイツ	6,405	9%	10%	4,661	5%
日本	5,632	8%	7%	9,684	11%
韓国	3,653	5%	4%	3,950	4%
イタリア	3,431	5%	5%	915	1%
台湾	1,908	3%	2%	251	0%
その他	20,143	29%	33%	35,725	39%
合計	68,635	100%	100%	91,786	100%

（出所）日本自動車工業会ホームページ、日本工作機械工業会（2020）より作成

2. 製品アーキテクチャ

　自動車やパソコンなどの最終製品は、多くの「部品」から成り立っているが、どのような部分を「部品」（コンポーネント）に分割するのかは一通りではない。この分割の仕方を「製品アーキテクチャ（Product Architecture、製品の基本的な設計思想）」といい、製品の設計要素（コンポーネント）の分割や構成要素間の関係性が分析されている。製品アーキテクチャは、両極にある「モジュール（Modular、組み合わせ）型」と「インテグラル（Integral、すり合わせ）型」の2つに大別すると分かりやすい。

　「モジュール（組み合わせ）型」アーキテクチャは、1つひとつのコンポーネントが、それぞれ独立で機能している状態で、機能と部品との関係が1対1に近い形になっている（図表13-3）。典型例がパソコン産業でみられ、半導体（CPU・メモリ）やディスプレイ、HDDなどを組み替えても作動するように

図表13-3　アーキテクチャの分類例（モジュール型とインテグラル型）

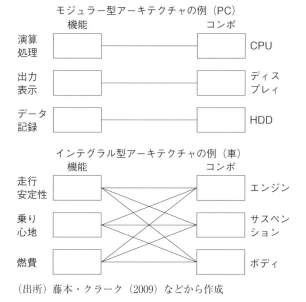

（出所）藤本・クラーク（2009）などから作成

設計されている。各部品をみると、それぞれが自己完結的な機能があり、各部品の独立性が高いため、製品全体や他の部品への影響を考慮せず、部品ごとの改善や変更が可能である。USBのようなインターフェイス（接点）が標準化されている場合が多い。また、コンポーネントの組み合わせが多様に選択できるため、製品のバラエティを増加させることができる。

「インテグラル（以下すり合わせ）型」アーキテクチャは、製品を構成するコンポーネントが、機能的に相互依存となっている状態で、機能群と部品群との関係が錯綜している（図表13-3）。典型例が自動車産業でみられ、基本的には車種によってエンジン、サスペンション、ボディなどは固定されており、変更すると乗り心地や性能に影響を与えかねない。すべての部品が相互に影響を与えるため、各部品の設計者は、お互いの設計の微調整や連結が必要となる。そのため、一つの部品の設計が変更されるときには、他の部品の設計も調整しなければ、システムとして機能しない。自動車にもオプション部品などがあり、現実的には「モジュール型」と「すり合わせ型」が部分的にくみ合わされている場合もあるが、骨組みの大枠で考える場合が多い。

製品アーキテクチャが異なると、組織のあり方にも影響が出てくる。単純化して言えば、完全なモジュール型では、組織も個別コンポーネントごとの事業部制やカンパニー制で対応が容易だが、すり合わせ型では、横断的なプロジェクト組織やマトリックス組織など複雑な調整が必要な場合が出てくると考えられる。

また、完成品企業と部品企業のあり方にも大きな影響を与えていると考えられる。例えば、1981年にIBMが発売したPC（パーソナルコンピュータ）の規格は、その後のデファクト・スタンダード（de facto standard、事実上の標準）となったが、これがきっかけで現在のマイクロソフト（Microsoft）やインテル（Intel）などの世界的企業が生み出されている。IBM-PCが発売されるまでは、各メーカー独自の半導体やソフトウェアを搭載して構成されることが当然であったが、IBM-PCは、開発期間を短縮するために半導体やソフトウェアを外部企業から調達した。つまり、IBMはコンピュータの製品アーキテクチャを、それまでのすり合わせ型からモジュール型に変更するため、外

部企業とのインターフェイス（接点）を設定した。

　この IBM-PC のカタログ上の機能・性能は一般的で平凡であったが、技術仕様が公開されたため、外部企業が優れた拡張カード、周辺機器、ソフトウェア等を独自開発し始めたことから主要なパソコンとなり、その後の世界中の多くのパソコンが「IBM-PC 互換機」となっていった。各コンポーネントを独立企業による設計が可能となり、これをきっかけに個別コンポーネントの特化が進み、垂直統合の産業構造が変化した（図表 13-4）。世界中のパソコン（最終製品）企業に、マイクロソフトやインテルなどが半導体（マイクロプロセッサ）やソフトウェア（OS）などのモジュールを供給することで、比較的容易に一定水準のパソコンを生産することが可能となった。その結果、1990 年代には自動車やテレビよりも多くのパソコンが世界中に広がることとなった。つまり、パソコンの製品アーキテクチャが変化したことにより、産業構造が大きく変化し、世界を変えたといえる。第 8 章でみた「スマイルカーブ」も当時のパソコン産業の変化の中で提唱されたものである。

　iPhone のようなスマートフォンは、「モジュール型」のため各部品が独立しており、鴻海精密工業などの EMS に生産委託しやすい（第 8 章参照）。村田製作所はセラミックコンデンサ（電子部品）を iPhone にモジュールとして供給しているが、セラミックコンデンサは非常に長い生産工程を自社の中で「すり合わせ型」の生産を行っている（第 12 章参照）。同様に、インテルも長年、「すり合わせ型」でマイクロプロセッサの性能向上を進めてきた。つまり、「モ

図表 13-4　モジュラー化によるパソコン産業構造の変化イメージ

（1980年ごろ）	IBM	DEC	Univac	（1995年ごろ）		
マイクロプロセッサ				インテル		
OS（基本ソフト）				マイクロソフト	Mac	
アプリケーションソフト				マイクロソフト		
記憶装置				シーゲート	WD	
ネットワーク・サービス				IBM		
ハードウェア				コンパック	DELL	HP

（出所）グローブ（2017）などから作成

ジュール型」を採用しても、製品全体の複雑性がなくなる訳ではないため、「モジュール型」の製品でもサプライチェーンの「誰か」が「すり合わせ型」でモジュールを作りだしている場合が多い。インテルや村田製作所のように、他社が模倣することが難しいモジュールを供給できれば、世界中で顧客や用途が広がり、高い成長や収益性を確保しやすくなる。これらの企業にとっては、インターフェイスなどの「デザイン・ルール（設計ルール）」さえ守れば、自社内で自由に試行錯誤できるようになるため、新しいイノベーションを生み出すことで、技術的な差別化を長期間維持しやすくなる。

　「モジュール化」は外部企業の参画も含め柔軟性を生み出すが、インターフェイス（接点）などの規格を設けるため、製品全体の性能の最大化の制約となり、一部の性能の犠牲の上に成り立っている。つまり、大多数の消費者（需要）が現在の性能よりも高い水準を求めている場合は、企業は「すり合わせ型」で性能を最大限まで高めることで需要に対応するケースが多い。しかし、性能が上昇し大多数の消費者の要求を満たすようになると、消費者は改良の対価を支払わなくなる。消費者の要求に対して性能に余裕がある場合は、「モジュール化」により外部企業による多様性を取り入れた方が、消費者の満足度は高くなる場合が多くなる。

　典型的な事例として、多くの家電製品がアナログ時代には「すり合わせ型」だったが、半導体などのデジタル化により「モジュール型」に変化したことが挙げられる。過去の家電製品は「すり合わせ型」で日本企業が性能を向上させてきた。しかし、家電の「ドミナントデザイン」（第11章参照）が形成され、半導体にそれらが組み込まれると、新興企業もモジュール部品を調達すれば、多くの消費者の要求する製品を作ることができるようになった。その結果、日本の大手家電企業の多くは大幅に世界シェアを下げる一方で、村田製作所のようなモジュール供給者は世界中に顧客を広げている。このように、「モジュール型」と「すり合わせ型」は製品に固定的なものではなく、消費者ニーズとの関係によって時代とともに変化していくものである。現在では「すり合わせ型」の代表である自動車産業が、電気自動車（EV）が中心になると「モジュール型」に変わり、日本企業の競争力も変化する可能性が指摘されてい

る。

　「モジュール型」の産業で、多様な企業が参画して事業を発展させている事例から「ビジネス・エコシステム（Ecosystem）」の考え方が注目されている。生物学では、生物・植物が生存のためにエコシステム（生態系）を形成し、生物同士がお互いを必要とし、依存しながら生態系を維持していると考えられている。同様に、ビジネスにおいても、業種や業界といった垣根を越え、社会や顧客の課題を解決するための協業関係として、「ビジネス・エコシステム」を形成しているとの考え方が広まっている。具体例としては、アップルやアマゾン、グーグルなどがそれぞれ自社を中心とする「ビジネス・エコシステム」を形成することで、外部の多様性を取り込み、環境変化や用途拡大に対応しながら成長しているといわれている。

　さらに「ビジネス・エコシステム」において、リーダー企業として「プラットフォーム（Platform、基盤）」を提供することで、自社だけでなく他者にも、イノベーションを起こさせるように促す能力を「プラットフォーム・リーダーシップ」と呼んでいる。例えば、インテルは、インターフェイス規格（USB、PCI など）の開発・導入を通して、マイクロプロセッサの周辺機器・技術の新規参入や活性化を促し、パソコン産業全体の進化と成長に貢献してきたといわれている。

3.　ビジネス・エコシステムの事例

　冒頭でみた工作機械産業は「モジュール型」の製品アーキテクチャを持ち、日本企業を中心に世界的な「ビジネス・エコシステム」を形成している。第 8 章でみた iPhone の筐体加工機械も手掛けるファナックは、工作機械の中核部品である NC（Numerical Controller）を世界中の工作機械企業に供給することで「プラットフォーム」を形成している。「プラットフォーム」が形成されたことで、THK（直動案内機器）や SMC（空気圧機器）などの部品企業により、さらなる周辺技術のイノベーションが加速したと考えられる。これらのキーコンポーネントを外部調達すれば、一定水準の工作機械を作りやすくな

る。その結果、工作機械企業は「機械加工」の技術に特化して差別化するように
なり、世界中で多くの最終製品の多様性が生み出されている。これは、パソコン産業において、インテルがマイクロプロセッサを世界中に供給することで、機器やサービスの多様性が生み出されている関係と似ている。つまり、ファナックは「プラットフォーム・リーダーシップ」を発揮し、工作機械産業を活性化させているといえる。以下に、ファナック、THK、SMC のそれぞれの企業活動についてみる。

（1）ファナックの「プラットフォーム・リーダーシップ」

ファナック（証券コード：6954）の 2021 年度売上は約 7,330 億円、営業利益は約 1,832 億円（営業利益率 25%）、時価総額は約 3.9 兆円（日本で第 33 位）である（図表 13-5）。コロナ禍前の過去 5 年平均（2015 ～ 2019 年度）でみても営業利益は約 1,700 億円（同 28%）、筐体加工機械のロボマシンが拡大した 2014 年度には過去ピークの約 2,978 億円（同 41%）となっている。林（2021）によると、ファナックの NC の潜在顧客に当たる工作機械の上場 17 社合計で、過去 5 年平均の営業利益の合計は 875 億円（同 7.4%）と、ファナック 1 社の約半分の水準に留まっている。もちろん海外企業向けや他事業の利益貢献もあるが、1 社の部品企業の利益が最終製品の上場企業全ての利益の 2 倍に達していることになる。

NC（Numerical Controller、数値命令で機械加工工程を制御する装置）は 1952 年に米国空軍の要請で米 MIT（マサチューセッツ工科大学）が開発したが、航空機向けなどの高精度加工のためであった。それに対して、日本の工

図表 13-5　ファナックの財務諸表の「定型シート」（2022.3 期）

(6954) ファナック　　　　　　　　　　　発行済み株式数（Z）　19,129 万株

2022/9/30 付け株価（＝X）　20,260 円

2022.3 期　損益計算書（連結、百万円）　　貸借対照表（2022.3 期末、百万円、概算値）

A) 売上高	733,008	利益率		F) 総資産	1,783,964	G) 負債	234,085
B) 営業利益	183,240	25.0%＝B/A		＝G＋H		H) 純資産	1,549,879
C) 営業外収支	30,155	＝D-B					
D) 経常利益	213,395	29.1%＝D/A		ROE	10.2%＝E/H	I) 自己資本比率	87%＝H/F
E) 当期利益	158,490	21.6%＝E/A		ROA	8.9%＝E/F	J) 時価総額	38,756 億円

作機械産業は第2次世界大戦で壊滅的な影響を受け、その後も質・量ともに
「もっとも復興が遅れた業種」といわれる状況であった。高度成長期では、中
小企業向けの一般加工のできるコストパフォーマンスの良い工作機械が大量に
必要とされていたため、モジュール化されたNC工作機械が他国よりも早く
普及する素地があった。その中で、ファナックの前身である富士通（証券コー
ド：6702、時価総額3.1兆円、日本の第43位）は、1956年にNC開発に成功
した後、常にNC開発を主導している。1972年に富士通のNC部門が子会社
として独立し、現在のファナックに至っている（現在は資本関係はない）。

　ファナックは、工作機械の中核部品であるNCで世界シェア約4割を持つ
（図表13-6）。日本の工作機械企業の中でのシェアは57%と高いが、韓国企業
向け67%、台湾企業向け55%でも過半数を超えている。当初は工作機械企業
が内製するケースが多かったが、NC専門のファナックから外部調達するケー
スが増えており、現在ではNCを内製している工作機械シェアは大手企業を中
心に2割弱に留まる。

　現在の競合であるドイツ・シーメンスには、1965年に富士通（ファナック
の前身）が欧州の販売権を、1980年代にはNCの独占販売権を供与し、欧州

図表13-6　工作機械企業の国別のNC装置シェア

企業国籍	台数シェア	ファナック	三菱電機	内製	シーメンス	ハイデンハイン	中国系4社	その他不明	合計
日本	31%	57%	19%	19%	2%	0%	0%	2%	100%
中国	20%	28%	5%	10%	27%	2%	13%	15%	100%
ドイツ	15%	8%	0%	28%	41%	14%	0%	8%	100%
台湾	12%	55%	9%	11%	8%	11%	1%	6%	100%
米国	6%	36%	4%	35%	14%	1%	0%	9%	100%
韓国	5%	67%	10%	3%	12%	7%	0%	1%	100%
スイス	3%	44%	4%	21%	14%	8%	0%	8%	100%
イタリア	2%	27%	3%	12%	30%	18%	0%	11%	100%
その他	6%	31%	1%	21%	36%	13%	0%	–	–
合計	100%	40%	9%	17%	18%	6%	3%	7%	100%

（注）世界四大工作機械展示会（2018～2019年）の3,181台のNC工作機械調査
（出所）林（2021）

のNCシェアが6割に達したが、独禁法に抵触したため合弁を解消した経緯がある。つまり、技術的な源流は同一ながら、現在のシーメンスは欧州を基盤として、主に中国で競合する形となっている。なお、ファナックの源流であった富士通は、もともと富士電機（証券コード：6504）の子会社として発足しているが、富士電機は1923年に古河電気工業（証券コード：5801）が日本に電気機器の技術を導入するために、シーメンスと合弁で設立した企業である。そのため、合弁会社の社名である「富士」は、古河の「フ」とシーメンスのドイツ語発音の「ジ」の頭文字を合せたものとなっている。

　自動車のように多くの部品から成り立つ産業では、第8章でみたようにサプライヤーがピラミッド構造をとっている。そのため末端の部品企業に対応するために、機械企業は多様なニーズの機械を求められることになる（図表13-7）。工作機械を使用する金属加工業者は、各種の部品加工が求められるため、世界で40万社程度あるといわれている。工作機械企業の多くがNCをファナックから調達し、自らは顧客の要求に応じた独自の加工技術で差別化し、

図表13-7　工作機械と顧客産業（自動車等）の産業構造イメージ

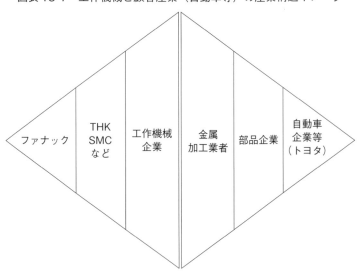

（出所）林（2021）

2000年以降の日本工作機械工業会での生産実績は80社弱と長期に亘り、グローバル展開で生き残っている。ファナックにとっての顧客、つまり工作機械企業が、最終用途を広げる役割を担っていると考えられる。その結果、世界のものづくり全体の「ビジネス・エコシステム」において、幅広い製造業が必要とする機械加工の多様性が維持されていると解釈できる。

（2）「技術者の駆け込み寺」を目指す THK

　工作機械の「ビジネス・エコシステム」において、ファナックの NC が「プラットフォーム」を構築するために、「直線案内機器」が精度向上において重要な役割を担ってきた。

　直線案内機器（商品名 LM ガイド、Linear Motion Guide）は、THK（証券コード：6481）が1972年に世界で初めて開発した。1970年代にファナックのNC採用が始まると、工作機械の加工物を載せるテーブルを移動するために、一般的に直線案内機器が工作機械に組み込まれるようになった。直動案内機器は、機械の直線運動部を「ころがり」を用いてガイドする機械要素部品であり、工作機械の高精度化・高速化・省力化などで性能を飛躍的に向上させた。工作機械の加工対象の工作物は、X・Y・Z の直交3軸の座標で表現され、正確に加工するためには、各軸が正確に移動する機構が必要である。NC 工作機械の高速・高精度化により生じた機械の摩耗による位置ズレを、直動案内機器が解決することで、NC のパフォーマンスがさらに高まり普及を促した。

　THK の直線案内機器の公称シェアは国内で約7割、世界でも約5割超を占めている。THK は理念である「世にない新しいものを提案し、世に新しい風を吹き込み、豊かな社会作りに貢献する」の通り、「技術者の駆け込み寺」を自称し、「LM ガイド」の用途拡大を進めている。電子部品実装機などのロボット搬送装置や半導体製造装置、CT スキャナなどの医療機器、UFOキャッチャーでも採用され、他の産業にも波及効果を生み出している（図表13-8）。なお、（図表13-8）は地域子会社ごとの用途先比率から独自推測したものであり、連結全体の数値とは異なることには注意が必要である。

　THK の連結全体の2021年売上は約3,182億円、営業利益は約303億円（利

図表 13-8　THK の地域・製品別マトリックス（2021 年各子会社より推定）

（単位：億円）

	工作機械	一般機械	エレクトロニクス	輸送用機器	その他	代理店・商社	合計	構成比
日本	131	197	234	27	33	376	996	43%
北米	15	37	61	4	15	85	218	9%
欧州	18	48	17	4	26	72	184	8%
台湾	37	9	7	0	7	39	100	4%
小計	202	291	318	35	81	572	1,499	65%
構成比	13%	19%	21%	2%	5%	38%	100%	

（注）日本は単独国内売上、IMF の実効レートの1ドル 109.79 円、1ユーロ 129.85
　　　円、1台湾元の 3.917 円で換算。地域構成の残り約 35%は中国他。
（出所）会社 IR 資料（子会社用途先データ）より推定

図表 13-9　THK の財務諸表の「定型シート」（2021.12 期）

(6481) THK　　　　　　　　　　　　　　　　発行済み株式数（Z）　　12,258 万株

2022/9/30 付け株価（＝X）　　　2,496 円

2021.12 期　損益計算書（連結、百万円）　　貸借対照表（2021.12 期末、百万円、概算値）
IFRS

A）売上高	318,188	利益率		F）総資産	516,086	G）負債	201,797
B）営業利益	30,268	9.5% = B/A		= G + H		H）純資産	314,289
C）営業外収支	− 284	= D-B					
D）税前利益	29,984	9.4% = D/A		ROE	7.3% = E/H	I）自己資本比率	61% = H/F
E）当期利益	23,007	7.2% = E/A		ROA	4.5% = E/F	J）時価総額	3,060 億円

益率約 10%）である（図表 13-9）。内訳は、買収した自動車部品等の売上高約
863 億円、営業利益約 − 48 億円（赤字）、直線案内機器を中心とする産業用の
売上高約 2,319 億円、営業利益約 351 億円（利益率 15%）で、直線案内機器の
収益性は高い。

（3）「産業界の自動化・省力化に貢献する」SMC

　工作機械産業の「ビジネス・エコシステム」を「空気圧機器」で支える企
業が SMC（証券コード：6273）である。1956 年に「焼結金属工業」として、
フィルタ用焼結金属の焼結濾過体製造・販売を目的に東京で設立され、1968
年に空気圧機器に参入している。1986 年に「Sintered Metal」（焼結金属）に

「Company」の頭字語をとったブランド名（SMC）に社名を変更している。現在では社会的使命として、空気圧機器をはじめとする自動制御機器製品の販売を通じて、「産業界の自動化・省力化に貢献する」ことを掲げている。

　「空気圧機器」は、空気圧を使って「押す」「持ち上げる」「つかむ」「運ぶ」「はさみつける」など、さまざまな動きを実現できる機器であり、工作機械にも大量に使用されている。大気中にそのまま排出できる圧縮空気を動力源としており、環境にやさしく、コストパフォーマンスが高く、俊敏な動作が可能で、戻り配管が不要である等の特長を持っている。空気圧機器は、工作機械だけでなく、産業界の自動化・省力化に欠かせない要素機器であり、1960年代から自動車産業で、1980年代以降は半導体産業で数多く利用され、さらに2000年代以降はロボット、医療、食品加工など新しい産業分野に用途が拡大してきた。SMCの2021年度売上の用途別内訳は、半導体・電機39%、自動車15%、機械12%、食品6%、医療6%と多岐に広がっている（図表13-10）。

　SMCは、製造業全般の多種多様な要求に応じて拡大し、現在の製品ラインナップは12,000基本型・70万品目となっている。主な製品には、圧縮空気清浄化機器（エアドライヤ、ミストセパレータなど）、空気圧補助機器（エアフィルタ、レギュレータ、ルブリケータなど）、方向制御機器（ソレノイドバルブなど）、駆動機器（エアシリンダ、ロータリアクチェータ、エアチャック

図表13-10　SMCの地域別・製品別マトリックス（2021年度）

（単位：億円）

	半導体・電機	自動車	機械	食品	医薬	その他	合計	構成比	シェア
日本	703	306	180	90	72	451	1,802	25%	63%
北米	231	231	74	116	95	315	1,050	15%	32%
欧州	166	130	166	154	142	450	1,184	17%	23%
中華圏	1,050	323	242	81	81	242	2,019	28%	43%
その他アジア	628	108	162	22	22	151	1,082	15%	59%
合計	2,777	1,099	824	462	411	1,609	7,137	100%	39%
構成比	39%	15%	12%	6%	6%	23%	100%		

（出所）会社IR資料より推定（個別データの合計値のため連結数値と誤差がある）

など）に加え、周辺分野であるセンサーや温調機器、真空用機器、薬液・流体制御用機器、電動機器等がある。

　2021 年末の SMC の従業員数は約 2.1 万人で、日本、米国、欧州、中国に技術センターを設置している。世界 83 ヵ国、560 拠点以上に拠点を持ち、直販営業人員は 7,000 人に達する。SMC は全世界の多様な業種に対応するためのスタッフを抱え、個別に新規開発するとともに、機種統合による標準化を進めながら、用途先を広げてきた。また、多種多様なニーズに即応するため、独自の半製品在庫を利用する生産システムを確立している。国内 6 地区（草加・筑波・下妻・釜石・遠野・矢祭）の生産拠点に加え、海外には中国とシンガポールに全世界向けの大規模な量産拠点を設置し、欧米やインドなどの地域市場向けの生産拠点も展開している。さらに生産拠点分散だけでは十分でない、多品種を短納期で供給するために、商社販売以外にも大量の在庫を保有している。

　空気圧機器の競合企業には、日本の CKD（同：6407）、米国の Paker Hannifin、ドイツの FESTO 等があるが、SMC の 2021 年推定シェアは世界全体で 39% のトップである。地域別シェアは、国内が約 63%、北米が約 32%、欧州が約 23%、中華圏が約 43%、その他アジアが約 59% である。SMC の 2021 年売上は約 7,274 億円、営業利益は約 2,279 億円（利益率約 31%）、時価総額は約 3.8 兆円（日本で第 35 位）である（図表 13-11）。2021 年度末時点の棚卸資産は 3,035 億円（商品等 1,308 億円、原材料等 1,471 億円他）もあり、売上に対する比率は約 5 カ月分に相当する。そのため、株主からは SMC の資産効率の悪さが常に指摘され続けてきたが、製品ラインナップの多さや広がりから在庫自体が他社との差別化となり、真似ができない競争力の源泉となって

図表 13-11　SMC の財務諸表の「定型シート」（2022.3 期）

(6273) SMC　　　　　　　　　　　　　　　　　　発行済み株式数（Z）　　6,534 万株

2022/9/30 付け株価（＝X）　58,220 円

2022.3 期　損益計算書（連結、百万円）　　　　貸借対照表（2022.3 期末、百万円、概算値）

損益計算書				貸借対照表			
A) 売上高	727,397	利益率		F) 総資産	1,769,951	G) 負債	210,677
B) 営業利益	227,857	31.3%＝B/A		＝G＋H		H) 純資産	1,559,274
C) 営業外収支	45,124	＝D-B					
D) 経常利益	272,981	37.5%＝D/A		ROE	12.4%＝E/H	I) 自己資本比率	88%＝H/F
E) 当期利益	192,991	26.5%＝E/A		ROA	10.9%＝E/F	J) 時価総額	38,041 億円

いる。このように財務数字は一律の比率だけから良し悪しを比較することはできず、企業のビジネスモデルの特性などを考慮した上で判断する必要がある。

【練習問題】

・製品アーキテクチャにおいて「モジュール型」と「インテグラル（すり合わせ）型」にそれぞれ分類される産業（製品）を挙げ、対比しながら理由を説明せよ。

参考文献

1.

林隆一「【特集】世界で高い存在感を放つマシニングセンター（1）マシニングセンターの市場動向」日刊工業新聞、2020 年 08 月 26 日

林隆一『工作機械・ロボット産業のエコシステム』晃洋書房、2021 年

山本哲三「世界の機械産業の現状と日本企業の国際競争力（2021 年版）」機械振興協会経済研究所、2022 年 3 月

永井知美・山口智也『工作機械業界のしくみとビジネスがこれ 1 冊でしっかりわかる教科書』技術評論社、2022 年

日本工作機械工業会『工作機械統計要覧』日本工作機械工業会

2.

青木昌彦ほか『モジュール化』東洋経済新報社、2002 年

延岡健太郎『MOT 技術経営入門』「第 3・5 章」日本経済新聞出版、2006 年

藤本隆宏・キム・クラーク（田村明比古訳）『【増補版】製品開発力』ダイヤモンド社、2009 年

高橋宏幸ほか『現代経営入門』「第 6 章」有斐閣、2011 年

一橋大学イノベーション研究センター編『イノベーション・マネジメント入門 第 2 版』日本経済新聞出版、2017 年

アンディ・グローブ（小澤隆生ほか訳）『パラノイアだけが生き残る』日経 BP、2017 年

3.

THK『THK30 年のあゆみ』THK、2001 年

林隆一『財務分析』「財務分析（応用）・第 5 章セグメント情報」証券アナリスト（CMA）試験テキスト、2022 年

足立武志『決算書の基本と読み解き方』ナツメ社、2022 年

各社ホームページ・IR 情報・有価証券報告書

日本経済新聞・日経 BP・東洋経済データベース

第 **14** 章
イノベーションの創業者

1. 世界の創業者

　過去 10 年に再び世界の富裕層に資産が集中する傾向がみられる。約 100 年前の先進地域の欧州では、上位 1%の富裕層が全体の約 60 〜 70%の資産を保有していたが、第二次世界大戦後には下落傾向をたどり、1980 年代に 10%台まで下落してきた。しかし、1990 年代から上昇基調に転じ、世界の億万長者の約半数を占める米国では、連邦準備制度理事会（FRB）によると 2022 年 6 月末の上位 1%の富裕層の純資産が全体の約 26%まで高まっている（1990 年 6 月は同約 17%、2000 年 6 月は同約 20%、2010 年 6 月は同約 20%）。

　米経済誌『Forbes』が毎年発表している "The Richest in 2022"（億万長者）の第 36 回ランキング（2022 年版推定）によると、資産 10 億ドル以上の 2,668 人（米国 735 人、中国 607 人他）の合計資産は 12.7 兆ドル（上位 20 人で約 2 兆ドル）となっている。世界第 1 位はイーロン・マスク氏（Elon Musk、1971 年 -）で資産は 2,190 億ドルとなっている。これは小国の国家予算レベルで、中国の軍事予算も越える金額となっている（図表 14-1）。

　マスク氏は、電気自動車（EV）で世界一のテスラ（Tesla）の共同創設者である。南アフリカ出身で、18 歳（1989 年）でカナダに移住し、小麦農場で貯蔵所やボイラーの清掃、製材所の丸木切断などを行った後、奨学金を得て米国のペンシルベニア大学に進学する。1995 年にオンラインコンテンツ出版ソフト Zip2 を起業し、その会社を約 25 億円（概算、以下同）で売却し、

図表 14-1　2022 年の長者番付事

2022 年版の世界長者番付（World's Billionaires）

日本順位	世界順位	名前	関連	国	年齢	資産額(10億$)	資産額(兆円)
−	1	イーロン・マスク	テスラ	アメリカ	50	219	28.5
−	2	ジェフ・ベゾス	アマゾン	アメリカ	58	171	22.2
−	3	ベルナール・アルノー	LVMH	フランス	73	158	20.5
−	4	ビル・ゲイツ	マイクロソフト	アメリカ	66	129	16.8
−	5	ウォーレン・バフェット	バークシャー・ハサウェイ	アメリカ	91	118	15.3

（以下、日本人のランキング）

1	54	柳井正	ファーストリテイリング（ユニクロ）	日本	73	26	3.4
2	61	滝崎武光	キーエンス	日本	76	24	3.1
3	74	孫正義	ソフトバンク	日本	64	21	2.8
4	398	高原豪久	ユニ・チャーム	日本	60	6	0.8
5	490	永守重信	日本電産（ニデック）	日本	77	5	0.7

（出所）The World's Billionaires 2022, Forbes（2022 年 4 月、https://www.forbes.com/billionaires/）より作成（1 ドル 130 円で換算）

1999 年に X.com 社（現 PayPal 社）の共同設立者となるが、2001 年に eBay に買収され約 200 億円を得る。地球の環境変化により人類が滅亡する可能性を懸念し、「火星探査・移民構想」を実現するために、2002 年に宇宙開発企業 SpaceX 社を起業し、世界初の商用ロケットの再使用や民間企業初の有人宇宙飛行を成し遂げ、国際宇宙ステーション（ISS）への貨物補給も 20 回以上実施している。またウクライナ戦争でも活躍した「スターリンク（Starlink）」を始め、1,600 機を超える衛星により地球のほぼ全ての地域で衛星インターネット接続を可能にしている。同様に、2006 年の太陽光発電 SolarCity 社など環境対応事業も多数行っている。

　しかし、マスク氏は事業で数多くの挫折を経験しており、2008 年に 3 回のロケット打ち上げ失敗で破産寸前に追い込まれ、2020 年にはテスラの株価が 20%超の下落（1.7 兆円超の資産消滅で史上最大の減少）している。現在もテスラの生産トラブルなどに 24 時間対応できるように、工場内にプレハブ住宅を建て暮らしているといわれている。

　世界第 2 位のジェフ・ベゾス氏（Jeffrey Bezos、1964 年 -）は Amazon.com（アマゾン・ドットコム）の共同創設者である。1993 年に自宅ガレージ

で、オンライン書店を起業し、アマゾン川にちなみ、検索されやすいアルファベットの最初の文字である A から始まる Amazon を社名としている。1997年に株式公開で得た資金で、音楽・映像や日用品に商品ラインナップを広げ、2000年の経営危機にも、物流センターの統廃合や従業員の 14% を解雇するなどして乗り切っている。2003年に初めて年間黒字となるが、その後も取扱品拡充や物流などの投資を続け、短期利益よりも長期的な事業展開を優先してきた（実際に 2012年や 2014年も最終赤字になる）。

　Amazon は年間宅配数 1,000 億個超、従業員 100 万人強となり、ブランド価値は世界最高の約 75 兆円と推測されている。ただし現在は、オンラインのシステムから展開した法人向けクラウド基盤サービス事業が収益の柱となっている。クラウドサービスが世界最大規模となり、2021年12月期の営業利益率は約 30% となっている。

　ベゾス氏は、2000年には有人宇宙飛行を目的とする民間企業であるブルーオリジン（Blue Origin）を設立し、2021年に初の民間有人飛行に自身が搭乗している。当初は極度の倹約家といわれ、オフィスにあるロッカーのサイズのあわない服を着たり、社会性にかけるというイメージを持たれたりしていた。人付き合いにおいて数々の失敗をしていることから、直近では服を仕立てたり、厳しいダイエットをしたりするようになっている。

　世界第 4 位のビル・ゲイツ氏（Bill Gates、1955年 -）と第 5 位のウォーレン・バフェット氏（Warren Buffett、1930年 -）は意気投合し親友となっている。2010年に彼らは自身の資産の半分以上を寄付する「プレッジ（約束）」（The Giving Pledge）という寄付啓蒙活動を開始している。彼らは「知らない」お金持ちたちに電話で、寄付を依頼し、40 名の富豪から約束を取り付けている。2022年時点では 28 カ国から主な賛同者 236 人を集めている（最新の人数は以下を参照 https://givingpledge.org/）。なお国籍では、中国、韓国、マレーシア、インドネシアなどのアジアの国の人物もいるが、日本は現時点で登録されていない。

　ゲイツ氏は、マイクロソフト（Microsoft）の共同創業者で、約 17 兆円の資産を持つが、食生活はマクドナルドが中心、出張はエコノミークラスといわれ

ている。2015 年の TED2015（講演）動画で、私たちは世界的感染症（パンデミック）の準備ができていないと警告していたことが、新型コロナ流行後に拡散され再注目されている。2000 年に「ビル＆メリンダ・ゲイツ財団」（世界最大の慈善財団）を、当時のゲイツ夫妻らが設立し、途上国のワクチン・医療・衛生・農業などに助成し続けてきた。それらの成果もあり、全世界の 5 歳未満の死亡者数は過去 30 年で半減している。しかしゲイツ氏個人の資産では限界があり、これらの活動に賛同したバフェット氏は個人資産の 99％超を寄付することを発表している。

　バフェット氏は、26 歳（1956 年）で自己資金 100 ドルから投資を始め 15 兆円超の資産を築いている。信条は「社会に富をもたらすのは企業、そして、その企業に出資して応援するのが株主」であり、コカ・コーラやアップルなど多くの企業を株主として支えてきた。経済危機における紳士的な振る舞いなどから「オマハの賢人」として多くの尊敬を集めている。1957 年に 3 万ドル強で購入した家に現在も住み、コカ・コーラが大好物で、週 3 回はマクドナルドの昼食を取る偏食家といわれている。一方で、前述の「プレッジ（約束）」（The Giving Pledge）という寄付啓蒙活動を立ち上げている。

　日本の純資産 10 億ドル以上の富豪は 40 名（ちなみに韓国は 41 名）でほとんどが企業の創業者、もしくは創業者の相続者である。日本の長者番付 1 位（世界 56 位）は、第 7 章でみたファーストリテイリング創設者の柳井正氏である。同 2 位はキーエンス創業者の滝崎武光氏、同 3 位がソフトバンクグループ創業者の孫正義氏、同 5 位が日本電産（ニデック）創業者の永守重信氏である。本章では、キーエンス、ソフトバンクグループ、日本電産の創業者と各企業の事業展開をみていく。

2.　M&A と従業員の意識

　「M&A（Mergers and Acquisitions、合併と買収）」は、2 つ以上の会社が一つになったり（合併）、ある会社が他の会社を買ったりすること（買収）である。日本では、20 世紀には外資系企業（ハゲタカといわれた）が会社を

乗っ取るイメージさえもあったが、近年では企業の成長戦略の手段として一般化し、日本企業同士のM&Aがほとんどを占め、毎年過去最高の件数が行われている。第11章でみたように、持株会社などがM&Aを活用するための事業環境も整備されてきており、今後は後継者不在に伴う中堅・中小企業の買収・売却が急増するとみられている。

イーロン・マスク氏やアマゾンも多くの企業買収・売却を繰り返しているが、日本のソフトバンクグルールや日本電産も企業買収を上手く利用することで高成長を実現している。しかし、一般的な日本企業のM&Aの成功率は1～3割と外部から評価されることが多く、逆に言えば7～9割は予想通りの成果がだせていないことになる（日経ヴェリタス（2010）、週刊東洋経済（2014））。その中で、第12章でみた京セラは、20世紀に倒産や破綻した多くの企業を買収し、立て直した数少ない成功事例である。独立採算を重視する「アメーバ組織」と「京セラフィロソフィ」の両輪で、買収された（倒産した）企業の従業員の意識を変えることに成功したためと考えられる。すでにみたように京セラ実質創業者の稲盛和夫氏は、同様の手法でKDDIの創業を主導し、倒産したJAL（日本航空）も再建を果たしている。

稲盛氏は自身の経験を踏まえ、仕事において、上司が焚きつけても燃えない「不燃性の人」、焚きつけると燃える「可燃性の人」、そして誰から焚きつけられなくとも自ら燃える「自燃性の人」と、3つのタイプがあるとしている。つまり、「不燃性の人」と「自燃性の人」は良くも悪くも環境に影響を受けにくいが、「可燃性の人」は環境に大きく影響を受ける（図表14-2）。経営不振の企業では「可燃性の人」が悪い影響を受けている場合が多く、M&Aにより「可燃性の人」の考え方が変わることで、企業の業績が急回復する場合がある。実際に、稲盛氏は「時代を動かすのも、経済を動かしていくのも、その原動力は人間の心」と考え、「自燃性の人」に、仕事の意義や目的、使命感を伝えることで実績を残している。

ここで取上げるキーエンスや日本電産の創業者も類似のコメントをしたことがあり、最終的な目標には共通点がある。ただし、「可燃性の人」のパフォーマンスを高めるために、キーエンスは原理原則による「効率」の重視、日本電

図表 14-2　京セラ、日本電産、キーエンスの創業者のコメントの共通点

京セラ実質創業者（稲盛和夫氏）
「物質には可燃性、不燃性、そして自然性という三つの基本的なタイプがあります。 事業を行う上で本当に必要な人は、自燃性の人、 つまり、自らのエネルギーで燃え上がることのできる人です。 そういう人は、自分も燃え、回りの人たちにも自分のエネルギーを与えることのできるのです。 自らの情熱の炎で、他の人たちを包み込まなければなりません」。
日本電産（ニデック）創業者（永守重信氏）
「どの会社にも 3 種類の人間がいると想うんです。 まず自分で燃えて仕事をやる人間ですが、これは 100 人のうち 3 人ぐらいです。 次に、他人が燃えると自分が燃える人で、これは 80 人ぐらい。 残りの 17 人は何をしてもやる気を出してくれない。 だから 80 人にいかに燃えてもらうかです。そのためには経営者が燃えないといけません」。
キーエンス創業者（滝崎武光氏）
「普通の会社だと、一生懸命する人はせいぜい 1 割でしょう。 ウチでは 6-7 割が自発的に一生懸命。そうするとあとの 3 割はついていくしかない」。

（出所）林（2002）、稲盛（2007）、永守（2019）、週間東洋経済（1988）

産は M&A による「シナジー効果」の重視など方法論は全く異なっており、各社の経営や戦略も大きく異なっている。

3.　日本を代表する創業者

（1）　ソフトバンクグループ（孫正義）

　孫正義氏（1957 年 -）は、ソフトバンクグループ（SoftBank Group、証券コード：9984）創業者である。携帯電話などを手掛けるソフトバンク（証券コード：9434）は、ソフトバンクグループの「一部」（子会社）で、主力事業ではないことに注意が必要である。ソフトバンクは、国内通信キャリア大手 3

社の1社（2020年末シェア21%で3位）で、2021年度売上は約5.7兆円、営業利益は約0.99兆円、総資産は約12.7兆円、時価総額は約6.8兆円であり、シェア2位のKDDIとほぼ同等の売上・利益・総資産となっている。一方で、ソフトバンクグループは、2021年度売上は約6.2兆円、税前利益は約0.87兆円の赤字、総資産は約47.5兆円、時価総額は約7.8兆円である（図表14-3）。ソフトバンクは国内携帯電話事業で安定的な収益構造である一方、ソフトバンクグループ全体の当期利益は、2021年度は約1.46兆円の赤字、2020年度は約4.99兆円の黒字（日本の全企業の史上最高利益）と収益が大きく変動する事業構造となっている。

　孫正義氏は、佐賀県鳥栖駅脇で育ち、北九州の小学校を経て、福岡の中学に転入、久留米の高校を中退している。高校時代、日本マクドナルド創業者の藤田田氏（ふじたでん、1926-2004年）の著書に感激し会いにいき、「コンピューター関連」を学ぶことを進められ、後日資金を得て渡米している。孫氏は米国大学検定試験で、州知事と交渉し、英語辞書貸出と時間延長を認めさせ合格し、その後、UCバークレー（University of California, Berkeley）に編入している。1979年に開発した自動翻訳機をシャープに売り込み1億円を得て、1981年に福岡市で日本ソフトバンクを設立し、社長に就任している。ソフトバンクは、文字通り「ソフトウェアの銀行」の意味で、情報化社会のインフラストラクチャー（社会的な基盤）の役割を担う存在になるとの決意が込められている。当時、流行し始めたパソコン・ゲームを開発する企業が多かったが、あえてインフラストラクチャーの役割を目指している。当時は採用した2

図表14-3　ソフトバンクグループの財務諸表の「定型シート」（2022.3期）

（9984）ソフトバンクG　　　　　　　　　　　　　　発行済み株式数（Z）　159,072万株

　　　　　2022/9/30付け株価（＝X）　　4,900円

2022.3期　損益計算書（連結、百万円）　　貸借対照表（2022.3期末、百万円、概算値）
IFRS

A）売上高	6,221,534	利益率		F）総資産	47,544,670	G）負債	35,836,908
B）営業利益	－	－		＝G＋H		H）純資産	11,707,762
C）営業外収支	－	－					
D）税前利益	－869,562	－14.0%＝D/A		ROE	－12%＝E/H	I）自己資本比率	25%＝H/F
E）当期利益	－1,462,199	－23.5%＝E/A		ROA	－3.1%＝E/F	J）時価総額	77,945億円

人の社員に『いつか必ず売上・利益も 1 兆（丁）、2 兆（丁）と豆腐屋のように数えられる会社にしてみせる』と宣言し、1 週間後には 2 人とも退職したとの逸話があるが、現在は「兆円」単位の黒字と赤字を 1 年ごとに繰り返す企業となり実現している。

　1983 年、孫氏は慢性肝炎で余命 5 年の宣告をされ、社長を辞任している。病室で仕事をしている姿を見た医者から何で仕事（無理）をするのか問われ、「お金じゃない、地位や名誉でもない、祖母がやっていたような、人に喜んでもらえることに貢献できたら幸せだ」との人生観を得る。1986 年に奇跡的に回復し、社長職に復帰、1990 年にソフトバンクに社名変更、1994 年に株式上場する。上場で得た資金で、1995 年に見本市運営会社コムデックス（COMDEX）を約 750 億円、1996 年に出版社ジフデービス（パソコン雑誌「PC WEEK」）を約 1,850 億円で買収する。インターネットやデジタル機器が全盛期となりつつある時期に、対面の見本市や紙の雑誌の企業を買収する意図が多くの人から疑問視されたが、それらの企業の人脈で、孫氏はマイクロソフトのビル・ゲイツ氏やアップルのスティーブ・ジョブズ氏（第 8 章参照）など多くの IT 創業者と知り合い、その後の事業展開に繋がっている。

　1996 年、ジェリー・ヤン氏（Jerry Yang, 1968 年 -）ら従業員 6 名程度で約 2 億円の赤字のベンチャー企業「Yahoo!」に 100 億円超（約 40％）を出資したことで、インターネット検索が世界で一般的となり、数年後に企業価値は 10 兆円を突破する。2000 年に Yahoo! が当時のベンチャー企業のグーグル（Google）の検索エンジンを採用したことから、グーグルが急成長し始めることになる。

　ソフトバンクは、国内で ADSL（Asymmetric Digital Subscriber Linem、非対称デジタル加入者線）機器の無料配布を始め、2001 ～ 2004 年度の 4 年間累計の当期利益は 3,500 億円超の赤字に陥るが、結果的に当時の日本のインターネット環境は劇的に改善され、世界で最も安価で高速な通信環境が整っている。ソフトバンク自体は倒産寸前といわれたが、2004 年に日本テレコムを約 1.8 兆円で買収した上に、2006 年には英ボーダフォン（Vodafone）から不採算だった日本の携帯電話キャリア（通信事業・現ソフトバンク）を 2 兆円強

で買収する。アップルのジョブズ氏と会い、新しく携帯電話を開発していることを知り、2007 年に初代 iPhone の日本での独占販売権を得て、ソフトバンクの通信事業のシェアアップと収益改善を実現した。逆に当時のソフトバンクが iPhone を安価に販売したことから、現在では日本が世界で最も iPhone のシェアが高い国となっている（第 8 章参照）。

　一方で、2000 年に中国の元英語教師が前年に始めたベンチャー企業「アリババ（Alibaba）」に出資している。孫氏は、中国でインターネットの創業間もない企業 20 社ほどと面談した中で、ジャック・マー氏（Jack Ma、馬雲、1964 年 -）の話を 5 分聞き、出資を決断した。マー氏からは『1 〜 2 億円』を依頼されたが、孫氏は『20 億円』投資を希望し、押し問答を繰り返して約 20 億円（当時）の出資に至った（当時出資比率 37%）。その後、中国における電子商取引のプラットフォームになり、ソフトバンクの持ち分の価値だけで 10 兆円を超えたが、順次売却（収益化）を進め、2022 年も出資比率の約 9%分を約 4.6 兆円で売却し、出資比率は約 15%まで減らしている。

　2013 年に米国通信キャリアの一角であるスプリント（Sprint）を約 1.8 兆円で買収（2020 年に T モバイルと合併）、2016 年に英国アーム（ARM、世界中のモバイル端末の半導体 OS 設計シェア 9 割）を約 3.3 兆円で買収している。さらに 2017 年にソフトバンク・ビジョン・ファンド（通称 10 兆円ファンド）、2019 年にビジョン・ファンド 2（4 兆円）を開始し、人工知能（AI）など人類の未来をつくる企業に投資している。現在は投資事業が大幅赤字となり守りに転じているが、ソフトバンクグループは投資を中心とした企業に変えていく方針である。そのため、2018 年 12 月に日本の携帯電話キャリア会社「ソフトバンク」は上場し、ソフトバンクグループは持ち分を売却し、グループのコア（中核）事業から外しつつあると考えられる。

　孫氏は「資本家はお金ではなく未来をつくる」と考え、40 年前に余命 5 年の大病を患った経験から「たった一度の人生だ。50 年、100 年先の世界の人々が感嘆するような仕事をしようではないか」とソフトバンクグループのホームページに謳っている。

（2）　日本電産（ニデック、永守重信）

　永守重信氏（1944 年 -）が創業した日本電産（証券コード：6594）の 2021
年度売上は約 1.9 兆円、営業利益は約 1,715 億円、総資産は約 2.7 兆円、時価
総額は約 4.7 兆円（日本で第 29 位）、従業員数約 11.4 万人、グループ企業は
40 ヵ国超 344 社（うち日本 34 社）となっている（図表 14-4）。日本電産は、
ブラシレス DC モータで世界シェアの約半分を占める企業である。世界の電力
消費の半分以上が（大型も含めた）モータによるものであり、1％でも省電力
モータを開発できれば莫大な CO_2 削減に繋がることになる。2021 年度の売上
構成比は、HDD モータが約 5％、その他小型精密モータが約 17％、車載モー
タが約 22％、家電・商業・産業用（中型モータ等）が約 41％、産業用ロボッ
ト等の機器装置が約 11％、電子・光学部品が約 4％となっている。

　永守氏は 28 歳（1973 年）で仲間 3 人と「世界一になる」「50 年で売上 1 兆
円」との目標を掲げて、京都のプレハブ小屋で日本電産を設立している。日本
電産の社名は、世界で活躍する会社になるため、創業者の名前や創業地名を入
れるのではなく、日本を代表するグローバル企業になることを見据えて「日
本」を社名に含めた。また、当時の大手優良企業である日本電気（NEC）や
松下電器産業を超える存在になる決意から「日本電産」とした。しかし、創業
50 年でそれらを達成し、世界最大規模のモータ企業となったことから、2023
年 4 月にブランド名（NIDEC）ニデックに社名変更する予定である（以下ニ
デック）。

　創業時、日本では採用実績がなければ顧客から相手にされないため、永守

図表 14-4　日本電産（ニデック）の財務諸表の「定型シート」（2022.3 期）

（6594）日本電産　　　　　　　　　　　　　　発行済み株式数（Z）　　57,616 万株

　　　　　2022/9/30 付け株価（＝ X）　　　8,130 円

2022.3 期　損益計算書（連結、百万円）
IFRS

貸借対照表（2022.3 期末、百万円、概算値）

A）売上高	1,918,174	利益率		F）総資産	2,679,594	G）負債	1,361,785
B）営業利益	171,487	8.9%＝B/A		＝ G + H		H）純資産	1,317,809
C）営業外収支	− 342	＝D-B					
D）税前利益	171,145	8.9%＝D/A		ROE	10.4%＝E/H	I）自己資本比率	49%＝H/F
E）当期利益	136,870	7.1%＝E/A		ROA	5.1%＝E/F	J）時価総額	46,842 億円

氏は単身で米国に渡り、片っ端から電話を掛け訪問販売を行った。創業翌年には米国代理店をおき、米国3MやIBMからの受注をきっかけに、第12章の京セラと同様に世界中で採用が広がった。さらに、当時の小型モータの用途先として家電向けが中心で新規参入余地が少なかったため、生産量が小さい上に、技術的要求度の高いパソコン向けの新規開発を進めた結果、HDD向け小型精密モータで世界シェア8割強を占めるに至っている。HDDモータを中心としながら、光ディスク用、ゲーム機ファン用、スマートフォン振動用、エアコンインバーター用、コピー機用、ATM用、IH炊飯器用、温水便座用などのモータに展開し、現在ではそれぞれ世界トップシェアとなっている。

　創立初期には知名度の低さから人材採用は難しく、採用試験として「大声試験」「早飯試験」「マラソン試験」「試験会場先着順」「留年組専用試験」など独自の試験を実施し、珍しさから注目を集めた。しかし、その後も事業拡大に人材採用が追いつかず、買収した企業から優秀だが仕事がなくなった人材に新しい事業を託することで、グループ全体の成長を実現してきた。企業は従業員に給与を支払い、従業員や企業が税金を払うため、永守氏は「従業員の拡大こそが最大の社会貢献」と考え、現在では従業員数11万人超まで拡大している。

　永守氏は、2014-2017年にソフトバンクグループの社外取締役を、ユニクロ創業者の柳井氏（第7章参照）とともに務めている。すでにみたように、ソフトバンクグループは過去にない壮大なスケールの経営を行っており、孫氏に意見や反論を直接言える人は少なく、孫氏自ら永守氏と柳井氏に社外取締役就任を依頼した経緯がある。永守氏は自ら自身を含めた3人を「3大ホラ経営者」（大ホラを実現してきた経営者）と公言している。

　最近の自動車は1台当たり100台以上のモータを使用しており、1998年からニデックも車載モータに参入し、パワーステアリング用でも世界トップシェア4割となっている。EV（電気自動車）では、ガソリン車のエンジンと変速機の役割の代わりに、駆動用モータを制御するインバーターと減速機（ギア）を一体化した「E-Axle（イーアクスル）」が採用される場合が多い。すでにニデックは、世界最大のEV市場である中国の2021年の「E-Axle」外販シェ

アでも 27% とトップ企業となっている（同 BEV 市場 291 万台中、E-Axle 搭載の 145 万台の 61 万台が外販市場と想定）。自動車の一般的な設計サイクルは約 4 年のため、数年先の設計が始まっているが、2025 年以降に欧米で EV の生産が急拡大する見込みである。そのため、すでに 2025 年度のニデックの「E-Axle」の出荷は 400 万台超と見込まれており、2030 年度には 1,000 万台（世界シェア 4 割）の出荷体制を目指し、2025 年度の生産能力 700 万台とする 3,000 億円の設備投資を実行中である。ちなみに現在の「E-Axle」の単価は約 1,200 ドルといわれており、巨大な新産業が生み出される見込みである。

　第 9 章でみた通り、鴻海精密工業は「MIH」と呼ぶ車台を開発し、EV メーカーに無償で提供する代わりに車両生産を受託する事業モデルを発表している。車両開発全体の約 8 割をカバーし、各 EV メーカーは外観デザインなど残りの 2 割を自社で開発すれば EV が完成する。「MIH」には 2,200 社以上のサプライヤーが参画しているが、ニデックも中核企業の 1 社であり、「E-Axle」を供給する可能性がある。第 13 章でみた通り、現在の自動車産業の製品アーキテクチャは「すり合わせ型」であるが、EV にシフトすると産業構造が「モジュール型」に移行する可能性が高い。EV 産業では、鴻海精密工業がプラットフォームを供給し、ニデックも「E-Axle」を供給することで、ソニーやアップルなどの異業種からの新規参入が可能となる。ニデックは、モジュール化により自動車価格は 5 分の 1 に低下することを前提に、自動車の「メガサプライヤー」として、1 台当たりの販売額 60 万円程度の「モジュール」を供給することを目指している。

　ニデックが「E-Axle」を「モジュール」として供給するためには、モータ以外のインバーターと減速機（ギア）をグループ内で「すり合わせ」で開発し、一体化することによる騒音や振動を考慮して設計・供給する必要がある。ニデックは自社にない技術を素早く入手するために、過去から M&A を活用してきた。1984 年の米国トリン社の軸流ファン部門買収から 2022 年の当時のOKK（証券コード：6205、兵庫の工作機械企業）まで 68 件の買収を行ってきた。1990 年代までの日本では、経営危機や業績不振の企業の買収がほとんどであったが、ニデックの買収後全ての企業が収益改善している。もし買収が

なければ、倒産やリストラにより失われた仕事（技術）が多くあったと考えられる。2000 年代以降は海外企業が買収の中心となり、世界中にグループを広げ、技術のすそ野を広げてきた。これらの買収企業の技術や人材が「E-Axle」などの新しい製品を支えている。

（3）「顧客の欲しいものはつくらない」キーエンス（滝崎武光）

　キーエンス（証券コード：6861）の 2021 年度売上は約 7,552 億円、営業利益は約 4,180 億円、総資産は約 2.3 兆円で、営業利益率 55％と突出して収益性が高い（図表 14-5）。時価総額の約 11.6 兆円は、自己株式を除くベースでトヨタ、NTT に続く日本 3 位である（ソニーの時価総額は、自己株式を含むと約 11.7 兆円、除くと約 11.5 兆円でほぼ同等である）。主力事業は、FA（Factory Automation、工場の生産工程を自動化するために導入するシステム）のセンサーや画像処理システム等である。例えば電子機器や食品などの最終製品の場合は、同業の類似製品もほぼ同一の価格となる場合がほとんどである。しかし、第 10 章でみたように、一般的な自動車工場の生産ラインが 1 分間止まると約 200 万円の損失が出るため、これらを防止できる機器であれば数十〜数百万円の価格でも高くない。逆に、数千万円の高精度のセンサーは世界中で多くの企業が販売しているが、生産工程の自動化に必要な機能に絞り込めれば数百万円でも大量に販売可能となる。しかし、生産工程の多くは企業秘密もあり、どのような機能が必要とされているかを把握することは容易ではなく、同じ製品を「当日出荷」で供給できる競合は少ない。その場合は、顧客にとって

図表 14-5　キーエンスの財務諸表の「定型シート」（2022.3 期）

（6861）キーエンス　　　　　　　　　　　　　　発行済み株式数（Z）　24,253 万株

　　　　　2022/9/30 付け株価（＝X）　　47,900 円

2022.3 期　損益計算書（連結、百万円）　　　貸借対照表（2022.3 期末、百万円、概算値）

A）売上高	755,174	利益率		F）総資産	2,324,037	G）負債	150,454
B）営業利益	418,045	55.4%＝B/A		＝G＋H		H）純資産	2,173,583
C）営業外収支	13,195	＝D−B					
D）経常利益	431,240	57.1%＝D/A		ROE	14.0%＝E/H	I）自己資本比率	94%＝H/F
E）当期利益	303,360	40.2%＝E/A		ROA	13.1%＝E/F	J）時価総額	116,170 億円

購入する製品の製造原価は関係ないため、キーエンスの粗利は約82%（原価率18%）と高くなっている。キーエンスは「顧客の欲しいものはつくらない」「顧客の気がついていない付加価値」を提供するといわれている。

　キーエンスは、「世の中にない価値を生み出す」ことを企業の存在意義として、「経営にとって当たり前のことを当たり前に実践する」ことを重視している。当たり前とは、他社（者）が行っていることや過去の実績を踏襲することではない。例えば、キーエンスの特徴の1つとして創業時からの「ファブレス経営」がある。これは「工場（fabrication facility を略して fab）を持たない（less）」ことであり、日本では珍しい存在であった。メーカーが工場を持たずに、設計や開発に特化し、製造は国内と海外の協力会社に製造委託すれば、中期的に開発力が落ちてしまうというのが当時の一般的な見方であった。しかし、キーエンスにとっては、「ファブレス経営」は商品の特性と適合した技術、生産ラインを持つ工場を柔軟に選択できる。逆に自社工場を保有すると新商品を製造するたびにラインの再編成が必要となり、生産体制を意識し過ぎると柔軟な企画が生まれなくなると「当たり前」に考えた結果である。

　キーエンスの販売面での特徴は「直販体制」である。多くの工場の生産工程では、少量多品種のFA機器を使用するため、一般的に専門商社が多くのメーカーからFA機器を集めて納品し、代金を回収する。それに対して、キーエンスは従業員が生産現場に訪問し、自社のFA機器の提案営業を行うが、製品納入や代金回収などの付加価値の低い業務は行わない。キーエンスは、顧客も気がついていない生産改善などを提案（コンサルティング）することで高い付加価値を生み出している。「最小の資本と人で最大の付加価値をあげる」ことを重視し、各従業員が自分で考えていくことが求められている。その前提として、キーエンスの顧客は30万社以上で、世界中の自動車、半導体、電機、機械、化学、薬品、食品などの企業に広がっているため、そこで使用されている最新のFA機器の使われ方から学び、キーエンスの新しい提案営業や新しい製品開発の情報が営業支援システム「SFA」などで共有され、他の業種などに展開している。

　キーエンスの従業員数は2,599名（平均年齢36.1歳、平均勤続年数12.5年）

で、平均年間給与は約 2,183 万円である。日経会社情報によると初任給は月 22 万円であるが、この平均値には新入社員も含まれ、役員等は含まれていないため、30 〜 40 代ではさらに高い給与と見込まれる。また特別な開発人員の報酬だけではなく、本社・研究所の従業員数は 769 名に過ぎず、多くの従業員が全国の各拠点にいる「直販」の営業担当の従業員と推測される。連結従業員数 8,961 名でみても、連結 1 人当たり（人件費を払った後の）営業利益は約 4,665 万円と高水準である。キーエンスは「会社と社員の関係は対等である」という前提を重視しており、企業が高い収益を上げ、成長していくのと並行し、従業員も高い処遇で、自己成長していることが必要であり、どちらか一方だけでは持続することはできないと考えている。その結果として、『就職四季報 2019 年版』（東洋経済）によれば、同社の 3 年後離職率は 2.4% と低い水準（日本の平均値は約 3 割）に留まっている。

　滝崎武光氏（1945 年 –）は、ニデックの永守氏の 1 歳年下で、ニデック創業の 1 年後の 1974 年に兵庫でキーエンス（当時リード電機）を創業している（1981 年に大阪に本社を移転）。滝崎氏は、尼崎工業高等学校を卒業後、2 度の起業に失敗した後に、現キーエンスを創業した。FA センサー（当時の営業利益率 40%）に集中するために、営業利益率 20%（売上構成 1 割）を上げていた「自動線材切断機」事業を他社に売却している。ソフトバンクグループやニデックのように日本を代表する企業の多くが、企業買収で事業範囲を広げるきっかけとしているのに対して、キーエンスは逆に事業を売却することで FA 機器に経営資源を集中することで成長している。

　1986 年には、Key of Science（キー・オブ・サイエンス）を由来として、キーエンスに社名を変更しブランドと統一した。その後も工場の生産工程に貢献する機器 1 万点以上を開発し、販売してきた。当初は「トヨタ生産方式」のように生産性向上意識の高い日本企業への売上が中心であったが、生産性の向上の効果は万国共通のため、海外での直販体制の構築を行い、現在では世界 46 ヵ国 230 拠点で事業を展開している。2021 年度の地域別構成比は、日本が約 41%、米国が約 15%、中国が約 17%、その他が約 27% となっている。

　滝崎氏は社長時代にも「社内で一番暇な人間」を公言していたが、その時々の事業環境に対応するのではなく、社長がいなくても「最小の資本と人で最大の付加価値をあげる」仕組みづくりに注力している。滝崎氏は、フォードのT型フォード（第11章参照）、IBMのコンピューター（第13章参照）、ファナックのNC（第13章参照）、任天堂のファミコンなどが世の中のあり方を変えたと考えており、同様に「商品を通して世の中を変えたい」と考え、キーエンスの仕組みを作り上げている。滝崎氏は2000年に社長を退き（会長に就任し）、現在は4代目の中田社長が就任している。1代で世界的な企業を築き上げながら、親族以外にこれほどスムーズに移譲が進むケースは稀である。

　冒頭でみたとおり、滝崎氏は日本の長者番付2位となっているが、2020年に365万株、2022年に745万株を、キーエンス財団に寄付している（2022年の株価水準で約6,000億円相当）。キーエンス財団は、大学生への給付奨学金事業を行い、大学1年生に月額8万円を4年間（総額384万円）、毎年500名程度に給付している。

【練習問題】

・ソフトバンクグループの戦略を「エコシステム」の視点から説明せよ。
・日本電産のE-Axle（イーアクスル）を「製品アーキテクチャ」の視点から説明せよ。
・キーエンスのビジネスモデルを「バリューチェン」の視点から説明せよ。

参考文献

1.
林隆一「コーポレートファイナンス論」（『経済学は生き抜く智剣（増補第3版）』所収）、神戸学院大学経済学会、2020年
『Forbes』"The Richest in 2022"、2022年
2.
林隆一「3. 電子部品の業界団体・業界構造」（日本電産・キーエンスの例）（田中國昭・脇野喜久男監修『電子部品大辞典』所収）工業調査会、2002年
稲盛和夫『成功への情熱』PHP研究所、2007年

スティーブン・ロビンス（髙木晴夫訳）『マネジメント入門』ダイヤモンド社、2014 年

日本経営協会監修『①経営学の基本（第 6 版）』「第 5 部」中央経済社、2018 年

永守重信『「人を動かす人」になれ！』三笠書房、2019 年

伊丹敬之・加護野忠男『ゼミナール経営学入門（新装版）』「第 5 章」日本経済新聞出版、2022
　年

週間東洋経済「つぶれないベンチャーの秘密」1988 年 2 月 13 日

日経ヴェリタス「過去の失敗に学べるか？」2010 年 11 月 14 日

週刊東洋経済「企業買収和製 M&A 失敗の研究」2014 年 6 月 7 日

3.

孫正義（平野和子訳）「ソフトバンクビジネス創造期」ダイヤモンドハーバードビジネスレ
　ビュー、1992 年 5 月号

林隆一「6861 キーエンス～中期的に高成長・高収益を支える仕組みを再評価したい～」
　NOMUAR 証券調査レポート、1997 年

林隆一「6594 日本電産～勝つまで戦える企業～」NOMUAR 証券調査レポート、1999 年

林隆一「6594 日本電産～「心」で「人」を「動かす」～」NOMUAR 証券調査レポート、
　2003 年

加藤健太・大石直樹『ケースに学ぶ日本の企業』「Case17」有斐閣、2013 年

山根節『なぜあの経営者はすごいのか』「第 1・3 章」ダイヤモンド社、2016 年

週間ダイヤモンド「人・組織を鍛え抜く日本電産「永守流」」2019 年 10 月 26 日

各社ホームページ・IR 情報・有価証券報告書

日本経済新聞・日経 BP・東洋経済データベース

■著者紹介

林　隆一（はやし　りゅういち）

1992 年　大阪大学経済学部経営学科卒業
1994 年　大阪大学大学院経済研究科博士前期課程修了
1994 年　野村総合研究所
1997 年　野村證券金融研究所
2004 年　野村アセットマネジメント
2013 年　神戸学院大学経済学部
2015 年　カネミツ社外取締役（現在に至る）
現　在　神戸学院大学経済学部教授

主要業績

『工作機械・ロボット産業のエコシステム ― 日本企業が支える世界の「モノづくり」基盤 ―』（単著、晃洋書房、2021 年）
『財務分析』（日本証券アナリスト協会認定アナリスト試験 第 2 次レベル講座テキスト）（共著、日本証券アナリスト協会、2022 年）
『電子部品大辞典』（共著、工業調査会、2002 年）

　本書は、企業の定量・定性分析を学ぶ大学講義や企業研修のテキストを想定している。現在の世界を創っている大手企業 50 社超を、特に関西企業を中心に取り上げ、企業の試行錯誤の軌跡（奇跡）による「イノベーション」の具体的事例から学ぶことを意図している。

世界を創る日本企業のみかた
― ビジネスミクロ分析のすすめ ―

2023 年 4 月 28 日　初版第 1 刷発行

■著　　　者───林　隆一
■発 行 者───佐藤　守
■発 行 所───株式会社 大学教育出版
　　　　　　　〒 700-0953　岡山市南区西市 855-4
　　　　　　　電話（086）244-1268　FAX（086）246-0294
■印刷製本───モリモト印刷 ㈱

ISBN978-4-86692-252-2